云莉雅◎著

WEALTH IS BEYOND MONEY

财富在金钱之外

（升级版）

中国财富出版社有限公司

图书在版编目（CIP）数据

财富在金钱之外：升级版 / 云莉雅著. — 北京：中国财富出版社有限公司，2021.6（2023.10重印）

ISBN 978-7-5047-7311-1

Ⅰ. ①财… Ⅱ. ①云… Ⅲ. ①私人投资—基本知识 Ⅳ. ①F830.59

中国版本图书馆 CIP 数据核字（2020）第 212597 号

策划编辑 郑晓雯 **责任编辑** 张红燕 郑晓雯

责任印制 尚立业 **责任校对** 卓闪闪 **责任发行** 董 倩

出版发行	中国财富出版社有限公司		
社　　址	北京市丰台区南四环西路 188 号 5 区 20楼	**邮政编码**	100070
电　　话	010－52227588 转 2098（发行部）		010－52227588 转 321（总编室）
	010－52227566（24小时读者服务）		010－52227588 转 305（质检部）
网　　址	http://www.cfpress. com. cn	**排　　版**	廊坊言吾文化传播有限公司
经　　销	新华书店	**印　　刷**	宝蕾元仁浩（天津）印刷有限公司
书　　号	ISBN 978－7－5047－7311－1 / F · 3229		
开　　本	710mm×1000mm 1/16	**版　　次**	2021 年 8 月第 1 版
印　　张	17	**印　　次**	2023 年 10 月第 3 次印刷
字　　数	304 千字	**定　　价**	78.00 元

自序

寻寻觅觅，跌宕起伏，溯源真正的财富，

赫然发现，富足人生只是一种选择，

还原真我，无私奉献，回归整体……

尽管人都不想遭遇逆境，但要清空占据心灵的垃圾，从愚昧虚幻的游戏中醒来，也许最快的办法就是勇敢地去面对。生命的意义在于“成长”，财富最大的奥秘在关系之中，金钱是人与人之间的关系在时间上的表达。当我们了解了“生命与时间的关系”，并顺应自然中那些既定的法则行事，就等于掌握了富足人生的奥秘：健康的身体、和谐的人际关系及成功的事业。

感恩上天让我有幸在年轻时经历一些风浪，让我有机会重新思考和选择自己的人生方向。三十多年来，我尝过快速获得财富的滋味，也经受过一夜间失去财富的苦痛，也目睹过身边无数曾意气风发的风云人物，在岁月的变迁中黯然隐退。

20世纪80年代，我大学毕业后开启了商旅生涯。起初的十年，我和其他人一样，沉浸于刺激的创富游戏中，从最初的纺织品进出口生意到后来的财富管理，其间涉足多个行业，频繁来往于世界各地，结交了不少有生活阅历的生意伙伴，我们彼此分享智慧，逐渐有能力将生存与生活、生意与事业区别开来。国际贸易是我起家的事业，第一桶金来自犹太人的纺织品出口订单，后来又扩展到进口国外汽车和法国红酒，之后开始投资深圳和香港的房产。其间生意虽历经不少起落，但总算是蓬勃发展。1995年后楼市一路上涨，借助银行的信贷和几次房产倒手，资产得以迅速膨胀。银行信用额度的提升更让人雄心勃勃，当时贷款利息成本已超过15%，奇怪的是投资者仍是一片乐观，活在金钱热浪中的人们似乎都成了投资奇才，随处都有人在谈论对股市和楼市的独到见解。

1995年，我开始进军股市，短时间内就尝到了甜头，胆子也越来越大，不断加大投资。1997年，不少香港人变卖资产移居海外，他们显然是不看好香港的未来，出人意料的是楼市不但没有下跌，反而节节上升。当时我购入的房产已迅速增值。在那段全民疯狂的日子里，“炒楼”、炒股是每天的主要话题，许多人连夜排队聚集在新开的楼盘，怀里还揣着多张过百万元的银行现金本票，一个轮候排队的号竟然能卖出上百万港元。人们像侦探一样四处收集各种生财信息。地产中介守在我家门口，不厌其烦地劝说我卖房换房。

1997年10月，大概是索罗斯狙击泰国货币的第三个月，亚洲金融危机爆发。之前实力雄厚，有1000多亿港元财政储备的香港特区政府，还慷慨地借出10亿港元给泰国作为支援，大家对这场风暴都不以为然。没想到股市的恒生指数四天内就从16000点狂泻至6000点，措手不及间股市已濒临“崩盘”，银行隔夜拆息曾一度暴升至前所未闻的300厘。紧接着，全球各地股市呈多米诺骨牌效应暴跌，1997年10月27日，纽约道琼斯指数一天之内暴跌近550点，还被迫停盘一小时。第二天，东京股市开盘暴跌，香港股市一天内狂泻1400点，迫使香港特区政府史无前例地大举动用财政储备救市……

当时中国电信大举在香港上市，冻结了有史以来最庞大的资金。我是动用了所有银行的信贷额度投入了认购行列，等新股到手时，股市已濒临最低点，账户资产瞬间蒸发一半，被迫斩仓，投资血本无归。祸不单行，这时楼市也发生了恐慌性的抛售，所有房产成了负资产。我没有任何心理准备，被迫面对人生中一系列从未遭遇过的困境：一直发展良好的生意也进入困局，资金链也出现前所未有的紧张；身兼贤妻良母和女强人角色的我，还有两个年幼的女儿需要照顾，我为了金钱每天忧心忡忡，感受到前所未有的压力，家庭关系也开始亮起红灯……曾经幸福、充满信心、无所畏惧的我，忽然觉得身心疲惫，失去了奋斗的方向。世界一片暗淡，生活一片狼藉，所有的努力似乎都不起作用。我盘点了一下自己的债务，竟然是我这辈子都不知道如何偿还的一个数字。好像做了一场梦，我暗自质问老天，这是真的吗？为什么要给我这么难的一道题？这一切显然已经超出了我的认知范围。看看周围的朋友，一个个也都是失魂落魄，都陷入前所未有的恐慌……

我不得不停下来，开始思考自救的办法。于是，我对自己的人生开始了一次彻底的盘点。此后的一年多，为了摆脱困境，我开始研究金融，研究、操作各种股市技术分析工具和金融杠杆产品，包括期指、期权等，并到处请教资深的专家前辈，探索各种可以快速致富的可能性。由于不甘心突如其来的巨额损失，我决定要搞清楚失败的真相，我明白不从根部下手，问题是永远无法化解的。1999年我正式成为一名财务顾问，2000年我去美国哈佛大学进修金融课，向顶级学府的学者和专家请教，探索解决债务的一切可能性。那年回香港后就着手清理剩余资产，并与债权银行展开了长达三年的债务重组谈判，也许是因为真诚的态度，也许是因为陷入困境的人太多，银行竟然同意了我所提出的债务重组方案，不但大幅削减了金额，而且是免息分二十年还款，我喜出望外，顿时感觉重获新生。到此，这场金融风暴的噩梦总算告一个段落。

回想过去被欲望所驱动的每个决定，反思走过来的路，忏悔自己曾经的无知贪婪和自以为是。除金融之外，我积极参加心智和体能的拓展训练，博览各类励志书籍，接触身心灵的导师，从本质去探索生命的奥秘。2003年我们全家移居北京。在后来的日子里，我学会了拓宽自己的格局和增强心力，不断超越思维的认知障碍，全然接受生命中所发生的一切；我承诺自己要重新出发，以生命为本，以智慧为重，真诚地去完成人生的所有功课，并放下对成功与失败、得与失的执着；把生活当成修行，静心陪伴两个女儿的成长，接受圣贤智者的教诲，洗涤自己的心灵。

我用心感受着每个当下，逐渐找回了真实的自己。多少人都是在失去一切时，才惊觉自己的心灵也几近枯竭。我终于明白了，除真实的自己之外，我们没有更好的礼物可以给这个世界。我珍惜那些雷厉风行和自我蜕变的日子，忏悔自己曾经想要得那么多，而真正需要得那么少。我决定从此不再追逐那些虚幻及与生命无关的东西。于是，我对自己提出了具有革命性的问题：“我是谁？生命存在的意义是什么？”

如今的我能感受生命的价值，并为身边每个人的成长而欣喜。我感恩自己能够活在大自然的馈赠和滋养中，愿将自己的经历和智慧转化为对他人的启迪，尽全力支持他人的绽放……

“本是平凡人，曾经辉煌过；
若要再辉煌，重做平凡人。”

这是二十年前一位老师告诫我的话。

带着身心的平静，我陪伴孩子开始了全新的生活，继续探索和思考人生的意义。2008年，我创办了财富文化网，随后在众多伙伴的支持下开办了“365身心灵财富之旅”定期分享课，也结交了来自各地的导师。2014年年初去美国玛赫西管理大学进修人类可持续发展课程，并邀请国内的投资人与当地的量子科学家共同筹建“东方文化生态村”。2015年年底回国，我继续寻找志同道合的伙伴，探索一条新时代可持续发展的道路。同年与行业内的有识之士共同发起“生命呵护计划”；到上党革命老区了解当地农民的生活，参与“康农工程”在农村的公益健康教育；积极推动成思危先生“虚拟商务”关于中国特色管理思想在健康领域的社会实践。

2008年年初我开始动笔写《财富在金钱之外》时，世界金融业已发生了历史性的巨变，美国的次贷危机引发了有史以来最大的金融海啸，震惊世界。今天，互联网金融已经取代了许多传统的理财方式，加上人工智能科技的飞速发展，财富的概念已然悄悄地发生了变化。也许在不久的将来，金融业可能会变成一个少部分人能理解的领域。历史以不同的面貌出现，背后却有着不变的规律。财富的话题不能脱离生命来谈，不回到本质的层面，就无法看懂任何一个现象。2020年全世界人民共同经历了一场前所未有的全球疫情，使得许多人从追逐金钱的梦中醒来，也揭开了更多的真相。

为了迎合急功近利的投资者，金融业也衍生了五花八门的产品，商业创造出来的物质世界让人眼花缭乱，但这些仍然没有解决贫困群体的问题。老子说，“兵强则不胜，木强则折”。以前人们以为只有愚笨的人才会惹麻烦，然而那些精英群体给世界造成的伤害和损失也是无法估量的。

随着人类技术革命的不断升级，人类的整体意识已有了巨大的飞跃，每个人都经历了不同程度的蜕变。我们需要重新定义财富，我们需要重新审视人类设计的金融系统。本书有关财富管理的理念是基于过去实践的感悟，是否能够继续有效就取决于那些金融游戏和机制是否仍旧可以持续。一旦人类决定放弃那些复杂的游戏，回归道法自然的生活方式，这一切就需要重新改写。我们研发“财富文化沙盘游戏”的目的，是希望尝试以游戏的方式推动财富文化的传播，使每个人觉醒。游戏即人生，人生即游戏，生命的互动可以激活彼此内在的能量，摆脱幻象。

感恩那些一起践行财富文化精神的伙伴，我们有幸同行，一起见证生命能量与财富能量的融合，“物质世界”与“精神世界”的统一。

2011年《财富在金钱之外》出版，此书已是再版，这次做了比较大的修订，增加了第四篇“财富在游戏之中”。书中分享的是我这些年实践和思考的总结。感恩那些支持我在这条道路上不断探索和实践的良师益友，还有那些一直默默推动人类文明进步的勇者，以及所有有共鸣的读者。愿将此书分享给热爱生命、有人生梦想的朋友，让我们把财富作为一门实修课，从生存、生活，到回归生命本源，以充裕的合一模式，替代对立分裂的竞争模式，活出喜乐与幸福、丰盛与圆满。

让我们共同开启朝圣之旅……

云莉雅

2021年1月1日

目录

第一篇　让生命有所不同

第一篇
让生命有所不同

财富的原理从来都是简单的，

如同自然法则，自古就存在。

无论我们接受与否，

它都一直在循环运作，主宰着我们的生活。

而那些获得巨大财富的人，

仅仅是更早明白财富的原理并付诸行动的人。

开篇故事

拼世界

一个牧师正在准备讲道的稿子，他的小儿子却在一边吵闹不休。牧师无可奈何，便随手拿起一本旧杂志，把色彩鲜艳的插图——一幅世界地图，撕成碎片，丢在地上，说道："小约翰，如果你能拼好这张地图，我就给你2角5分钱。"

牧师以为这样会使约翰花费上午的大部分时间，但是没过10分钟，儿子就来敲他的房门。牧师看到约翰如此之快地拼好了一幅世界地图，感到十分惊奇："孩子，你怎么这样快就拼好了地图？"

"啊，"小约翰说，"这很容易。在另一面有一个人的照片，我就把这个人的照片拼到一起，然后把它翻过来。我想如果这个人是正确的，那么，这个世界也就是正确的。"

牧师微笑起来，给了儿子2角5分钱。"你替我准备了明天讲道的题目：'如果一个人是正确的，他的世界也就会是正确的'。"

从这个小故事中，我们能悟到什么？

第 1 章

回归整体的财富之旅

了解人生旅程

· 人生旅程

人生没有说明书，也没有地图，一切须靠自己去经历和体悟，有一句话说得好：“如果我们不了解人生，生活对我们来说就是一场惩罚。”许多人的一生都是被恐惧和欲望所支配的，不是成为情绪的奴隶，就是成为金钱的奴隶。事实上，如果不是因为在迷惑中走得太久，每个人都是有足够的时间让自己丰衣足食、幸福圆满的。

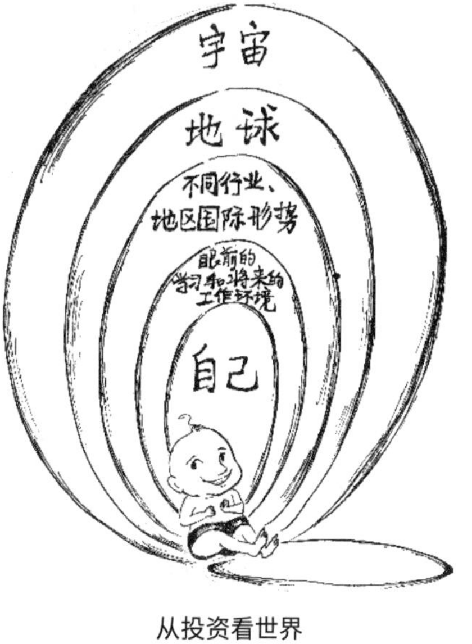

从投资看世界

对于那些热爱生命的人来说，人生就是一趟朝圣之旅。因此，在出发前需要对旅程有所准备，找到一个指南针和一张地图对每个人都是至关重要的。因为直接去做正确的事情，要比把事情做正确容易得多。

生活看似有许多复杂和使人困惑的问题，归根结底，其实都是缺少智慧的原因。生命是奥秘，但这也正是生命的精彩之处。生命的意义需要我们自己赋予，活在觉悟中的人是幸福的，而觉悟来自我们的经历和感悟。有了对自然规律的了解，我们就会带着感恩和足够的信心去面对生命中发生的一切。我们完全可以给自己编写一个好剧本，并当一个好演员。

“我是谁？我从哪里来？要到哪里去？人生到底是怎么一回事？旅程的目的和意义是什么？”这些都是剧本里必须涉及的主题思想。正是这些一时无法回答的问题让我们时时保持觉醒，在我们误入歧途的时候指引我们回到自己的道路上。

也许有人会说：“别太认真了，人生不过是一场游戏！”虽然每个人都有权利选择自己如何度过这一生。但我们很难想象，一个不了解自己、不了解全局，对参与的事情也一无所知的人，将如何展开这趟旅程。

除了了解自己、他人和生活环境之外，还要学习人与人之间的活动和规则。好比落入了一个迷宫，无数的坎坷让自己变成外在世界的奴隶，等到伤痕累累、身心疲惫的时候，才能停下来思考一些具有革命性的问题。

人来到世上是否只是为了能够生存、学习、工作、结婚、生子、纠缠在爱与恨的情绪当中？

如何才能确立人生的正确方向？

如何才能过上不被金钱绑架的生活？

如何才能让自己变得有价值？

为什么世界是现在这个样子？

每个人都有使命吗？

生命结束之后我们到底会去哪里？

尽管有很多疑惑，但可以肯定的是，我们可以决定自己的人生是怎样的。来到这世间是难得的一次机会，与其迷茫地活着，为什么不花点时间去了解生命、人生，为自己的人生旅途做一些准备呢？

· 身心灵财富

在这个世界上，每个人的一生中都会创造和拥有财富，但财富的概念是广义的，它不单是指金钱的数字，更是指个人的智慧立体、全方位地增长。真正的幸福不是无止境地积攒金钱，而是善用人生，回归心灵深处的精神家园，体验人生中那份和谐、宁静。

· 人生的定位

遗憾的是，许多人喜欢耗费时间为生命中的挫折寻找理由。他们不断地抱怨贫穷和不幸，认为是运气问题、环境问题、社会问题……每个人都能随便找到不少于100个理由，但他们从来不愿意检视自己的问题。

就像一棵根部有问题的树，只修剪树上的枯叶并不能防止更多的枯叶产生。我们需要对生命有比较完整的认识。树的根往土里扎得越深越好，树枝和叶子要尽量地往空中长。一部分显露在地面上，另一部分隐藏在泥土里。如果根部得不到雨水的滋润，枝叶就会枯萎；如果枝叶得不到阳光的滋养，根部就没有养分。它们是一体的，平衡发展才能稳固强壮、枝叶茂盛。

同样，我们也同时活在两个不同的世界，一个是外在的物质世界，另一个是内在的心灵世界，它们彼此相互依存。我们需要同时照顾两个世界的成长，外在世界的体验灌溉着内在心灵的成长，而内在世界的积淀也在滋养外在的成长。

人们喜欢外在的物质世界，因为那些热闹和绚丽的景象让人实在无法抗拒。大多数人是用自己的知识和头脑去赢得事业上的成就，在赢得身边人的赞美和掌声的同时，也得到丰富的物质生活。只是很少有人明白，这一切都是有代价的，看似清醒的人，其实活在恐惧与不安中，无力主宰自己的命运。好比树越往空中长，离地越远，春夏秋冬的变化使树必须不断接受各种挑战；生老病死的恐惧，得与失的诱惑和伤痛，可能会使我们在人群中迷失。

树

内心的心灵世界中只有自己，走得越深就越孤独。虽然没有可以炫耀的成就，没有别人的认同，只能自我激励克服困难，但是，这证明我们在不断成长。我们需要一颗强大的内心才能承载外在世界的不断扩张，真正的“我”是不会畏惧外在世界变迁的。我们只有使用“真我”才能够消除恐惧，不会迷失在充满幻象的世界里。如此，生命中的真正圆满才可能发生。

·成功靠聪明，圆满靠智慧

在某一个领域里成功不难达成，但要在所有领域都圆满就不那么简单了。人生旅途有许多需要完成的功课，内容也很丰富。当中我们需要完成对所有人和事的修炼，突破人的局限，从中积聚足够的智慧，否则任何缺憾都将成为制约我们的因素。

我们要能看清世界，确认自己的定位，知道自己要去的方向，拥有清晰的目标，才不会被外界的事物阻碍前进的步伐。

我们虽不能决定生命的长度，却可以决定生命的高度和深度。若把人生比喻成一次拼图游戏的话，那看过完整图画就很重要，否则人生就只能是瞎拼乱凑。因此，一个没有整体观的人自然会落入迷茫和困惑之中。

生命是一次机会，是一次让我们可以经历生老病死与悲欢离合、体验各种事情发生后的感受，因而觉悟的机会。不要浪费这次机会，尽情地去体验自己的人生吧。

在出发前，请做一做功课。不妨试着按照自己的理想去设计一个人生“比萨饼”。

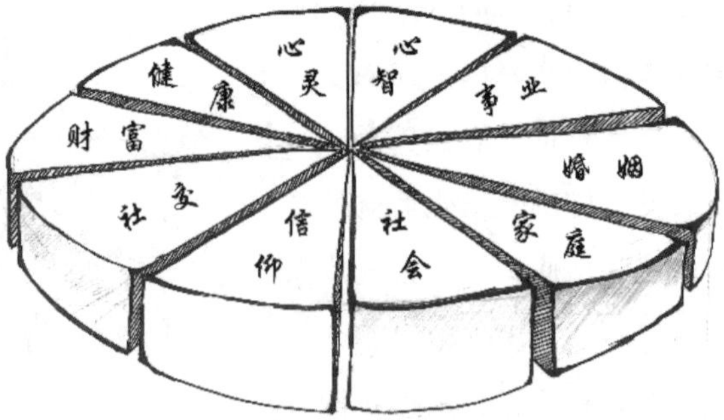

人生“比萨饼”

人生的内容可以很丰富，但我们需要定义自己的标准，幸福应该是精神与物质财富达到平衡的显化。体验一趟丰富多彩的人生旅程，就好比我们要在每块饼上放自己喜欢的不同馅料，这个过程需要用到许多不同的工具。金钱在这里起到一个关键性的作用，它可以为我们达成目标配备所需的资源。

古语说："修身，齐家，治国，平天下。"基本上，我们一生需要顾及三个大的部分：个人、家庭和社会。这三个部分好比三个支柱，它们并存才可能成就圆满的人生。而人生圆满必须通过帮助他人成长、维系好这三部分的关系等来实现。这个过程好比是玩一个手中抛球的游戏，一开始只抛一个球，渐渐地我们可以多加一个球，然后是三个甚至更多的球。个人成长的目标是我们抛的第一个球，熟练之后我们可以多加一个目标——家庭美满。当我们可以承担更多的时候，就可以扩展到社区，用自己的方式影响更多的人。

・成为生命的艺术家

人出生时，本是白纸一张。然后，会有许多人开始给我们涂颜色，包括父母、老师、朋友以及我们所处的社会、群体和环境等，我们渐渐地变成现在的自己。虽然已经拥有了很多的知识，但当我们开始学会涂颜色想创作一下的时候，却不知应该给自己添加什么色彩了。

为了符合社会的要求，人们需要接收各种人为加工过的信息，其背后都有其特定的目的，让人难以分辨真假，渐渐地我们也无法找回真实的自己，也忘记了自己所为何来。

以往的教育给予了我们太多历史的包袱，我们忙于消化前人留下来的知识，却没有花时间去认识自己……变得越来越麻木。

人生旅途中难免有黑暗。智慧好比我们内在的光。依赖他人的光行走，就很容易会走上别人的道路。如果我们没有意识到改变自己，这将是一次对自己的背叛，其成本是无法计量的。坚持活出自己需要勇气，因为与众不同是要付出代价的。好比创作一部作品，缺少坚定的信念，就很难专注地完成。只有极少数的人能不忘初心，坚持完成自己的"原创作品"。

知识和头脑、智慧与财富都好比是我们的画具，应用于创建美好的社会和生

“只有对那些充满好奇和愿意探索的人来说，生命才是一场美妙的盛宴。”

生命的美好

活。我们需要为自己规划好一幅蓝图，只要主题是明确的，目标是清晰的，我们就知道如何利用资源和财富。每个人都是一幅作品，合起来能构成一幅更大的作品。我们了解整体的渴求，就会知道个体在其中的作用，就会知道自己应该成为什么样的人，走什么样的路……

我们大可尽情地以自己独特的天赋，在有生之年完成自己的这部分。我们要成为自己的光，心灵发出的光可以使我们不至于迷失，当诱惑和欲望出现时，我们能随时警觉并做出正确的选择。只有内在的智慧能驾驭恐惧和贪婪，为我们掌管方向。

寻找真正属于自己的财富

·这一生，为何而来？

我很喜欢一则关于苏菲学派女神秘家拉比雅的故事。

有一天太阳快要下山了，拉比雅在自家门前找来找去，周围逐渐聚集了一些围观的人。人们都很喜欢拉比雅，看到她似乎很着急，大家都表示愿意帮忙。

拉比雅说：“噢，我的缝衣针掉了，我正在缝衣服，针却掉了，而且太阳快下山了，你们要帮忙就得趁早，要不然天黑之后就找不到了。”

于是众人匆忙东找西找，有一个人突然说：“路那么宽，针这么小，太阳一直西沉，天就快黑了……除非我们知道缝衣针正确掉落的地点，否则根本就找不到啊。”

他很认真地问拉比雅：“你能告诉我们针刚才是在哪里掉的吗？”

拉比雅笑了起来：“别这么问，因为我觉得这个问题很尴尬。”

1

2

3

4

这时人们全都停了下来，他们说："怎么了？你又何必尴尬？"

她说："事实上针是掉在家里的，但因为家里面没有光线，所以怎么找得到呢？外面至少还有光线。"

众人异口同声地说："你完全疯了！我们一直怀疑你不正常，现在终于证明了。"

拉比雅说："你们说我不正常，你们还不是如此，而且生生世世都是，你们是正常的吗？你在哪里遗失了自己，而你又是在哪儿寻找它呢？你在哪儿错过了喜乐，而你又在哪儿寻找它呢？这些遗落在你的内在世界里，但你竟在外头寻找。"

一直以来，我们总是想方设法去外在世界寻找，寻找财富、名誉和地位。为了证明自己，许多人定下了一个又一个不切实际的目标，克服一个又一个难关，却忘记了真实的生活。这种现象在高智商人群中尤其明显，他们喜欢给自己制造压力，消耗大量精力并填满所有的时间，忙碌可以使他们的生活"显得"充实。

表面上，获得财富似乎靠的是技巧和运气，但试想，如果不了解什么是真正的财富，所有的努力都将是方向性的错误，那如何才能过上富足的生活？

· 一次探索自己的旅程

人类一直在积极探索：发展高科技、登上珠穆朗玛峰、穿越北极、探索宇宙、挑战各种极限，但唯一没有下功夫探索的是人类自己。

人好比一座被俗世的尘埃一层一层覆盖的金矿，一生的努力只是为了要将尘埃清除，让自己能展现光芒。成为自己才能安于当下，才能自在地展现创意，然后创造力和人生的历程便成了自我觉悟的展现。拥有这份成功的人，才可能自在、平和地漫步在幸福光明的大道上。在这条路上，我们可以尽情地用本我的纯真、爱和信任去获取自己所想要的财富。

对一般人来说，要从自己苦痛的根源觉醒并不是一件容易的事情，人需要经历无数艰辛，以至于在身心疲惫后，才会对人生提出质疑：为什么自己无法平静？为什么还不能过上自己渴望的生活？生命本来是简单的，但人类文明的复杂程度越高，我们能觉醒的难度就越大。然而，我们的本性是唯一值得探索的宝藏，是与自然连接的唯一途径，也是旅程的终极目的。

显然，集体的思维和行为并没有给我们带来好处，否则人们不会活在无尽的焦虑之中。一种颠倒的社会文化让我们过上了疲惫的生活。因为人自身就有问题，如果不回到根源，人生的问题是不可能被解决的。人生的道理不需要去虚无缥缈的世界中寻找，从生活中我们就能体悟。长久以来，我们抱着受限的观念在生活，常常带着自身的迷惑与执着评判世界，一边说渴望幸福，一边却在做让自己无法幸福的事；一边说想要简单，一边却仍然坚持做复杂的事；一边说要富足，一边却不断设置种种障碍让自己难以致富。

生活本来很简单，幸福本来很容易，道路的宽度也是自己决定的，但为什么人们步履艰难？我们必须成为自己生命的光，让生命中的每一个角落都被照亮。

我的悟语：一个问题包含了不同的部分，既然“我”也是问题的一部分，为什么不先调整好“我”呢？

·认清自己的价值

许多人努力一生，到头来只是让自己陷入两难的局面，既无法实现本身的价值，也无法填满自己无穷无尽的欲望。

我们应该活得有价值。但也正是这份信念让我们越往前走，越感到扭曲和艰辛，因为所做的一切似乎与自己越来越没有关系。更可笑的是，即便有再大的成就，也只是热闹一阵，看着自己身上那份珍贵的天真和纯洁日渐消逝，变得越来越俗气，最后连自己都无法喜欢自己。试问，如果外在的一切消失，我们的价值到底是什么呢？

其实，生命本身就是价值。这一份觉悟可以说是所有财富的根本，因为生命才是我们赖以富足的真实资源。

然而，我们落入了思维的误区，以为必须得到他人的认可才能突显自己的价值，这种本末倒置的行为让我们损失了无数珍宝。真正的价值与其他人无关，无论已婚还是单身、有钱还是没钱、有没有人爱我们、有几辆汽车，也不论我们是否高兴、是否健康健全、是否得到周围人的认可，生命的真正价值都不受影响，它与这些事物是分开的。

我们所有内在的探索不是要发现自己有什么样的价值，而是要认清自己就是价值的本身。这种认知是根本性的认知，离开了这种认知，我们就无法了解自己是谁。一个人如果不知道自己的价值，存在就失去了意义，就不会有发自内心的动力和激情。无论我们曾经创造了多少成果，自身仍旧是处于昏睡或者梦游的状态，因为一旦失去社会和他人的认可，人就会陷入迷茫……

开悟意味着我们开启了自己最大的宝箱。人最大的财富，其实就是能够证悟自己存在的价值，突破头脑的限制，让真实的生命得到释放。做真实的自己，就是人生最大的工程。

当我们能够坦然地生活，接受生命所给予的一切而不做狭隘的判断时，我们就自然展现出脱俗的气质，不再乞求别人的认同。

拥有这份认知的人才会对自己产生真正的慈悲，并会有勇气摘掉那个遮挡我们目光的过滤镜片，放下执着，毫不羞涩地活出真正的自己。这份根本的认知会让我们放下过往背负的枷锁，这时，眼前所看到的风景和从前就不再是一样的了。很自然地，我们会顺应自己的心去成长，无惧暴风雨和寒冬，甚至是死亡，困难再也挡不住我们成长，一切的发生都是如此自然和容易……

· 挖掘最大的金矿

探索自己是一条无止境的路，完成几件人生大事并非我们的终极目标，结婚生子、做一番事业都只是历练和成长的机会。通过这些机会，让我们有机会去知晓自己到底是谁。

每个人本身都具有独一无二的特质，能够认识到自己是终极宝藏的人是幸运的，所以寻找真实的自己是非常有价值的事。找到自己就等于找到了一切。我们一旦决定不再担忧这个世界，专注于自己的成长时，就会立即变得快乐和自由。

每个人的趋向不同，特质不同，表达形式也自然有区别。能够成功地做自己是人生道路上最伟大的成就。有一句话说得好："垃圾是放错了地方的宝贝。"每个人都有自己适合的地方，将一个有能力的人用错了地方，就等于创造了一个无能的人。

我们最终会发现，财富也只是工具，金钱和财富的唯一用途，不过是给我们提供所需的通行证，让我们能够不断前行，探索自我、驾驭自我、超越自我，最终获得自由，到达那真正健康富足的彼岸。

我的悟语：能活出自己，让自己时时感到幸福的人，对世界来说就是最大的贡献。

·规划愿景与目标

愿景是生命的"引擎"，人如果没有自己的愿景，就好比汽车没有发动机，只能被拖着走，一不小心就会被卷入世俗的洪流，随波逐流，过庸庸碌碌的一生。

有人说自己有目标，要赚亿万元的财富，并为此努力拼搏。然而，许多人都是目标很清晰，目的不明确。凡事都需要付出代价，任何事情都有正反两面，既然有好处，就必然也有弊端；在赚到钱的同时，自然也要处理伴随而来的麻烦。

创业赚钱、保存和分配等财富话题并不高深，只需要顺应它的规律去做就能成功，金钱除满足生存的必需外，其存在的价值在于为我们的愿景服务，因此，在没有人生方向的时候，金钱本身并不具备任何意义。金钱能够产生什么样的价值，要看它的主人赋予它什么意义。

所以明智的话，最好先找到自己的人生愿景，用愿景去管理目标，有了目标自然就能找到方法，有了方法自然就能制订计划，有了计划就能采取正确的行动，有了行动就会有结果。有了这一切，努力才会有意义，了解实现每个目标需要配备的资源，然后快快乐乐地为此付出时间和劳动，在一步一步收获成果后，成为一个富有智慧的人。

愿景是我们生命的全景图，它来自我们对生命的渴求。当一个人愿意对自己负责，承担起这一生所有的功课，就自然能勾画出自己的愿景图。

所有的人生目标都是愿景中的里程碑，它是我们要去走的每一段路，所以越清晰、具体越好。

我们不妨尝试通过以下四个步骤，去探索自己的人生。

第一步：知道自己想过怎样的生活，了解自己擅长什么。

第二步：设立具体的阶段性目标。

第三步：做出实施方案，包括资源的配备。

第四步：利用每一个当下，采取有效行动。

同时，我们也应列出实现目标所应具有的条件。

第一，我们需要怎样的教育、训练和环境。

第二，我们需要培育自己怎样的人格特质、感染力和协调能力。

第三，我们需要配备什么资源，包括时间、金钱和人脉等。

我们也应找出成本最低的方法。

第一，找出自己认为值得效法的模范，如那些成功的人：沃伦·巴菲特、比尔·盖茨、洛克菲勒……

第二，尽快找到能引领自己成长的师父。

愿景+目标+行动=成功

我的悟语：人类的疯狂在于所有人都想成为别人，就是不想成为自己。

为幸福人生立项

我们每个人拥有的最大资产就是自己的时间。观察周围，大多数人的一生都很努力地在为别人的项目奔波，帮别人完成一个又一个项目，却很少人愿意认真为自己下一番功夫。

身心灵是我们赖以生活和成长的三个支柱，“身”指身体，“心”指心理和情绪，“灵”指灵性，它们缺一不可地构成一个整体。一个健康富足的人必须照顾到这三方面的健康发展，所以，我们的人生是一项立体工程，需要有足够的时间才能完成。从“知道”到“悟到”需要一个体验的过程，从“悟到”到“做到”又是另一个过程。只有在“做到”之后，我们才能“得到”自己想要的一切。

“灵”好比主帅，“心”好比将军，“身”好比部队。我们需要有能力驯服“心”听话，让它按照我们的意愿去调配资源，指挥好部队作战。

“知道”只是人的开始

有人说自己只是为得到一份人生体验，无所谓具体要得到什么。但试想，如果我们把自己也当成一个项目，人生会不会不同？规划自己的愿景、目标和计划就好比项目立项的一个过程，人生地图就好比施工图。当然，这不是一次就能做好的事情，这是一生都在进行的工程。有了初稿，我们才可以不断完善。随着智慧的增长，新想法会不断地迸发出来，我们也会随着生活的感悟不断修改、补充图纸上的内容。

每个人都好比是一个风险投资人，必须将有限的时间和资源投资给别人，我们的生活有风险，因为时间资源随时都会被那些不珍惜自己的生命、漫无目标的人滥用。反过来说，想得到伙伴的投入，就得拿出自己的项目，不然无法吸引好的投资人，我们需要专注于自己的项目，并开发出好的合作项目。愿景和梦想就是人生的项目，我们都需要用有限的时间尽快找到合作伙伴以及实现的路径。

对于那些热爱体验并努力创造财富的人们，获取成功的过程就像游戏过关一样，不断升级突破。成功的经验都是相似的，不想走弯路可以借用别人的智慧。从打工者、个体户到生意人、企业家，我们至少需要经历五个阶段：

（1）辛勤劳动；

（2）经营劳动；

（3）资本运作；

（4）管理及制度安排；

（5）系统循环运行。

很多时候，我们需要将自己的项目与他人的项目结合成一个大项目合力完成，这样就可以避免资源浪费，重复建设。人生规划需要有详细的施工图，它意味着我们已考虑过所有的因素，包括所有的利益和风险，并有了成功的把握。

拥有一个完整项目，自然很快就能吸引投资人，施工队伍也会相继出现，我们可以开始整合自己的工作团队。重要的是，历练能够使人得到提升，能够使人对世界的看法完全不同。缺乏目标时我们看到的，都是来推销产品或者占便宜的人，但有了清晰方向后我们看到的，都是来奉献和成就自己的人。世界上的一切，都变成了有用的工具和财富，这才是一种天翻地覆的改变。

生命中可以发掘的财富很多，除了天赋的特质之外，还有许多无形的资源，如自然规律、信息、系统、金融体系及人脉关系等，只是因为我们目标不清晰，所以无法很好地加以利用。

所以，不妨大胆地为自己真实渴望达成的目标立项，并考虑切实可行的方案。为自己实现目标做一份可行性及评估报告，当中包括：

（1）可衡量性；

（2）可行性；

（3）切实性；

（4）可追踪性；

（5）是否能具象化；

（6）需要投入的资源；

（7）所做的事情要表达的价值观；

（8）是否为它制订一个财务计划。

经过自己的认真思考，这些内容能够落在纸上就已经成功一半了，剩下的就是行动的问题了。

事实上，那些失败者都是宁愿原地踏步，也不愿意尝试为成功做出一个完整的计划和方案的人。

·善用我们的工具

如今，网络和信息科技日新月异，数不清的工具和资源随时可以供我们使用，只可惜有人没有将其用于构建更轻松方便的生活，反而令自己的负担越来越重。好比我们要建造一个园区，如果将手里有的资源比喻成材料的话，那我们每个人最急迫的，不是去追求更多新鲜的事物，拥有更多的东西，而是要有完整的规划和设计图，也就是自己的愿景和人生地图，否则，我们如何能过上自己想要的生活？

人生旅程充满变数，如果幸福生活是我们的彼岸，那我们除自身要有强壮的体魄外，还要有一艘可抵御风浪的船。投资是一项可以借助的工具，也是我们的另一条腿，无论我们从事何种职业，其实都应该同时成为一个投资者，因为靠一条腿走路的人注定是艰辛的。

在现代经济社会里，人与人之间的紧密合作意识使很多想法可以通过团队的分工合作完成。投资已然成为一种分工合作的活动，无形中也可以加快我们实现理想的速度，所以，我们应懂得善加利用。

投资活动可使我们有机会跨越不同的地区和行业去看一个更大的世界，我们通过对资产价值的认识，学会辨别真假。只有练就了看清事物本质的能力，才有可能利用好这些工具来实现我们的愿景。

用愿景管理人生，应对自己提出如下这些问题。

（1）我渴望体验一个什么样的人生？

（2）人生是一趟旅程，我有哪些目标要完成？我有自己的地图吗？

（3）我需要做好哪些准备？

（4）什么样的职业能代表我的价值观？

（5）我需要多少资源和财富来构筑一个圆满的人生？

（6）我的起点和方向在哪里？

（7）未来的世界会往哪个方向发展？

（8）我需要协调与哪些人的关系？

（9）哪里是我要到达的目的地（目标）？

（10）我要选择什么工具来达到我的目标？

·为人生目标配备资源

单靠自己的劳动是远远赶不上金钱的增长速度的，既然我们活在金钱游戏中，就必须学会用钱赚钱。我们将积攒得足够的钱用来生钱的时候，明智的做法是两条腿走路，同时为两者工作——既为眼前，也为未来。

赚钱分三个阶段：

（1）用劳力换钱；

（2）用钱赚钱；

（3）你就是钱。

赚钱的第三阶段是怎么达到的呢？当我们有了正确的观念和优良的素质作基础时，就可以开始为自己的头脑装进“生产”资产的“软件”了，这时，我们就已经是在生钱了。要成功，就要先有目标；要有目标，就得先明确自己的价值观；要明确价值观，就得了解自己；要了解自己，就得通过历练和体验；要有历练，就得有勇气；要有勇气，就得有信心；有了信心就能创造成功。而要让这一切能够发生，有一个不可缺少和贯穿始终的关键，就是行动。

成功有道

我们所走的每一步可以说都离不开金钱的支持。在现代社会，金钱成了衡量能力和智慧的尺子。然而，金钱本身并不具有任何意义，只有懂得使用它的人，才能赋予它意义，否则，它与家里的旧报纸无异。智慧融入金钱后，钱才是活的钱；而智慧也会变成活的智慧。活的钱和活的智慧好比两个翅膀，缺一不可。

许多人之所以对生活缺乏激情，是因为他们并没有为金钱注入智慧与灵魂，金钱是为我们美好生活服务的一个重要工具，财务自由的目的是让我们不需要再为钱担忧，可以参与更多的体验，它是我们人生路途中必须过的一关。

我们需要给目标配上资源，所以我们应对自己在金钱方面的需求有清晰的认识。首先，我们需要知道自己什么时候才能获得财务自由，从金钱游戏中解脱，如果连基本的财务目标都达不到，就无法逃脱被奴役的命运，更谈不上梦想了，这一生只能落得替别人实现梦想，成为别人计划的一部分的境地。

· 行动决定结果

虽然拥有了人生地图会让我们不至于陷入迷茫，但如果不及早采取行动，也不会有什么成果。而且，人生地图需要随着个人经历和能力的变化而不断修正。其实，在没有认识这个世界之前，人就像井底之蛙，看到的只是一小片天空，只顾应付眼前。等有一天跳出井外，我们就会感觉到恐惧，没有方向。许多人都是认识这个世界太迟，学的知识范围太狭窄，就走进了一个无情竞争的世界，将宝贵的人生局限在很狭窄的活动范围内。

大部分人都被困在服务于他人的境况中，很少有机会为自己做有价值的事情。人类社会所创造的游戏已让人越来越没有喘息的空间，每个人和机构都被迫进入高速发展状态以适应竞争激烈的社会。青春消逝后，大部分人留下的都是遗憾。人生原本很精彩，只不过许多人都是快结束时才知道。

我们不是青蛙，我们可以为自己的人生做些不同的事。现在就定下富有吸引力的目标，列出一张清单，除了工作以外，要包括100件自己想要做的事情和100个想去的地方，还要把自己可以利用的资源列出来。如果发现离目标太远的话，就开始想办法，去探索一切的可能性，当中最重要的一部分就是为自己建立财务的支持。既然这个世界上有那么多人都是白手起家的，那他们一定有一些可行的方法。尽早开始了解和研究哪种方式更适合自己是必需的。如果你没有花时间进行这方面的学习或者与有经验的人探讨，那就不要奇怪为什么自己会处在目前的位置，其实正是昨日无意识的选择造就了今天的生活。

现在就开始制作自己的地图，明确方向，每天走一小步就能更靠近目标一点，日积月累，实现梦想就不是一件难事了。

· 勇于犯错，勇于改过

许多人想成功但又因害怕犯错不愿行动，殊不知错误其实是成长的营养素。智慧来自教训，犯错是必经的过程，因为我们通过错误可以知道什么是对的，可以从“不对”中去认识“对”。

大多数人对于理想只是停留在口头的叫喊和评论中，埋怨自己的现状，与人随意说说对未来的憧憬，没有真正努力过，反复验证、反复问自己内心真实的感受，不敢尝试、不敢冒险。

然而，人在山下，如何能看到群峰林立？没有到达一定的高度，如何能知道哪一座才是自己真正要登的山峰？所以，我们需要保证自己有足够的时间重新做选择。

·了解97%和3%的差别

曾经有人对世界上不同性别、年龄与种族的人进行调查，结果发现只有3%的人能够明确目标；其他97%的人，有的是没有目标，有的是目标模糊，有的是不知道怎样去实现目标……10年之后，再一次对以上的人进行调查，结果令人惊讶：5%的人找不到了，95%的人还在。那些属于97%范围内的人，除了年龄增长了10岁以外，在生活、工作和个人成就上并没有多大变化，依旧普通和平庸；而属于3%的有清晰目标的人，在各自的领域都取得了显著的成功，他们在10年前所提出的目标，都不同程度地得以实现，并正在向自己的下一个目标迈进。

·设立具体的目标和计划

土壤的好坏对树木有绝对的影响，同样，环境对人的影响也很大，我们需要创造一个好环境才能培养出优秀的孩子。因此，父母为孩子选择什么样的学习、教育和文化环境，都会直接影响孩子的成长，并在无形中造就孩子的思维模式。所以为人父母者，应提前规划，利用好时间资源，除能让自己有高品质的生活外，还应力所能及地提供一个让孩子健康成长的环境。

我们应独立担负起自己在这个世界上的所有责任。现实生活中有许多关卡要过，在努力实现自己的愿望和理想的同时，还要解决置业买房、结婚生子、子女教育、自身养老等一系列实际问题。

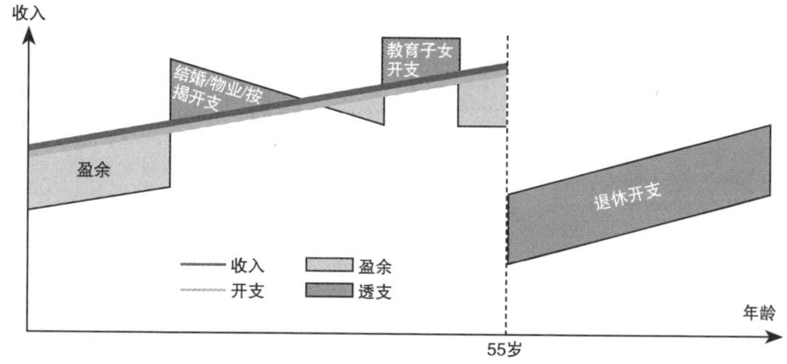

人生不同阶段的财富曲线

图中深色阴影的部分是开支最大的阶段，包括结婚、置业、子女大学教育和退休开支。

有这样几项是我们需要花钱比较多的地方：

（1）结婚置业；

（2）孩子的教育经费；

（3）退休养老。

如果单靠努力工作，要过上轻松的生活基本上是没有指望的，因为我们可以赚钱的时间很少，但要花钱的时候很多。所以，我们唯一的出路是利用工具，包括对我们人生有用的观念和思想，随手可得的一些游戏和方法。我们不断地在花钱，但同时也在不断地流失时间，然而在投资的法则中，时间的作用比金钱重要得多。

投资是使财富增长的重要渠道。如果自己不是承受高风险的人，或者也不打算成为一个非常专业的投资者，那就选择一个安全有效的方法，执行一个简单可行的投资计划。

为了坚定自己的目标，坚持执行计划，我们需要经常地问自己：

（1）我要的是什么？需舍弃的是什么？

（2）我准备花多少时间来完成计划？

（3）我将采纳哪些方法达成目标？

（4）我拥有财富的最终目的是什么？

我的悟语：假如人生是一次旅行，没有目的地的旅途将是难以想象的。

第 2 章

觉悟人生

觉醒

· 是谁在主导生活？

古时候的人，由于物质贫乏，生活简朴，每个人都安于简单的生活。那个时代科技不发达，所以用脑的工作机会不多，也没有那么多的数据供人们参考，人们对头脑的依赖比较少。人们更多的不是用脑，而是直接用心感知周围的一切，因而成就了许多心力很强的智者。

随着科技的发展，脑力在生活中得到更多的训练，逻辑思维的产物越来越丰富，在逻辑训练不断被强化和干扰的世界，本能的直觉逐渐被弱化。人们依赖知识、调查数据，惯用别人的经验而渐渐远离了自己的体验。社会上的脑力劳动者比体力劳动者得到的报酬更多，我们的生活不知不觉地被脑力劳动占据了。

我们从实体经济进入了互联网经济，科技占据了我们的生活。我们不用出门，不用坐车，手握一个小屏幕，就可以知天下，观赏各个地方的风景名胜，甚至可以在虚拟世界中种菜、养狗、养鸡、工作等。

也不知道从什么时候开始，靠点击屏幕赚钱已成为一种新的事业，似乎生活可以只靠眼睛和头脑，眼睛看什么，嘴巴说什么都成了商家的生意，眼睛极度疲倦了还要继续用，脑子糊涂了也要乱发表意见，身体越来越僵硬，手脚越来越不灵活，似乎只有某个器官在生活。为了更方便使用，人们又发明各种随身携带的设备，进一步“绑架”自己，面对变化，我们反应迟钝，承受压力的能力也在减弱。这样的日子，我们似乎越来越习惯了……

人们积极接受各种培训，往头脑里继续补充信息和新知识。尤其那些人才，在自己的领域拥有超强的能力，但无法将这些能力转换成人生的幸福。

“人生难免会遇到挫败，
但只要你能抬头挺胸，
没有什么是解决不了的。”

心中有光，才不惧困难

事实上，掌握更多的知识并不一定能解决更多的问题。我们的小聪明总是在挑挑拣拣，逃避练习和体验，知道太多，实践太少，头脑发达，身体懒散，试图要省略掉各种麻烦，不知不觉地把人生也给省略掉了……没有了体验，哪里还有生活？没有了生活，哪里能有体悟？没有体悟，智慧又从何而得？

· 对自己重新整合

我们都是时光中的过客，此生最重要的一项任务是增长自己的智慧，过好这一生。能否跨越种种的认知障碍，直接决定了我们这一生是否能获得真正意义上的富足。引用一位瑜伽老师的话：

“觉醒或觉悟并非让你成为具有神秘力量的超人，恰恰相反，觉醒是回到生命的平衡状态。大多数人的日常生活并非常态，而是麻木和焦躁的产物。真正的生命是始终在我们心中所捏造的所有挣扎、痛苦和欢愉之外静静流淌着的河流，它在有形的现象世界的背面，却推动着有形的一切。”

我们有两个用于提升意识的工具：一个是身体，另一个是时间。每个人好比一个容器，在降生的时候，被装入了不同的基因，标上一些记号，包括肤色、长相和性别，还被配置了一个具有强大分析功能和储存信息的头脑，我们出生在哪里，就会下载哪里的思想，运行什么样的程序。

正如电脑，电脑具有强大的储存和分析功能，但也容易染上病毒，内存的观念创造了经验，经验巩固观念，观念变成信念，信念又会衍生出其他新的观念。世界上有亿万种的生活体验，因此产生了亿万种观念，进而有了亿万种现象。好比选择什么种子就会发什么芽，植入的观念决定了人生，程序支配了我们的所有行为。我们习惯了用头脑去判断事物的好坏对错，殊不知每种看法都如一把刀，不但是自我设置的障碍，更是对整体的肢解。

你们好好工作

需要觉醒的是，所有的观念都是我们的工具。我们不是电脑，我们是拥有电脑的主人，只要不断提升意识境界，我们就可以为实现美好的愿景选择运行最高版本的程序。

我们可以决定自己的命运，拒绝受欲望和恐惧的支配，挣脱束缚我们的枷锁，停止乞求其他人的认同，让生命像美丽的花朵一样绽放……无论别人是否认可，我们可以输入对自己有益的观念。环境不如意时，我们可以等待机会，拥有好的品质和习惯，为未来的机会先打好基础。

·跳出“人”的困局

人是具有思想和智慧的存在，如果我们愿意花一些时间去了解，就会明白人的困惑。人有思想，懂得使用很多工具，但思想也是让人有困惑的根源，思想是以过去和未来为运作模式的，因而永远无法活在现在，除非练就超凡的本领，否则很难逃脱这种模式。

做人本身是一个过程，一端是外在世界，另一端是内在的本性，人是在两者之间的一个存在，是一趟过桥的旅程。这个旅程没有停顿，我们不能歇息在桥上，更无法在桥上住下，我们必须不断往前走……

由于人活在有限的三维空间，也同时活在无边界的意识空间，而大脑作为人惯用的工具，其局限性是很大的，因而内心会产生莫名的焦虑、紧张。有圣贤曾给过我们启示，人的游戏必须被超越，要不然，我们就会被卡在两端的某个地方，被两股力量不断冲击，人要么回归于自然，要么回归本性，否则，人生对我们来说将是一场漫长的磨难。

游戏的目的是让我们去了解我们是身心灵的结合体，麻烦在于头脑已长期被训练为工具，偏离自己的人生道路的聪明才智越发达，心灵就越压抑，所以，为了战胜人为创造的游戏，就需要使用超越头脑的力量，使用更强大的工具——心灵。古时候，人们与大自然的关系很亲近，尽管不如现代发达，但有更多身心体验的时间和空间。现代人讲求效益和速度，头脑接受了太多训练，我们并没有花时间去了解万物发展的规律，反而制造了太多从低往高攀爬的游戏。我们已被困在程序化的头脑世界，能够解救我们的方法是唤醒被尘封的心灵主人，为我们掌管人生的方向，否则，生活就像是被一匹失控的野马拖着跑，莫名其妙地忙碌一生，却不知走向何方。

逻辑化的头脑虽是一个好用的工具，但它容易生出执着，因此必须由智慧来引领，利用头脑难免会被困于其中而不自知，而且因为它的特性就是无法活在“现在”，只能在“过去”的记忆或者对“未来”的投射中运作，封闭、紧张和恐惧是头脑的一种模式。人类所有的痛苦和迷惑，其实都是由于被困在思维里的恐惧和担忧中所产生的。

通常，用头脑去做决策会把事情搞复杂，大量的知识和经验在不断输入，头脑拥有了越来越强大的计算和分析功能，我们习惯用它判断和处理许多疑难杂症，凡事依赖它，已经区分不了谁是主人，谁是仆人。

本来，到公司来处理事情是没问题的，但下班以后就该回到我们真实的生活。然而麻烦的是，由于加班过于频繁，以致很少有机会离开，紧张忙碌的事务让我们待在那里，渐渐那里成了我们生活的世界。时间一长，我们已无法分清现实与内心的世界。

几乎所有人都遇到了同样的麻烦，人们都在问：我们要怎样才能活在当下？然而，用头脑根本回答不了这个问题，因为这正是它创造的问题。无数过往的记忆和概念组成的心智、价值观已几乎主导了一切，强迫性的思维不断把我们吸入一个复杂的世界，那里的无数标准、概念、想法、观点、信念和情绪不断干扰着我们真实的生活，使我们衍生出挫败和恐惧感，批判、执着、混乱的信息也在不断地折磨着我们，让人不断迷失在过去和未来，错过唯一属于自己的资产：每个美好的当下。

生命的直觉是简单的，但有过逻辑训练的头脑是复杂的。头脑本来是支持我们美好生活的一个强大的工具，但反过来我们被它困住了。好比人有了车，时间久了就习惯依赖车出行，一旦没有车，就不想出门了。事实上，人不是每次出门都必须用车，生活也不是每时每刻都要用到头脑的，要学会使用，而不是被使用。

需要觉察的是，头脑中的许多程序都不利于构建幸福的生活。依赖头脑生活的我们有很大风险，因为头脑天生就会产生恐惧，它混乱的程序常使我们活在焦虑中：穷的时候怕没钱，有钱的时候又怕失去钱，无论得到多少都无法感觉安全。莫名的恐惧总是以不同的面目出现，让我们觉得需要不停地努力，获取更多名利、地位以维护安全，然而，这一切换来的却只是恐惧对象的不同。

有些时候，头脑的认知并不是基于真实的体验，它会不断地产生恐慌情绪，自身就越没有安全感，所以就总希望得到更多。比如童年时因恐惧得不到自己想要的东西而争取表现得更好，因没有安全感或怕不被认可而努力工作……就这样，恐惧成了人类心智中主要的驱动力。与自然的“爱、喜悦和感恩”等引发的情绪正好相反，它制造的情绪是担忧、不信任、怀疑、嫉妒和仇恨等。真正的我们被头脑系统一层一层地覆盖，我们早已遗失了自己。无数人曾试图借外面的光寻找自身价值，以为通过追求事业的成功、名誉、地位或者获取巨额的金钱就可以驱除恐惧，却一次次地失望……

头脑里那些后天输入的资料与真正的“自己”毫无关系，真正的“我”并不是别人眼里的那个“我”。

·觉醒是富足的开始

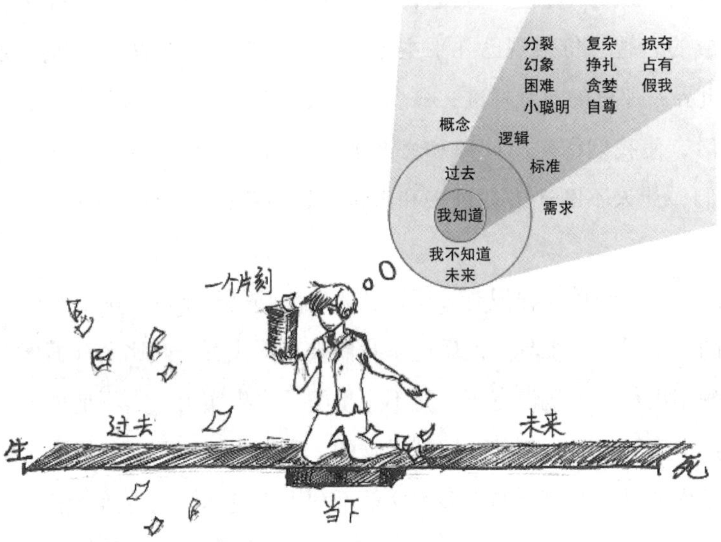

生命的真相

生命除当下的片刻外，其实什么都无法拥有；无论对当下是否满意，那都是我们所拥有的全部。生命并不是一个从左边到右边的直线时间概念，它是一个立体超时空的存在。当下是一个点，但它也是通向真实世界的门。人的成就在于利用好每一个当下去创造，无所畏惧。所有的改变只能在当下发生，但对未来的困惑和恐惧破坏了每个当下。

如果不能活在当下，世界与我们就没有任何真实的联系，我们执着的都只不过是思维里的一堆概念而已。

人类创造金钱只是为了方便交易，但生命不只是关乎于金钱。我们需要觉醒，人的贫穷不是因为缺钱，钱不是贫穷的根，恐惧才是根。人类苦苦地思索和创造概念，好比在沙漠上企图发现绿洲。然而，幸福、富足、光明只有用心才能感受到。我们要让自己超越头脑匮乏的局限，才能获得心理的自由。

觉醒是第一步，也是最后一步！

给心灵留一个空间

· 平息内耗

为什么许多人在获得财富、名誉后还是郁郁寡欢，甚至厌恶生活？

万事万物都具有真我本性，我们此生都是为寻找这个真我本性而来，追求外在物质的满足永远无法解决内在的空虚。

要让自己平静，就必须由内而外地顺应自然生活。只有当人了解了自己，才能真正接受自己，停止与自己的斗争，停止愚昧的行为。人的内在好比有两匹马往两个方向走，一匹用脑，另一匹用心，一匹向东，另一匹向西，哪匹马的力量大，生活就跟着哪一匹走。假如力量相等，则能量会相互抵消，原地踏步。

一直以来，正因心灵与头脑的错位，才导致幸福成为一件困难的事情。心灵和头脑之间若不能和谐相处，就会矛盾丛生，精力内耗。头脑越是发达，心灵的渴望越是被忽视。心灵的声音虽然微弱，却是深层次的主导力量。忙碌的头脑喜欢嘈杂和刺激，总是在干扰和阻碍我们开启这种力量。

内心的渴望

将身体比喻成房子，那么心灵就是房子的主人，而头脑则是仆人。房子长期受仆人胁迫，心灵一直处于被软禁状态，郁郁寡欢可以理解。当身体和心灵反抗时，通常只能以疾病的方式叫停。当忙碌的生活停下来，人就开始生病，长期积累的精神紧张一旦被释放，我们就又要开始忙着治病了……

·摆正“心灵”的位置

头脑用知识和概念给我们建造了越来越坚固的“牢房”。头脑是需要不断被认可的，它喜欢炫耀自己的聪明才智。头脑选择性地吸收知识和概念，很多真实的信息被思维屏蔽了。知识影响思维，反过来，思维又影响了我们所看到的一切……这意味着一个更大的宝藏被藏起来了，唯有当我们觉悟了才能够打开。在面临紧急情况和重大决策时，比如急刹车或者灾难来临时，比头脑反应速度更快的其实是本能的直觉。

聪明是来自逻辑思维的分析，智慧是来自体验的感知。用一个概念无法战胜另一个概念，唯有真实的体验能打破概念，我们的体验和感悟越多，开启的智慧就越多。

心灵是自然质朴的，而头脑是复杂的，它总是要以自己所创造的复杂概念去解释一切。当一个人被头脑主宰时，通常会漠视简单质朴的道理。事实上，无论是财富还是健康，都必须建立在尊重自然规律之上，只有放下执着，才有可能回归正道。

以《西游记》为例，孙悟空代表的是聪明的头脑，反应迅捷且本领高超。毫无疑问，他确实是一位解决问题的高手。而唐僧代表的是心灵和内在的力量，虽然无法抵御妖怪，却有明确的方向和坚定的信念。如果没有孙悟空，唐僧去西天取经的计划不可能实现。但如果没有唐僧，孙悟空就没有方向，空有一身本领。《西游记》如果缺了唐僧会怎样？那也许就只能上演“大闹天宫”了。

头脑塑造了一个强大的自我，但人生要达到一个自在的状态，需要内在和外在力量的配合。我们的心灵负责掌管方向，头脑负责执行，当头脑和心灵能同心协力时，事情才可能变得顺畅。

心灵需要处于真相中，而头脑则喜欢处于观念里。耍小聪明总是能找到各种各样非常充分的理由，让我们误以为华丽的场景是必需的，紧张的动作、紧凑的时间表、参加会议、长时间的加班且不断有压力才符合剧情，我们想让众人看到自己是负责任的人，并由此获得钦佩和尊重。

头脑不断维护“假我”，而心灵却一直在独守着“真我”。对于头脑来说，它只能依附过去和未来而存在，生活需要维持一个虚假身份和地位，钱财和物质生活只能给人们带来短暂的快感。比如，拥有一辆高级跑车能带来短暂的兴奋，但很快乐趣和满足感就会消失，于是头脑又要不断寻找其他东西来消除空虚感。

开悟的人看世界一切都美好，别人都是来成就自己的，找到对大家都好的方式，就无须抗争任何人。而执迷不悟的人看别人都是阴谋论。

·心静致富

静下心来，才能看清一切。如果把人比喻成一台照相机的话，身体是机身，眼睛就好比镜头，我们要在忙碌的生活中看清真相几乎是不可能的。因为我们自己在移动，别人也在移动；我们的念头在变，别人的念头也在变。正如水混浊时，要看清楚水中事物总是很困难的；唯有使混浊的水沉淀下来，我们才能看清一切。

“静”的力量是不可估量的，“静止”其实是速度的极限，想要快，就必须先学会“静”。“静”可以聚合能量，其力量之巨大，可以改变命运，当然也可以创造惊人的财富。

静下心来，会得到更多

大自然的礼物很多，但不是每个人都可以收到的。如何能将礼物交给一个总在奔波的人？人生是一趟旅程，每个人与生俱来都是富足的，不懂得利用好自己的人，就好比是把财富丢进大海。事实上，唯有当心灵得到解放时，我们才能找到正确的方向。富足来自心灵和头脑的合一。拥有多少并不是目的，从中悟到了什么才是旅程的意义。老子说：“有之以为利，无之以为用”，当我们占有财富的时候是“利”，不占有的时候才可以“用”。

生活在这个物质世界中，许多事物似乎都离不开金钱，人们经常问：“值多少钱？”表面上财富的问题跟金钱有关，人们甚至把它与人的智商和手段画上等号，成了大多数人终生奋斗的目标。社会似乎已然认同了以金钱来衡量一切的游戏。金钱就像奴役人的魔鬼，但改变这种情形对大多数人来说是可怕的，毕竟有人会觉得认识的魔鬼总比不认识的魔鬼好一些。

· 放下观念，使用观念

人生旅途需要学会借力，除了懂得借人之力之外，还要借自然之力。人生最大的痛苦莫过于执着于自己的观念，用自己的观念去对抗别人的观念。观念只是工具，没有对与错。好的观念可以帮助我们加快前进的速度，但用完就应该放下，让自己保持一种清空的状态，因为只有“空无”才能容纳一切，使用一切。

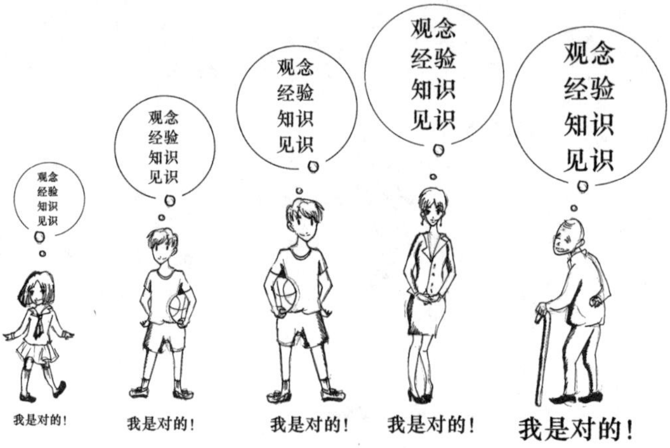

敢于突破自己

我们需要对头脑的思维进行管理，才能让它服务于我们最崇高的信念。用“真我”“爱”的驱动程序替换头脑的“假我”“恐惧”程序。随着新程序的建立，我们会开始变得越来越有能力活出真实的自己，使用不同的工具，创造有意义的人生。

如要改变生活，那就要珍惜当下，不要拖延。内在强大的人才敢于根据内在的意愿生活，既然要选择与众不同，就得承受得起他人诧异的眼光和误解。

·安装“杀毒”软件，修改程序

到底是什么观念病毒阻碍了我们去拥有富足人生？病毒本身并不可怕，可怕的是我们并没有觉察到这些观念的危害有多大，“羊群心理”使我们背离自由和幸福。无处不在的电影、电视剧、广告和小说的内容成为对社会有影响力的样板，不遵循样板模式的人会被当成异类看待。同时，人们把放纵当成有个性的象征。

活在文明所设定的系统中，人的本性难免被扭曲。扭曲的价值观就像流行病毒一样阻碍着幸福的来临。人们不知不觉已成了传统文化大型机器的零部件，机械化地在执行被安排的任务。头脑越发达，禁锢就越多，生活过得也越累。觉悟的人在问：如果不是思维颠倒了，大多数人怎会不断出卖真正有价值的东西，以换取虚幻的一切？人们为什么会像喝了迷魂汤一样，做出与自己真正目标相违背的决定？

电脑需要安装杀毒软件定期清理病毒，才能顺利运行。同样，人的思维也需要定期清理和升级。觉悟就是不断升级的一个过程，因为觉悟之前的认真很可能是一种执着，而觉悟之后的认真就变成一种专注。

人只有在专注的时候才能创造成果。一心一意加上付出时间，可以创造惊人的成功。而同时拥有两种相反的想法，就好比有两匹马拉着你往两个方向走，两股力量相互抵消，结果是哪里也去不成。如果潜意识不认为金钱重要，我们就不会让自己变得富有，或者总会将钱花掉；如果我们重视金钱，就会主动积累财富并关注每一分钱的去向，让自己保持主人的姿态。

是否可以改变命运？关键词其实是“还原”，因为每个人都有天赋，只要用心发掘自己，并得到适当的机会。当我们在无意识中运行了有错误的程序时，尽管每天的谬误只是一点点，但相对于完成终极目标，差异却是巨大的。

改变自己，改变命运

物质世界与精神世界是相互依存的，虽然有着完全不同的语言，使用的工具截然不同。有形的物质世界取决于无形的精神世界。

·植入正确的金钱观

在金钱的问题上，只有少部分人曾获得足够的教育，许多人有着落后、错误的财富观念，导致离富足人生总是那么遥远。

我们得到的有关金钱的观念常常是矛盾的：一方面，我们鄙视金钱，因为它似乎充满了罪恶，潜意识里甚至有仇富心理；另一方面，当我们花钱消费的时候，又会觉得有钱的感觉真好，渴望成为富人。这两种观念时常“内战”，导致我们有时想做有钱人，有时又觉得有钱是罪恶。我们不清楚自己真正的内在需求，不是盲目追随别人的目标，就是受情绪或他人的看法左右。

除非我们确定财富对自己的意义，否则我们将会一直处于受困的境地，我们参与了一个被金钱定义的游戏，不要让金钱把我们指挥得团团转，我们要做金钱的主人。

·重新定义成功

每个人对于成功的解释都不同。既然要追求成功，就有必要先定义成功。

其实，活得幸福、圆满就是成功。而财富的创造只是为了配合我们的目标，处理好人生中与钱有关的问题，本意是为了让自己不需要再为钱工作，可以尽情去体验生活，探索生命的奥秘。

如果能为这一生的旅程准备好所需的一切，财务目标其实就已经达到了。其他的都统称为“剩余财富”，这一切可以说都是属于社会的。我们充其量也只是一个临时的托管人，不仅如此，我们还从此对财富的去向和使用有了一份无法推卸的责任。

………………

我的悟语：许多人挣扎着想去改变这个世界，却没有发现自己其实是第一个应该被改变的对象。

………………………………………………

· 选对符合价值观的事业

有人将人生比作下棋。下棋讲究谋略，人生的游戏规则也需要智慧；下棋的过程千回百转，人生也充满了无数的曲折；棋路的风格恰如人生的风格，有人保守，有人激进，有人淡定；棋的结局亦如人生的结局，有赢家、有输家，有得志的人、有失意的人……但也许这二者最大的相似之处是：每一步棋都是一次选择，下棋时有“一步错，步步错”“一着不慎，满盘皆输”的说法，而人生若在关键时刻选择错误，也会造成终生难以弥补的遗憾。职业则是人生的第一笔财富，正确地选择自己的职业，是人生的关键。

这个世界上的每个人都是独一无二的，假如我们能在自己擅长的领域接受专门的训练，我们每个人都会是天才。父母期盼着自己的孩子将来能与众不同，却没有意识到，从孩子进学校那一天开始，就已经上了一条标准化生产的“流水线”，而那些不服从的孩子们都被划分为“叛逆”一族。

据统计，世界上谋生的方法至少有几万种，尤其是在互联网深入我们生活的今天，旧的产业面临被淘汰，信息科技为我们提供了新的商机，人们有无限广阔的天地可以发挥创意。但在过去，举例来说，有一所学校内2/3的男孩和4/5的女孩只选择了5种职业。也就是说大多数人都在人满为患的领域里竞争，他们只是跟随大多数人的步伐，就做出了人生的重大决定。世界很精彩，选择其实有很多，只可惜多数人因为不了解自己，而不敢有梦想；因为缺乏自信，而选择了随波逐流。

世界很大，选择很多

其实，从事什么职业也许无关紧要，重要的是我们是否愿意不断探索自己，将自己与环境的需求相结合，在其中加入自己独特的才能和创造力。当我们热爱自己所做的事情时，我们自然能成为一个富有的人。

·学问在知识之外

每个人与生俱来都带着一些不能被他人模仿的意识，所以我们都带着独一无二的天赋来到这个世界。观念则是后天输入的。

真正的智慧不会因为岁月的改变而改变，它与生命息息相关，同步前进。只有人和游戏的规则在变。因此，智慧是根本。不懂得运用知识的人，可能需要清除的障碍就越多。知识是别人过去的经验，除非是自己亲身经历过的，否则我们无法拥有真正的智慧。有一种人成为博士是因为深入研究某个领域而拥有渊博的知识，另一种人成为博士是因为对某个领域好奇而不断探索，以自己的领悟超越了知识。他们的最大区别是：前者只是拥有了知识，而后者是连接了智慧；前者为社会所用是很有限的，后者不但能为社会创造财富，还能带来一场革命，爱因斯坦、牛顿、爱迪生、居里夫人以及许多科学家都属于后者。

·做真正的球员

如果把生活比喻成一场足球赛的话，那么我们每个人都是球员。球员的责任是尽全力把球踢好，与球队协同创造卓越的成绩。然而，球赛中难免会有失误，许多人因害怕犯错，选择做观众或裁判，因为这是最安全的，不需要为踢的每个球负责任。也有人在踢球的过程中忘记了自己的身份，不知道什么时候当起了裁判，开始指手画脚做点评。这样只会耽误我们创造出好的成绩，事实上，裁判只有一个，那就是主宰世界运行的大自然的规律。

·生意与事业

我身边有几位好朋友，10年前都分别开始自己创业，他们都是有人生目标的人，前些年虽各自拼搏，没有赚到大钱，但还在不断投入，包括时间、精力、金钱等。除家人和几个知心的朋友了解支持外，其他人都不太看好，见面的第一句总是会问："生意怎么样？赚到钱没有？"其中也有人认为他们能力不行，或者说不了解他们的创业模式。

但是这几位朋友都坚持认为自己是在做长远的事业，记得其中有一位如今已经很成功的朋友说过："我不羡慕他们，他们是做生意的，他们的话题只有一个，赚了多少钱。也许现在的社会确实是这样，有钱是老大，你有钱了，就是有本事。虽然我知道通往成功的路还很漫长，但是我知道做生意和做事业是有区别的。生意人，其明确的目标就是利润、赚钱。可能没有长远规划，什么赚钱容易、赚钱快就做什么。做事业，需要更长久的时间去将其发展壮大，相对来说是长远的投资。我有自己的理想，有自己的目标，有自己想要表达的价值观，即使再难，在5年至10年内我都不会放弃，我都会努力去奋斗。"果然功夫不负有心人，最近朋友相聚，他们更加充满激情，事业上都分别有了可喜的成果；而身边许多原来做生意的朋友，虽然赚了不少钱，却对生意开始感到不同程度的厌倦，对未来又陷入了新的迷茫。

许多人会将做生意和事业混为一谈，其实它们有着本质上的区别，做生意主要考虑的是利益，但做事业要考虑得更多。

要有清晰的价值观，就要找到自己在这个世界上的位置。要相信自己是带着天赋来到这个世界的，天赋就是我们自然而然就擅长的事情。因此，了解自己的人最幸运，成功只是不断地发现自己，将自己的想法落实在实践中。

在工作中觉察自己、认识自己是一生的功课。无论我们做什么，考虑的首要问题应是：我是否能得到快速成长的机会？当我们不断地成长，我们自然会得到应有的奖赏，成功只是伴随而来的副产品。这个目标一旦清晰了，我们就会把关注点放在选择成长队伍上，以及这项工作能给自己提供多少挑战的机会，而不是能得到多少收入。

20年前当我考虑放弃自己一手创办的企业，选择财富管理和教育的工作为终身事业时，我曾给自己列出了一张约100个问题的清单，其中主要的几个关键性问题如下。

（1）作为终身事业，它是否符合我要表达的价值观？

（2）这个事业是否允许我去创造和发展我的个人风格和天赋？

（3）它是否能提供给我持续成长的机会？

（4）我是否可以通过它建立一个属于自己的保障系统？

（5）我是否在工作的同时还能兼顾家庭？

（6）我所从事的工作是否能积累无形的顾问资产？

（7）我是否可以将积累的经验和收获在未来变现？

（8）我是否可以训练别人复制这项工作？

（9）我的努力和成果是否成正比？

（10）这项工作及所传递的理念，是否能改善我周围人的生活？

我默默地告诉自己，只要其中有一个答案是否定的，这项工作都不能做。当我思考是否要成为一名专业的财务顾问，以传播财富文化为终身事业时，我的答案全部都是肯定的，于是我不再犹豫，毅然结束了所有原本舍弃不了的东西，积极重新部署我的计划和行动。我开始刻苦地学习和实践，与良师益友为伍，学习他们的长处，不放过任何可以成长的机会。坎坷是无法避免的，但因为我眼中只有目标，这种状态使我在很短的时间就找到立足点，找到了自己该走的路。我深刻地体会到，思维矛盾只会让人原地踏步或者前进缓慢，而且一个负面因素就足以抵消所有的正面能量。而当一个人做到一心一意做一件事时，行进的速度可以是惊人的。

·创造财富的要素

在这个时代，发现自己和发挥创意可以说是我们生活中非常重要的工作，因为互联网和信息科技已为许多人提供了创造财富和实现梦想的便利，很多创意都可以用多种低成本的方式去实现。比如提炼出完整的思路，制订计划，以获得资本的青睐；还可以将好的创意嫁接到成熟的平台上，减少管理和开发市场的麻烦，直接收获成果。

成长比成功更重要

人生是由多个选择串联而成的，也许每个选择都不是绝对重要的，但正是这些选择决定了一个人是否有所成就。一个懂得运用自身特色的人就是在贡献价值，我们每个人都是独特的，如能找到与他人需求的结合点并予以交换，就能创造无限的财富。所以，我们需要了解自己的“道”，了解他人的“道”，了解人与人之间共同的“道”。人与人彼此了解和理解，就为富足奠定了基础。

……………

我的悟语：成功是相对的，成长是绝对的；成功很容易成为过去，成长却要一直进行到底。

……………………………

越“简单”越“富有”

·简化人生的过程

我们应该与圣人的思想为伍，因为那些哲理可以简化我们复杂的思维，拓展我们的视野。几笔就能勾画出感人画面的必定是大师，所以人类的进步应是一个化繁为简、返璞归真的过程，而不是一个以复杂来满足肤浅成见的过程。精彩的人生并不代表要越来越复杂，减少不必要的事务，简化思维程序并拒绝各种诱惑，也许效益会更高。

其实，应用一些简单的方法就足以让我们丰衣足食。而世界上最大的损失，莫过于把一个人的精力毫无意义地分散到很多事情上，因为生命是有时段性和节点的。自然规律很简单，道理也很好理解。要管住的是自己那颗随时会将事情变得复杂的心。

我们学习知识，训练逻辑思维，却很少得到方向性的智慧启迪，以致我们的目的和正在行进的方向常常不一致，还可能背道而驰，越走越远。如果决定要改变，那就应该制订一个可以让自己变得更好的计划，找出实施的路径和方法，并坚定地执行。

·为旅途准备行装

人生就像去从未去过的地方旅行一样，可以参加旅行团。但人生没有旅行团，对于人生的路，谁都没有绝对的把握，而且由于每个人所处的环境和条件不一样，我们都得靠自己的信念去完成这段旅程。因此，要拥有一个有意义的人生就需要先做一些准备：了解有哪些人生阶段要面对；精神和物质上要做些什么准备；哪些人生大事是你必须完成的。运用丰富的想象力，勾画我们真正想过的人生，问自己有没有接下来5年、10年、20年甚至更长时间及至下一代的规划。如果没有，现在就开始思考，只要确定了计划，自然就不会把精力花费在那些无谓的担忧和琐事上。

既然是一趟旅行，就应该多看几个景点，多体验几种项目，不要沉醉于某个风景而不继续前进。不要忘记，旅途中所有的历练，都是为了让我们获得智慧，拥有一颗有力量的“心”，让自己有能力改变命运。

人生的旅途

旅途的内容丰富多彩，我们有责任要为自己备好干粮，需要了解自己需要什么，问问自己：

（1）是否打算给孩子存一笔钱？

（2）是否想拥有自己的住房？面积是多少？

（3）想要把孩子培养成什么样子？

（4）这辈子有什么心愿要达成？

（5）如何实现财务自由？需要多少钱才够花？

（6）是否打算为这个世界贡献一份力量？

· 真正的计划要以文字体现

将抽象想法变成书面计划，其实也是一个显化财富的方法。要使计划更有可行性，最直接的方法莫过于借鉴有丰富人生经验的人。比如找结婚且有了孩子的朋友，认真地了解为人父母时的感受，你可能就会知道如何制订一个结婚生子的计划；与年迈的人多交谈，尝试了解年老是什么样的感受，你可能会完全以不同的方式计划自己的财务生活；多到医院看望病人，你可能就会知道人到底要面对的是什么样的风险，需要哪些保险。除有维持生计的计划外，还需要有致富的计划，我们应该找那些已经富起来的人进行交流。

大多数人对金钱管理所知甚少，所以千万不要找那些还在为生活而挣扎的人寻求解决方案，我们需要从多个角度来看清前路，兄弟姐妹、邻居以及同事可能都不是能给你出主意的最佳人选，因为他们与你所处的文化背景和阶段非常相似，所以，提供的角度与你自身相比不会有太大的不同。

·简化做事的方法和思维

思考和探索人生问题是不太容易做的事情，因而成功的人是少数。事实上，计划一旦成形，最难的一步就已经跨过了。所有的方法要围绕目标才有意义，计划和行动统一后，成果自然就会显现。

一个人的年纪增长了，有时并不觉得自己比以前增加了什么知识，只是觉得比以前减少了很多成见和无知，做事比以前多了创意，这是因为放下了许多的束缚和担忧，对人有了更多信任的能力，也简化了事情的复杂性，并且把所有时间和精力投放到自己最想做的事情上。

生命的时间是有限的，要达到更高的成就和效益，就要不断减少不必要的事情，简化做事的方法和思维方式。因此，不是要争取更多的机会，而是避免更多无谓的机会，避免冒不必要的风险。拼命去抓住每个机会的人最终会发现自己心力交瘁，筋疲力尽，一事无成。

人进步的过程是个简化的过程，我们年纪越大，愤怒的情绪和欲望越少，生活也就会变得越幸福。

我的悟语：只懂得使用头脑的人，可以说是世界上最不幸福的人。做事情，需要智慧；不做事情，需要更大的智慧！

第 3 章

做生命的主人

逃离欲望的牢笼

我们生活的世界虽然让人流连忘返，但从另一方面看就像是一个巨大无比的牢笼，人生游戏结束后我们最终都是要回家的。一个人无论有多么辉煌的成就，内心深处都会有一种渴望——希望能自由自在地活着。

人类能将河流改道，把卫星发射到太空，但对于如何让自己找到幸福，似乎显得茫然和无助。似乎每个人都在苦苦地寻找自由和安全感，在复杂的游戏当中我们身不由己，被各种莫名的欲望所牵引。那些觉醒者是比我们更早了解这个道理的人，他们已经明白唯有做到放下欲望，才有可能获得真正的自由。人一旦觉悟，就可以自由地穿越任何一个世界，至于我们拥有什么已不是那么重要了。努力赚钱本身并不会带来痛苦，但把生命的价值用外在世界的标准来定义，那才是不幸和可笑的。

也许，这趟人生旅程就是为了考验我们的智慧和定力，我们要学会放下对外在世界的依赖，尊重自己内心的真实感受。

·“放下”需要智慧

从出生那一刻开始，我们就被教导如何不断地“拿起”，先是玩具，后是知识。随着年龄的增加，我们“拿起”的东西越来越多，我们开始觉得疲惫。于是，为了让自己解脱，我们又试图去“拿起”其他以为可以帮助我们解决问题的东西，结果却变得更加不堪负荷。

“放下”的智慧

教育使人学会如何争取更多、更大的成就，我们已习惯了要在竞争中生存，因此，如果想要解脱，就需要学习如何“放下”，否则，生活将注定是一场无止境的追逐游戏。大道至简，大自然的规律并不复杂，是人的思维很复杂，因而在许多时候无法理解简单的道理。如果人只懂得拿起而不懂得放下，那是注定会有麻烦的。然而，一旦涉及金钱和财富，人就似乎进入了一个怪圈，希望自己能够得到更多，甚至至死不肯放下拥有的一切。

有个富翁背着许多金银财宝，到远处寻找快乐。可是走过了千山万水，也未能寻找到快乐，于是沮丧地坐在山道旁。这时一位农夫背着一捆柴从山上走下来，富翁就问他：“我是个令人羡慕的富翁，但我并不快乐，请问我如何才能快乐呢？”农夫放下沉甸甸的柴，舒心地擦着汗水：“快乐很简单，放下就是快乐呀！”富翁顿时开悟：自己背负那么重的珠宝，总是怕别人抢，总怕别人暗算，整日忧心忡忡，快乐从何而来？于是富翁将珠宝钱财接济穷人。专做善事，以慈悲为怀，才终于找到了快乐。

我们能看到什么，取决于目前所站的位置。登得越高，视野就越开阔。然而，时下的人们成天被名利缠身，陷入你争我夺的境地，这样哪里有快乐可谈呢？

作为生命的主人，我们应顺应天道而行，让自己进入一种符合“道”的良性循环，在赚钱的时候，不忘修炼更高的智慧，知道什么时候该放下，如何放下，以及在哪里放下，就能够借力更有效的工具管理自己的欲望和财富，为的是让自己有一天能从被金钱奴役的模式中解脱，让金钱为自己工作。要体验这个过程需要有足够的时间，因此我们要提早做准备。

…………………

我的悟语：拿起更多，并不能解决需要“放下”的问题。

…………………………………………………

·榜样的力量

关于放下，比尔·盖茨是一个很成功的榜样，他在适当的时候做到了“放下”。虽然他一手创立的商业帝国无人能比，不仅垄断着核心技术和全球市场，而且公司的盈利能力和现金流也极其稳定并相当出色。但掌握着实际控制权的比尔·盖茨坚定不移地执行他的逐步退出策略。众多的例子告诉我们，创业者的失误往往是由于对自己的企业过于热爱而投注全部的资源，他们对一手创办的事业信心过强，不愿转手他人。这些人都是没有在自己有条件退出的时候开始策划退出，往往等到出了问题之后才后悔。他们忽略了自己身处无常的世界，无论一家企业的基本面多么坚实，其业务都会面临各种潜在的、巨大的、人力不可控制的风险，包括天灾人祸等。

也许比尔·盖茨深明这个道理，为了化解资本集中可能潜藏的风险，多年前他已开始将售出股权得到的资金分散到多样化的投资组合中去，至少他已经保证了自己的财富价值长期处于一个让人满意的水平上。

·懂得进来，还得懂得出去

事实上，在金钱这个游戏中，人们很容易忘记游戏的最初目标。金融市场充满了神话般的创富故事，那些乐此不疲的聪明人创造了无数引人入胜的金钱游戏，包括各种股票、开放基金、私募基金以及商业计划书等，但几乎所有人都要问一个问题：“我怎么出去？”最后的胜利不是看我们怎样进来，而是看我们怎么能够成功地出去。我们可以把股票市场看作一个人们交换位置的地方，股票上市的其中一个目的也是让一些人能进来，而另外一些人能够出去。只懂得进来而不懂得出去的人，注定要成为市场的输家。

富人必须通过合理合法的手段，将财富逐步从自己的手里实现有序地转移和分配，这里面不但涉及金融工具和法律知识，更多的是一个人觉悟的境界。我们需要花一些时间去思考金钱到底能为人生带来何种意义，进而为财富找到理想的去处，善用合适的人替我们管理和操作，有序地将财富放在一个可持续运转的系统中，让金钱为自己以及这个世界更好地服务。

“放下”就是快乐

我的悟语：人只有在心智平衡而有慈悲时，才能真正地放下；当平静的能力增长时，就会逐渐拥有放下的能力。

请允许自己幸福

·实现“贫穷”还是“富足”

如今，人们陷入了一个很大的误区，以为有钱就能让自己脱离贫困的状态。的确，足够的金钱可以换取生活所需。然而，在解决温饱问题后，许多人并没有因为获得了更多的金钱而变得富足，反而因为欲求更多而陷入“贫困”的状态。

贫困和富足指的更多的是一种状态，一个没有钱的人可以因为拥有其他许多事物而变得富有，但一个没有其他事物的人也可能会在拥有大量金钱的时候依旧“贫困”。一个人可以因为知足而变得幸福，也可以因为欲望太多而变得不幸。

贫穷的表现是焦虑、恐惧、不安、急躁、缺乏耐心、怀疑，想法很多，但精神恍惚，无法集中做好一件事，这种人无论拥有多少钱都始终无法变得富足。

反之，富足的表现是知足、平和、信任、合作、做事一心一意、专注，可以口袋里没有钱但依然有富足的状态。这种人缺钱只是暂时的，假以时日，方法得当，就很容易换来自己所需的金钱。

一个追求金钱的人是如何变成金钱的奴隶的？当他没有钱的时候，他觉得只要自己能拥有10万元，一切就会变好。当他有了10万元，情况又变了，他会想，如果有100万元，情况才能真正改善，这时他缺的是90万元。等他有了100万元，这时他会想，这点钱根本不够，自己想要的那种生活，至少也得要1000万元，这时他的状态是缺900万元。等到有了1000万元时，他总该满足了吧？不，这时他觉得要过上富人的生活，自己应该要有1亿元，这时他的状态是缺了9000万元。显然，他并没有因为拥有那1000万元而变得富有，而是因为缺了那9000万元而变得更加贫穷。

你能想象当一个缺9000万元的人站在你面前的时候，你会有什么感受吗？

实际上，无论我们已经拥有了多少钱，一个追求的目标出现了，但又无法达成，担忧就会随即出现。这时，人就进入了“穷”的状态，而这种状态很容易变成一种习惯，解决这种“贫穷”问题比解决饥寒问题麻烦得多。让人不安的是，这种“穷”的状态好像一个黑洞，无法探测到底部。我相信解决温饱问题会比较简单，只要不是好吃懒做或者滥赌成性的人，身边的朋友都能给予其支持，但当一个人因为更多欲求而无法满足时，问题就变得复杂，因为没有任何人有能力去填补一个无底洞。

所以，一个懂得创造富足的人知道要让自己活在“当下”，容不下任何担忧和不良情绪；而一个活在未来的人永远无法感觉到满足，让自己活在忧虑中无异于不断创造“贫穷”。

我们看到，这个世界上有太多人有了钱反而变“穷”，他们并没有因为获得了机会而满足，反而因为需要拥有更多的机会而变得焦虑和急躁，不知不觉就沦为物欲的奴隶。真实的情况是，奴隶注定是贫穷的，因为其时间不是自己的，其是被物欲使唤的对象。除非其脱离了物欲的奴隶这个身份，否则永远与富足无缘。

没有觉悟的人很容易落入恶性循环的旋涡里。一个欲望越大的人，其侵略性和掠夺性自然越大，对周围的人的威胁也就越大。他的出现，会让其他人产生莫名的不安，因为在他脸上写着“不够”两个字，似乎只要是他认识的人都应该为他缺钱的事情负责，这种人只会让真正的朋友疏离，剩下能留在身边的只是那些谋取利益者或者比他更缺钱的人。事实上，富足不是一个要达成的目标，而是对“匮乏”心态的终结。财富不在于拥有大量的财产，而在于拥有较少的欲望。富不富有，不在于金钱的多寡，而在于知不知足。

有了这个基本的了解，我们才能用智慧去帮助别人。当我们借钱给人的时候要很小心，因为这个人以前只是没有钱，没钱可以不花钱，也许生活清贫，但他依然可以享受阳光海滩，享受自由自在，但欠债是要还钱的，他会因担心被追讨而变得焦虑不安，要爬出这个陷阱需要一番挣扎，很可能要出卖自己的一切去赚钱。打破了心灵的平静，就无法创造出自己独一无二的财富。尽管人们会说，人要有压力才会进步。朴实的生活并不可耻，人完全可以量力而为地为自己创造美好的生活。

体验生命的美妙

驱使人们勤奋、努力工作的有两种原动力，一种叫“恐惧”，另一种叫“爱”。一旦激活这两种动力你就会进入循环状态，你可以因为怕穷而一直想要赚钱，因为怕被别人瞧不起而不断证明自己可以成功，但这其实都是奴隶的表现。为什么我们不能一开始就像富人一样为热爱生活去工作，为分享自己独一无二的生命，为活出自己的价值而自然地创造财富呢？

·管理好自己的欲望

我的一位老师说：“金钱在幸福中所占比例之低，是命运给人一次接近平等的机会；人生的本意毕竟是幸福而不是金钱。能不能享受上苍这番美意，取决于每个人的性格与修养。”

人的自我是一头永不满足的怪兽，它的欲望没有止境，喂它的食物越多，它的胃口就会变得越大。如果不是因为它，人的生活可以是很简单、平静的，但因自我创造的虚荣心等导致永无安宁，人莫名其妙地日夜追求自己并不需要的东西，结果背离自然的本性，越走越远。

财富与幸福之间并不存在必然的联系，也不能解决所有的问题。富人虽然无须为生活中的各种开销发愁，但深植内心的不安全感和焦虑常常折磨着他们。他们担心盗贼、经济危机、疾病、死亡、情感和各种未知的因素。

其实，人本来就是大自然的一员，但因为拥有功能太强大的头脑，反而易被困在其中，无法活在当下，体验生命的美妙过程。因此，我们都应善用自我的欲望，去创造财富，只不过有智慧的人知道什么是“度”，适可而止，为自己的故事标上符号，这样才不至于错过生命的重点。

·请容许事情简单点

知识是别人经验的累积，智慧是自己体验后的领悟。被人们誉为“股神”的巴菲特在被问到投资的心得时曾回答说，人的境界分四个阶段，从低到高，第一个，聪明；第二个，智慧；第三个，天才；第四个，简单。

人的境界

聪明：给头脑输入大量知识，并强化训练，熟能生巧。

智慧：在经历和体验中有总结和感悟，把握方向。

天才：与生俱来的本能得到培养和发挥。

简单：一切顺应自然，真实，内外统一，不创造问题。

简单也就是直接，是从一个点到另一个点的最短距离。在简单面前，其他三种似乎都显得不重要了。人们常将简单误以为是无知，其实是人们对“简单”的概念不了解。对自然现象有了深度的了解，我们就会发现它与我们有多少书本知识没有太大的关系，但它与我们对自然的运行法则以及对自身存在的了解程度有极大关系。很显然，一个不了解自己和外在世界关系的人很难做出正确的判断。

巴菲特的想法比较简单，他说，接近正确比100%错误要好。既然认为是有价值的资产，为什么不坚持持有？投资的第一条原则是不要赔钱，第二条是牢记第一条。

简单最大的障碍就是聪明。简单其实是经过最复杂的实验和过滤程序才可能提炼出来的，所以要有实力，才敢于采用简单的方式。人们通常对简单抱有恐惧心理，所以要使用最直接的方式并不容易。

头脑发达的人往往想得太多，顾虑得太多，人为地把事情复杂化了，坚持要扛着一大堆东西上路，并认定这些东西价值非凡。这往往会让自己负担太重，他们由于背负的恐惧作怪，往往无法做出理性的判断和决策。尤其在处理财富的问题上总是找不到平衡点。于是他们怀疑简单，不安使他们急功近利，不断寻找捷径，全然无视简单的规律，忘记了主宰这个世界运转的其实都是一些最简单不过的道理。

用心的人可以做到简单，他们感受到了生命的本质，了解生活的本意。一个觉悟的人是一个简单的人，他不可能把事情弄得很复杂，因为他一定是经历过复杂，明白复杂的无聊和愚蠢，才最终决定摒弃复杂，重新选择简单。

简单就是抓住事物的核心，把握事物发展的基本规律，剔除无关的旁枝末节，冷静地使用工具，耐心地等待结果。很多时候，最简单的也是最有效的。所以，只有生活简单，才能没有负担。这是人生的哲理，更是人生的真谛。实际上，最简单的问题、最简单的要求、最基础的东西，往往最容易被忽视。有位名人说：“把每一件简单的事做好就是不简单，把每一件平凡的事做好就是不平凡。”我们提倡简单，因为简单和快乐是连在一起的；简单是福。

·摒弃不必要的挣扎

人类的教育需要通过复杂的方式来进行，之后又得花一番功夫再将“灰尘”洗脱，才能回归自然。人们用许多奇怪的理由坚持对自己无益的观念，设立种种障碍，有时甚至只是为了一时的情绪，可以不顾一切后果，毁掉自己一生的积淀。

人们从一出生就开始学习各种知识，背诵文章，记住无数先人所留下的遗产——规章制度、文化、历史、文学……早已忘记了问自己是谁，来这个世界做什么。社会和文化发展到今天，已经变得相当复杂，我们似乎已将发展与复杂程度挂上了钩，整个社会都在鼓励挑战难度，所以人们常怕自己简单就会被别人说不够聪明，所以做很多事力求复杂。

而与之恰恰相反的是，无数获得成功的人都会告诉我们，成功的方法其实是很简单的。就像经济学中许多复杂的数学公式往往让人误以为投资充满非常高深的学问。数学在科学领域的重要性固然无可否认，然而，投资似乎是另外一码事，多年来我在商界接触的成功人士，即使在重大项目的谈判中，也没有用到过高深的数学模型。

真正的成功最终是返璞归真的，当有一天你能挣脱世俗的约束，不再被世俗的欲念所缠绑，真实地按照自己内在的意愿，回归自然，过自在的生活时，才能算真正的成功。人应该时刻提醒自己，自己不过是自然里的一个生命。千万不要脱离生命去做一些无关的事情。请容许生命以简单的方式存在吧！

成功其实很简单

守住一颗宁静的心

《伊索寓言》里讲了一个故事。

在一个山里的小村镇，一天清晨天气晴朗，有一个磨坊主和他的儿子一起赶着他们的驴子，到邻近的市场上去卖。

他们没走多远，遇见了一些妇女聚集在井边，谈笑风生。其中有一个说："瞧，你们看见过这种人吗？放着驴子不骑，却要走路。"磨坊主听到此话，立刻叫儿子骑上驴去。又走了一会儿，他们遇到了一些正在争吵的老头，其中一个说："看看，这正证明了我刚说的那些话。现在这种社会风气，根本谈不上什么敬老尊贤。你们看看那懒惰的孩子骑在驴上，而他年迈的父亲却在下面行走。下来，让你年老的父亲歇歇他疲乏的腿。"磨坊主便叫儿子下来，自己骑了上去。他们没走多远，又遇到一群妇女和孩子。有几个人立刻大喊道："你这老头，怎么可以骑在驴子上，而让那可怜的孩子跑得一点力气都没啦？"老实的磨坊主立刻又叫他儿子上来坐在他后面。

快到市场时，一个市民看见了他们便问："朋友，请问，这驴子是你们自己的吗？"磨坊主说："是的。"那人说："人们还真想不到，依你们一起骑驴的情形来看，你们两个人抬驴子，也许比骑驴子好得多。"磨坊主说："不妨照你的意见试一下。"于是，他和儿子一起跳下驴子，将驴子的腿捆在一起，用一根木棍将驴子抬上肩向前走。经过市场门口的桥时，很多人围过

来看这种有趣的事，大家都取笑他们父子俩。吵闹声和这种奇怪的摆弄使驴子很不高兴，它用力挣断了绳索和棍子，掉到河里去了。

这时，磨坊主又气愤又羞愧，赶忙从小路逃回家去。

伊索在故事最后说："你无法取悦每一个人，如果你试着取悦每一个人，你将会失去自己。"

·逆向思维的修炼

我们做事总是在担心别人的反应，但这些担心是我们自己的想法，可能事实并非如此。我们真正应付的不是别人，而是自己那颗不安的心。

在财富游戏中，要做一名成功的投资人，就必须要有逆向思维。投资是需要逆向思维的行为，因此只有少数人成功。熊市永远是在大众的一片乐观中突然出现。每一个成功的投资决定，都无可避免地经历过一番内心的挣扎，我们会听到许多噪声，而每种噪声听起来似乎都那么合情合理，这个过程是一场个人理性战胜群众情绪的搏斗。成功的投资必须是不受众人的影响的，我们需要在转折点时与大众持有相反的意见。如果我们没有自己坚定的信念和甘于孤独、寂寞的能力，投资成功便是一件困难的事情。因此，我们必须在行动之前有自己的投资理念，为自己制订一套投资和管理投资的方案，同时做到面对各种情况时随机应变。

不要受周围环境的影响

·归属于自己

这个世界上的事物是如此紧密相连，人们看到的往往只是事件的一部分，却喜欢议论纷纷，做出各种判断。同样，如果你想让生命开出各种花朵，就要放下判断。因为判断使人封闭，一切可能性都变得很小。

事实是，除非你先知道整体，否则无法了解部分。所有的一切都互相影响着，每个因素都在变化中，过去和未来都联结于此刻，我们如何下结论和判断？我们习惯想从别人那里得到答案，却没有意识到如果自己没有主见就等于是在让众人撕裂自己，因为任何一个意见都能造成我们的痛苦。事实上，任何一个答案都只适用于某个特殊的片刻，而生命是由无数个片刻组成的，我们如何才能知道什么时候是对的？

如果注意观察的话，就会发现生命是在以循环或圆圈的形式流动。星球、季节、经济……没有一样东西是单独存在的。了解自然是生存最基本的前提，否则生活中任何一项人为的事物都可能影响我们的决策。只有当我们不再看重别人对我们的看法时，才是在真正地做自己。

巴菲特的成功在于他能不受他人的影响，只相信自己的观察所得。无论成功的方案是多么简单，不是自己总结所得的就无法坚信，而没有坚定的信念就无法执行下去。

·信任整体，信任自然

生命是一条河流，我们只需要跟着它流动，融入它并成为它的一部分。“花开花谢，草木荣枯”，皆是自然现象，正如春花会有凋谢，艳阳会有西沉，再精彩的戏剧也会谢幕，宇宙万物，谁也难逃规律这一说。只有当我们了解自然规律的伟大时，才有可能真正地去信任，信任生命的整体性，而不是信任头脑狭隘的分析。

当我们有能力信任整体时，我们就会放下野心，放下抗争，变得柔软。没有抗争就意味着没有了对立。一个没有对立的人不会缺乏安全感，恐惧感也无法停留，生活就可以过得很简单、幸福。

我们只需要做一些顺应自然的事情，就不难获得今生的富足。当我们真正愿意顺应自然、信任整体的时候，就会因有安全感而变得平和，这种平和的能量会吸引相似的能量，从而创造出一个祥和的社会，使财富聚集。

不要错过人生的重点

·追求成功是最大的陷阱

有人说，每一种方法都像竹筏和船的用途——渡河，然后放下它们，继续上路，没必要将它们带走。

然而，我们每天都能看到那些沉迷于工具和手段的人。观念只是工具，而赚钱是一种手段，工具很容易让人迷恋，因为它确实会带来成果，也曾经给过我们美妙的体验。然而，我们却要警惕，一不小心，它就变成我们的障碍和负担。

船能渡我们到对岸，但如果一条船很舒服，坐在船上看到的风景也很迷人，那么，我们就有可能迷恋上这条船，想要在上面生活，甚至想永远地占有它。如果真的在船上住下，那就麻烦了，我们既不属于此岸也不属于彼岸。每个在岸上的人都能看到，船是一个不可能有安全感的地方。但船上的人没有察觉。这就是生活中每天都在发生的事情。

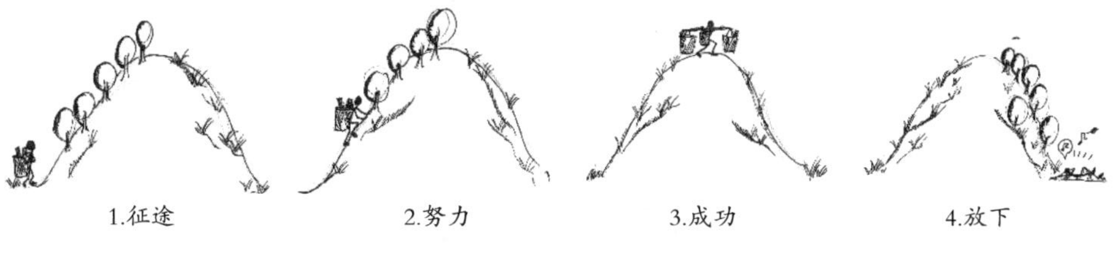

人生只是一个过程

·防止金钱占据我们的人生

约翰·列侬曾说："生活是在我们忙于制订其他计划时所发生的一切。"当我们忙于制订"其他计划"时，我们的孩子们在忙着成长，我们的身体在走形，我们的梦想在逝去。简言之，我们错过了生活。

人在开始时是为了生存和生活的基本需求，才去创造财富，为的是使自己能过一个安稳、幸福的人生。遗憾的是，在货币经济时代里，金钱在很大程度上单调化了人们对于财富多样化目标的追求选择，似乎代表、度量着世间一切财富的价值，并似乎可以交换得到世间的一切财富。越来越多的人无法控制自己的欲望，抛开一切，抓住一切机会挣钱，经常为了一点蝇头小利斤斤计较。人们对钱的追求和拥有，似乎就是对一切财富追求和拥有的代名词。这样一来，很多人的人生目的除了追求和拥有金钱之外，也就不再有其他任何有价值的东西存在了，甚至把孩子置于自己完全的控制之下，只教他们服从，不培养他们的才能。

最后，这些积累的财富传到孩子手里，他们挥金如土，不愿再像父辈那样努力。以前，他们花钱受到限制，现在限制解除，他们就大手大脚。他们从不知道还有比这更好的生活方式。很快，钱犹如长了翅膀一样，都飞走了。第一代人积攒财富，第二代人挥霍无度，到了第三代人就一穷二白，又重新回到贫困的阶层……这样的事例举不胜举。

·有钱不是目的

生命非常短暂，幸福快乐的时光很快就会过去，我们应该争取在有机会和条件的时候做一些自己最想做的事情。

当亚历山大大帝远征印度时，古希腊哲学家戴奥真尼斯嘲笑过他："你何必跑那么远？征服印度或征服全世界能让你得到什么吗？"

亚历山大说："征服世界后，我就能休息、放松和享受。"

戴奥真尼斯笑着说："你一定是个傻瓜，你没看我正在休息吗？"戴奥真尼斯正在溪边休息、放松，一大早就裸身在沙滩上享受日光浴，他说："我现在就在休息和放松，但我并没有征服世界，我甚至不曾想过征服世界。因此用征服世界来休息和放松的做法根本是无稽之谈，我不必征服什么就在这儿歇着了。河岸宽敞得很，容得下我们，就在此歇着吧！脱掉你的衣服，享受一场舒适的日光浴，把征服的事全忘了！你看看，我不必征服世界就是个胜者，而你却像个乞丐。而且，你是全世界最大的乞丐，因为你在乞讨的是整个世界……”

生命的过程本身就是每个人的财富，没有什么值得让我们不珍惜生活的。关心那些我们想关心的人，否则，他们也许不会再有机会去分享我们的生活了。生命中重要的事情不多，不要让忙碌占据了所有的时间。

诺克斯学院的提姆·卡瑟教授和罗切斯特大学的理查德·赖安教授，经过多年的研究发现，那些把钱当成最重要目的之一的人在心理健康上的得分是较低的。寻求钱财者更容易流失能量，有更多的焦虑和更少的自尊，经历了更多身体、行为和关系上的背叛，在生命力（感觉活泼和精力旺盛）和自我完善的测试上得分也较低。这些问题并不是富裕引起的，而是由于把金钱作为人生的主要目标的人给自己增加了较多的精神压力所致。

一个视金钱为生命的人是贪婪的。对金钱的贪欲会随着金钱数量的增加而变得越发强烈。金钱本身没有好坏，是我们对它的诠释以及与金钱的互动赋予了它力量。

那些认为金钱是万能的人，很可能为了钱不择手段，最终掉入金钱的陷阱，无法翻身。

被金钱支配的人如何能幸福

事实上，在与金钱的关系中重新认识真正的自己，并借助金钱作为媒介表达灵魂的真诚与完整，这一切所带来的喜悦就是一份美好的回报。重新建立我们与金钱的关系是至关重要的。我们要勇敢地面对金钱的挑战，如对金钱的恐惧、痴迷，以及与金钱有关的懊悔、遗憾与伤痛，从而将这一切都当作个人成长与自我转变的机会。

我们与金钱的关系也会成为演练场，供我们每天进行这一有意义的练习。

· 真实就是成功

不断追求物质满足的迫切心理使我们忽略对自我价值的深入探索。我们不断成长，认知的过程是从无意识到有意识。人类作为地球上的一种生物是如此渺小，人类创造出来的各种概念就更加渺小了。而人类被自己的观念和文化所囚禁，就像从牢房的小窗户朝外观望，我们不知道外面的世界有多大……

许多人以为自己这一辈子来到这个世界走一趟，是为了顺利完成人生中的几件大事，满足周围人的期盼，尽力满足爱人的要求，做好一份工作，在工作中有一些优秀的表现，努力做一个慈悲的人，等等。然而，真正好的事情是对大家都好的，这样也意味着我们与他人之间的隔阂被消除了，我们不需要刻意地满足任何人。

生命本来不应有什么特定的目标，但因人常常生活在世俗的区别心和扭曲的价值观中，过着疲于奔命的生活，因此，如果没想明白自己的人生为何而来，迷失便是非常容易的。

活出独一无二的自己是生命的真谛，努力释放自己生命的芬芳只是出于本性，这是每个生命最自然的表达，没有要求，没有期盼，也没有目的。与他人分享流入我们人生的一切资源，如时间、金钱、智慧、能量，将是自然而然的举动，无论资源之流是流入、流经还是流自我们，我们灵魂的渴望与金钱都可以合二为一，创造出一个丰富、圆满且充满意义的人生。

正如玫瑰的绽放，艳丽不是为了使人们赞赏，只是自然规律而已。顺其自然去做事是创造有意义人生的基础，了解自己是了解自然最重要的部分，否则，我们又怎能做到顺其自然呢？

充裕感存在于我们每个人的心中，并会引领我们走上生活的舞台。充裕感让我们可以用金钱来表达自己的真诚与正直，它是一种创造性行为，它使我们充分认识到我们外在与内在资源的力量。它提醒我们，如果我们认真看一看周遭与自己的内在，就会找到自己所需要的东西，我们本就拥有充裕的资源、充满意义的人生。

第 4 章

金钱游戏与财富文化

财富的文化

老子说“知足者富”，财富不只代表金钱，而是人类心智、力量和智慧的结晶，是物质和精神的统一体。人类社会所产生的很多危机都是源于贪婪，究其根源是人们内心的匮乏，也是财富文化的缺失。

财富文化所倡导的是发展人与自身、他人、社会和生态的整体和谐，它也是孕育高智慧生命体的土壤。作为人类命运共同体的一员，每个人都隐含着无穷的能量。然而，在物质贫乏的生活环境中，生存问题很容易成为人生的主旋律，人的天赋潜能得不到正常发挥。当我们谈及财富时，金钱几乎总是排在首位，有时甚至成为唯一的度量工具。但我们与金钱有关的行为常常有违灵魂深处的渴望与信仰。身处金钱的世界，就好像进入一个颠倒黑白的游乐场里，规则扭曲了我们的心灵。在金钱的诱惑下，属于高贵灵魂的那些美好的品德仿佛遥不可及，我们变得微不足道，为了生存不断竞争，矛盾、迷茫、自责成了普遍现象。

人们普遍在财富的认知方面缺乏一种文化上的思考，忘记了财富除了经济价值之外，还有其人文精神和道德层面的呈现，而这将成为威胁我们每个人、每个家庭乃至社会和谐的“病源”。

而无论是加强金融监管、消除贸易壁垒，还是进行信贷扩张、刺激消费，这些实际上都难以从根本上解决当前世界各国人民所面临的问题。过去的文明是因为财富贫乏，而以物欲为动力，以生产为主导的。经过几千年奋斗，人类创造了辉煌的文明，科技发达，财富充裕。可悲的是，文明成果却无法转化为人类福祉，反而成为新灾难的祸端。人类可以彻底解放的条件已基本具备，为什么却陷入了前所未有的困境？金融危机、贫穷、饥饿、争斗，人们失去内心的平静，自然生态和社会生态严重失衡，各种自然灾害的发生、经济市场的无序竞争、商业霸权垄断、贫富两极分化、资源严重浪费，我们的生存环境正在急速恶化。

人类在疲惫不堪的争斗中反思，在寻求出路中呼唤着“改善环境，和谐共生”。面临一个新时代的转折，重塑与金钱的关系是21世纪的我们在物质与精神上彻底改变生活方式的关键。人类迫切地需要从金钱游戏中觉醒，从生存竞争的时代和平过渡到和谐发展的时代。财富文化倡导的正是一种符合人性发展和自然规律的财富文明，倡导人们在致富的过程中，遵循自然的发展规律；在运用财富的过程中，将资源首先用于解决人类最紧迫的问题上；在实现经济发展的同时，关注人类命运共同体的和谐共生。

金融危机只是揭示了人类面临的其中一种危机，如果人类不能顺应大自然的规律，不改变对金钱舍本逐末的观念，注定会被贪婪和恐惧牵着鼻子跑，在追逐金钱的游戏中迷失自己，忘记生活的本源，类似的危机也只会一次比一次严重。

道法自然，内化于心，外化于行。财富文化如大自然的气候一样，影响着人们创造和使用财富的行为模式。富足人生源于精神财富与物质财富的合一，财富能量的流动是由生命能量所带动和引领的。生活中的传统文化、饮食文化、艺术文化等，都是我们行为和习惯的土壤，它同时也影响着我们如何制定发展的游戏规则。

人们在享受金钱所带来的物质丰富时，往往有意地忽略伴随而来的副作用。事物的利与弊好比一个铜钱的两面。财富文化的教育在于让人们学会在用金钱解决问题的同时，妥善地管理金钱所带来的问题。事实上，没钱的人烦恼，有钱的人也烦恼。因此，要过上自由、无忧的生活，我们就要尽早处理好与金钱的关系。我们要解决的不是钱的问题，而是烦恼的问题。

在思考与金钱的关系时，我们应问自己以下几个问题：

（1）我如何从被金钱奴役的游戏中早日解脱？

（2）我如何能够尽早从金钱这个学校中毕业？

（3）我如何让金钱为自己的人生发挥最大的效用？

（4）我怎样才能过上健康、富足、自在的生活？

中国的经济发展到今天，我们的生活环境已发生了巨大的变化，社会已积累了巨大的财富，已成就了一大批的富人。但无论富人还是穷人，都在承受着前所未有的精神压力。当富人为剩余资金的出路而烦恼时，穷人却在为没有资金而发愁，由此产生恐惧感、不安全感、不幸福感，人与人的关系疏离，贫富差距日渐悬殊。更令人担忧的是，人们似乎都陷入了迷茫，失去了生活的方向，在获得物质繁荣的同时，也换来了更多的空虚。

· 财富的使命

经济学如果只研究人们的货币交易行为，只关注人们经济活动中的生理本能和物理动机，只研究与货币相关的交易逻辑，而不探究人类生命与自然环境的深层意义，就必定会将人自己带向匮乏和枯竭的死胡同。因此，只有拥有正确的经济观和财富观，重建以人类福祉为终极追求的人生信仰，才能自觉地去建设一个友善和谐且可持续发展的世界。

财富文化是人在经济领域的意识与行为相互作用的结果，是对生活秩序以及生活方式的解读。生活秩序是指用于塑造我们生活习惯的规则和制度，就像我们生活中的各种伦理、道德及技术体系等。

只有意识的提升，生命中最大的宝藏才能被开启

在从事经济工作、企业管理工作、经营工作、金融工作和贸易等商业活动的过程中，人的思想和意识形态决定了发展方向，追求物质利益，只注重研究高超的经济技术和手段，而不注重其中人文品格的彰显，即便

在短期内可以刺激财富增长，但会无法避免地造成文化的荒漠化，造成社会文化的冷漠，违背了最初创造财富的本意。

在新时代经济的迭代升级中，无数商业组织正面临被淘汰。人们开始从金钱的幻象中觉醒，到了一个重新选择的时机。大道至简，古圣先贤已留下无数的教诲和方法，那些再要耗费长时间的修行方法显然不合时宜。只要能够放下执着，从金钱和权力的游戏中醒来，就可以看清未来的道路。

所以，财富文化的使命，是要倡导一切符合人类与自然生态利益的经济活动。让人们回溯到生命的本源，跳出现有的认知局限。它倡导的不仅是一种有效的经济活动，而且是在社会进步的过程中个体意识的提升。它是关于人类生命周期及进化的物质和精神需求，以回归道法自然的生活方式，拓展人类的智慧层级，让每个生命的独特性得到绽放，构建天人合一的人类命运共同体。

·圆满的财富之旅

金钱游戏好比财富游乐园，拿到地图和指南是非常重要的。我们要了解的不仅是其中的内容，还要知道如何才能安全地完成整个旅程。

要拥有一个有意义的人生，就需要有一个正确的思维方式，那些幸运的人，不过是给自己选择了利于人生的思想。那么要怎样才能致富，并让财富在自己的手中发挥出最大的价值？

财富是一个吸引大众的话题，但对它有深入了解的人很少。许多人在没有看清地图之前就踏上了征途，在没有听清楚规则之前就加入了游戏。有人痴迷于追逐金钱的游戏，在得到金钱后却从此被套牢。绝大多数人都凭感觉和情绪在做决定，找不到平衡点，经常被恐惧所掌控，导致处理不好自己与金钱的关系，一不小心就成为金钱的奴隶，被它束缚了自由。

一个优秀的小说家，会懂得在适当的地方画上标点符号，但关键是，要懂得在适当的时候画上句号。许多进入了寻宝游戏的人，在开始之前没有看到过完整的寻宝图，更没了解过出口在哪里，因而一生就在里面再没有出来。

财富人生四阶段

· 创造财富

从“没有”到“有”的创造过程是使人无比快乐的。

人们用自己的专长和技能、劳动力与时间等为他人提供产品或服务，以此积聚财富。人们用自己的天赋、创造力、勤奋和冒险去发现社会的需求，研发产品和服务，为他人提供劳动力或者解决方案，当中需要考验人们的创新能力、专业和意志力等。这个过程最大的考验是如何跳出创业的怪圈，事实上，无数人被困在这个游戏里，不是因屡次冒险失败被打回原形，就是为企业持续发展而心力交瘁，许多人牺牲了正常的生活，直到筋疲力尽，耗尽了生命，也没有时间享受自己的成果。

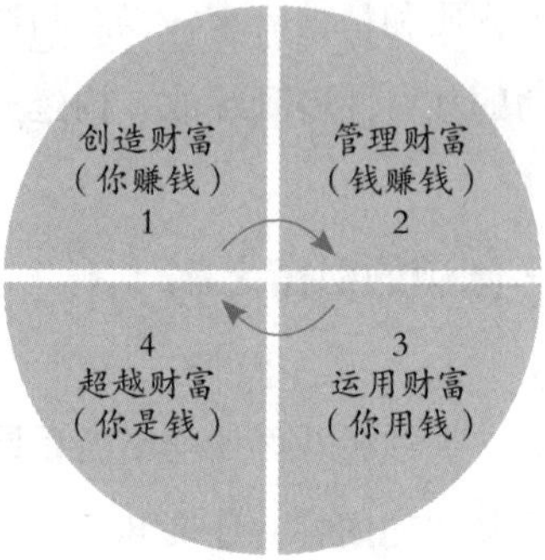

财富人生的四个阶段

犹太人有这样一个寓言故事。

> 狐狸为了钻过一个小洞进入葡萄园，不得不斋戒三天直到瘦得能够钻进去。它进入葡萄园后大吃大喝，变得大腹便便，结果怎么也出不来了。为了安然离去，它不得不再次斋戒三天，饿到与进来时一样瘦。离开时狐狸悻悻地说：“美妙的葡萄园，你的葡萄是如此硕大，又如此甘甜，但是你给了我什么？怎么进来怎么离去！”

因此，有智慧的人应该在赚钱的同时，为自己找好退路，让自己有一天能解脱。

· 管理财富

进入游戏不是目的，能从游戏中出来才是重点。人随着生活的进步在不断改变，越来越多的人开始关注的不是怎样赚更多的钱，而是怎样过上财务自由的生活。

管理财富之道在于借力，借助天、地、人的自然规律，整合各项资源，适当地借助金融工具，给金钱提供一个可以持续生钱的地方，让金钱为人工作。

真正的富人懂得如何为自己的解脱铺设管道。他们懂得如果想获得更大的财富，就必须投资比金钱更有价值的东西——生命和时间。有健康的身体，生命才会有长度，有时间才能产生次数，有次数才能有倍数。时间对财富管理起着关键的作用，时间结合金钱的效用也是非常惊人的，所以我们需要呵护生命，更需要善用时间。有犹太人说："钱是可以借用的，而时间绝不可以借用，时间远比金钱宝贵。"

"无为而治"可以说是管理财富的最高境界，顺势而为才是制胜之道。它不是什么都不做，而是凡事先找规律，而后办法自然就有了。创造财富阶段需要了解的是社会大众"缺什么"，从而发挥灵感和创造力。但在管理财富阶段，是要用管理的思维去看"有什么"，然后进行分类和排序，管理的目的是为可持续发展保驾护航。因此，使用正确的工具加上足够的耐力，才是风险管理的制胜之道。

·运用财富

老子说："有之以为利，无之以为用。"有智慧的人会懂得利用这个世界的一切事物。当一个人拥有东西的时候，是处于"利"的位置，而当没有的时候，是处于"用"的位置。无论是否拥有，每个人都应活出自己，并对财富文化有更加完整的了解。有钱是好事，但懂得用钱更重要。拥有多少财富，就有多少的责任。如何把钱用好是富人的主要课题。

金钱是一种能量，懂得花钱的人可以让更多的钱不断回流。世界上最会赚钱的人，无不是最会花钱的人。有了良好的管道和运作机制，就等于有了持续性的循环系统，让自己真正实现财务自由。滥用金钱不但不能为世界带来福祉，反而会给自己带来无尽的麻烦。

· 超越财富

长久以来，人们活在时空的游戏里。人们创造出种种复杂的金钱游戏，是建立在人对时间的假设之上。事实上，一切存在都是服务于生命的工具，其自身并不存在特定的意义。进入游戏的目的，最终都是为了胜出，获得自由。因此，有什么样的财富观就有什么样的人生。要彻底解决游戏中的焦虑和恐惧，就应该超越游戏看全局，明确参与的目的。当我们将财富的边界拓宽，自然就能获得更多的出路。

了解金钱的本质

人们普遍对金钱有一种特殊的感情，为得到它所付出的不只是时间和自由，甚至还有幸福与健康。这不仅是因为它可以解决生活所需，还因为人们认为它能够带来实现一切梦想的可能性。这种狂热让人早已忘记金钱的本质，往深处看的话，金钱其实不过是一种交易货币，它的内里实际空无一物。然而，大多数人追逐金钱，忙碌了一辈子，省吃俭用，仍无法积累足够的钱，被“金钱”这支魔棒指挥得团团转。幸福本来很简单，但人们被自身对金钱的欲望所蒙蔽了，甚至可以说，被各种担忧和莫名的恐惧摧毁了。

金钱等于财富吗?

财富等于金钱吗?

如同大自然一切的存在，金钱也有自己的运行规律。事实上，追逐金钱只会让金钱逃跑得更快。在某个层面，金钱是在条件被满足时才能显现的事物，它可以说是一个人成功所带来的副产品。了解金钱法则的人，会从意识层面开始做准备工作，同时要用心营造一个吸引金钱的环境，让金钱自己找上门来。当一个人内心祥和、富足，身上就会散发无形的吸引力，金钱就会自然聚合显化，当你的内在状态是匮乏的，金钱很快就会去寻找另一个栖身之处。等到有一天，当你重新拥有内在的富足感时，金钱自然就又回到你的身边。据观察，真正的成功者都不同程度地具备了吸引财富的特质，好比智慧、勤劳、热情、有耐心、勇于承担和自律等。所以说，要拥有富足人生，就必须懂得遵循自然法则！

·投资游戏，适度就好

在投资领域，人们不是因为尝到了甜头而过度投资，就是因损失金钱从此谈投资色变。所以，最难的是找到平衡点。事实上，人受贪婪和恐惧的情绪所支配，很容易迷失在金钱世界里。巴菲特的老师格雷厄姆一直倡导的是合理投资。他认为，只要不是过于急于求成，合理投资能使你非常富有。而且最妙的是它不会使你贫穷。这是格雷厄姆根据金融体制的特点所总结的经验之谈。事实上，成功并不复杂，投资是致富的一条有效路径。投资是要让时间和金钱工作。我们也许不买股票，但也许会投资企业和生意；我们也许不会做生意，但会将钱存在银行，而银行就会把我们的钱借给别人投资。所以只要手里有钱，我们就很难不参与投资。

成功者不断在告诉我们：把投资当成生活的一个游戏，遵循简单、自然的原则，守住平静的心，不受贪婪的驱使，顺应自然规律行事就容易成功。每个人一生都有机会经历几个经济周期，如果我们戒除贪婪，了解朴实的道理，采用简单的方式，选一个可持续的方案，坚持执行，不投入过多的精力，反而容易胜出。

·找到平衡就是自由

平衡就是自由

多年前的一次大学毕业典礼演讲中，一家世界500强公司的CEO在谈及工作和人生的关系时说：

“想象人生是一场把玩五个球的游戏，那五个球是工作、家庭、健康、朋友和灵性，你必须让它们在空中保持运转。你很快就会明白工作是一个橡皮球，落地时会立即反弹，但余下的四个球，家庭、健康、朋友和灵性都是玻璃造的。你让任何一个球跌落都会无可避免地有裂痕或有缺口，甚至裂成碎片，不再是原来的样子，你必须明白如何适当地努力并在人生中保持平衡。”

除了知识之外，生活需要更多的是智慧。智慧无法从知识中得到，它需要我们不断体验和总结。

社会由无数的个体组成。当每个生命都是以一种和谐富足的状态存在时，世界自然就可以实现真正的和平。关于精神和物质，人们需要重新找到平衡。从文化的角度来看，如果一个人只选择物质文化，那么也许只会有华丽的外在，心灵却空无一物，内在世界将越来越贫瘠；如果一个人只选择精神文化，那么也许会有富足的内在世界，外在世界却可能面临着饥饿、疾病缠身等。

·有钱不等于富足

人们梦想能有自己的房子，积攒了足够建造房子的钱，但这只能说是拥有了购买建筑材料的资本，而先一步需要做的是要决定盖什么样的房子，在哪里盖和选择什么风格，还需要物色设计师和施工队。有了这些，工程队还要先打地基，再一层一层地搭建，还得通水电，房子造好后还得有内部和外部装修，之后还要有家居布置摆设，而且各项流程无法一次完成，需要逐步优化和调整。

“成为一个更好的自己”才是创造财富的终极目的

除此之外，还要提前考虑这个房子的坚固程度。这其实是一个非常复杂的过程，建造过程中需要无数次的调整和里外修缮，不断地调整每个房间的布置，甚至当初考虑不周的地方还需返工。如此，才能拥有一个自己喜欢的房子。

也就是说，有了钱就有新的课题，那么如何规划建造一个财富堡垒，并安排逐步施工呢？这个过程，选择材料本身就是一门学问，条件好了，选择多了，需要面临的问题自然也多。如此就不难理解为什么世界上的有钱人虽多，但要被列入富人行列，需要被评估的其他因素还有很多。

一个人对全局的了解不足，就可能停留在初级阶段的赚钱圈里，无缘升级。因此，有钱不等于有了一切，也许离真正的富足目标仍相差甚远。

·游戏规则决定行为

许多人一生都在参与别人所设置的游戏，如果真的想找到正确的谋生之道，那么在现有的经济结构里生活确实很麻烦，因为所有商业和金融游戏的设计都是基于地球资源不足的信念，莫名的担忧让人们身不由己地做着自己不喜欢的工作。所有先哲圣人都以“爱”为教诲，教导我们向善，爱自己、爱他人、爱世界。无奈的是，人类的“竞争意识”导致这个世界不断地分裂，加剧了每个人内心的恐惧，使人们活在冲突与匮乏当中。

在一个有输赢的游戏中，每个人都是竞争者，在社会加速发展的同时，人类共同创造了一个令人担忧的世界。某些幸运者成功了，但其他人为了争夺同等的地位，越发地极端化，社会不允许我们的步伐慢下来，因为慢下来就意味着失败，就意味着此生默默无闻、受人忽视、得不到尊重。外在世界与我们内心的期盼是有冲突的，我们希望别人慢下来，自己却想尽一切办法加快步伐。

这就好比我们参加奥林匹克运动会，任何想要慢下来的念头都会让我们错失奖牌。在现实社会里，每个人的生活都已变成了奥运会竞赛，社会要求我们要有竞争力，周围的人期待我们不断拿出成果。每一个结果都是关键性的，周围有数不清的对手，随时都有被淘汰的可能，我们活在一个彼此对立的世界里，其他人会摧毁我们的成功机会，我们也在威胁着别人的成功机会。

事实上，“爱”只有在共赢的游戏中才有生存的空间。在这个充满冲突和野心的世界里，爱没有了土壤，友谊无法长久，慈悲也备受考验，人们充满了恐惧，所有烦恼的根源皆来自我们一开始就参与了一个反方向的游戏。唯有当每个人都认识到生活并不是奥运会时，人们才可能让注意力回到真实的生活中，放松下来，创造和谐的环境。这时，社会不会被恐惧和贪婪所操控，世界是自然富足的，人们是有爱的。我相信这才是我们所期盼的。

· 重新选择不同的游戏

随着生活水平的不断提高，现代社会对企业家的素质要求也不断提高。以前创业者需要考虑的只是公司的生存和盈利能力，因此只要确保自己能赢就可以开始创业。如今如果想要谋求可持续发展，就必须站在一个更高的角度考虑更多的因素，也就是除了自己的利益之外，还要考虑公众的利益。创业者需要找到一个有共赢点的游戏，让所有参与者都能获得利益，其中包括对合作伙伴、供应商、企业员工、社区和环境等的影响。

一个觉悟的人会觉察到自己的行为和出发点，同时也会警觉自己选择什么样的游戏种类，游戏种类可归纳为三类：

（1）对自己有利的游戏；

（2）对合作者有利的游戏；

（3）对公众有利的游戏。

社会对成功人士已有了更高的期待，企业家也需要对自己所选择的游戏有更高的觉悟。举例说，早期的商人在售卖鲜艳衣服时并不会考虑到颜料对人的健康和环境会产生什么副作用。后来随着环保意识的提高，商人开始研发颜色好但又不伤害人和环境的颜料。随着消费者意识的提高，人们提高了对生产者的要求。许多汽车设计师一开始只考虑消费者的需求，注重外形和马力，随着能源危机的日益严重，以及环保的呼声越来越高，为了保持竞争力，有觉悟的商人已开始投入研发环保产品，于是马路上逐渐有了节能、环保的汽车。

新世界不只是换一个更高级的系统，它需要新人类和新思想，没有内在的核心以及由这个核心生发的创造性运动，就难以形成新的系统。唯有内在的觉悟才能将我们从一个错误的系统中拯救出来。每个企业家都必须肩负起改造自身的责任，当新思想在多数的个体中产生，超越了群体老旧思想和固有的制约，变革成功便只是一种自然现象而已。

………………

我的悟语：向着天下为公、世界大同的目标进发，这才是快乐人生的方向。

………………………………………………

超越金钱的财富课

·放下对财富的执着

美国著名的理财专家奥曼说："我已经比我梦想的还要富裕，可是我还是感到悲伤、空虚和茫然。钱财居然不等于快乐！我真的不知道什么东西才能带来快乐。"

人有梦想、有爱的渴望，金钱和财富是用来表达这些感情的工具和颜料，我们要用它来创作一幅美丽和充满爱的图画。而把金钱当成目标的人，注定要成为金钱的奴隶。首先我们要给自己绘制一份地图，有了清晰的图画，我们就会知道自己是否走向正确的目标，对金钱有激情但又不会沉迷于游戏之中。

金钱只不过是我们人生旅途中成长和进步所需要的配套工具，学会顺势而为，我们就可以从容不迫地面对和处理人生中出现的各种问题，不至于陷入困境，错过沿途的风光。

管理之道在于借力，其目的很简单：借助现有的金融系统和工具，让财富按照合理的水平稳定增值，并确保它在被使用的过程中给周围带来正面的影响。大多数人接受的都是关于怎样为钱工作的训练，早已习惯了让自己成为工具的生活，当要让我们坐回主人的位置，去安排金钱为我们工作时，许多人竟然不知所措。

使用金钱需要有清晰、正确的价值观，可惜大多数人没有这方面的知识和见识。然而，如果我们了解金钱在流动过程中可能产生的影响，我们将不得不谨慎地选择自己的生活方式。金钱是我们愿望的载体，当钱被花出去的时候，就是我们在定义它的价值和意义。

创造财富需要明确的价值观，管理财富需要独特的人生观，运用财富需要系统的世界观。深入了解完整的财富文化思想有助于我们成为金钱的主人。要以和谐、优雅的方式与金钱相处，不要总是徘徊在初级阶段，我们需要花更多的时间去发现人生中更有价值的财富，包括爱与自由。

我的悟语：一个好的作家，应该知道在什么时候为自己创作的作品画上句号。

· 分清“我”和“我的”

无论一个人追求什么，在拥有之后，就自然会开始担心失去，这种深植内心的不安全感时常会干扰我们。这种现象在富人身上尤为普遍。我们习惯了以自己的所有来定义自己，比如说：我是这家企业的老板，我是某人的先生或太太，我的钱、我的车……我们的头脑需要一系列参考资料才能界定“我是谁”，也让他人能通过外在来做出价值评判。因而，潜意识中一个让人恐惧的问题时刻困扰着我们：“如果我就是我的所有，一旦失去了自己的所有，那我还有价值吗？我是谁？”因为我可能失去我的所有，离婚、失去自由、经济低潮、疾病和一切未知因素，所以我没有办法不担忧。

“我”是谁

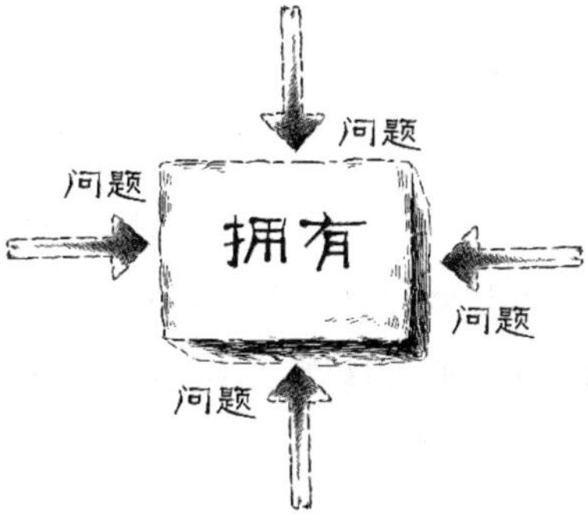

拥有的面积越大，来自四面八方的问题也越多

长期以来由于许多人分不清“我”和“我的”，一直在错误的道路上奔跑，从来没有花时间去了解过“我自己”，而是把毕生的精力都奉献给了“我的”一切。为解决内心永无止境的担忧，人们更努力地工作，积聚外在的财富，以为拥有更多就能消除内心的恐惧。事实上，所有的问题都包含了“我”加上其他部分，“我”自身的问题不解决，在那些“我的”东西上下功夫是徒劳的。真正的“我”并不需要依赖“我的”东西才能存在。只要将资源投入在成为一个健康、快乐的自己上，一切转变就会随之发生……

真正的幸福并不是无止境地追求财富，而是去找到那份心灵的平和与安宁，拥有宽广的胸怀和积极的人生态度。这样我们才能够在财富增长的同时，依然能每天睡个安稳觉，不会因为担忧资产的升跌和各种外界的风险而半夜惊醒。

· 理财的终极目标

洛克菲勒说：“财富指的是你的生活品质的程度，而非你赚钱多寡，要体会富有的滋味，并不需要靠上亿的财产，而是去过你真正想过的生活。”财富并非关于累积多少金钱，而在于我们如何善用人生。

对于很多人来说，他们并没有意识到问题已经不是关于要得到多少钱，而是如何能够不再为要多赚一些钱而烦恼，或者说如何能在有稳定收入或资产合理增值的情况下，过上不需要担忧缺钱的生活。

金融市场变幻莫测，我们并不需要成为一个很精明的投资者，如果执着地要让每次都“做对”的话，人生会是一个痛苦的过程。每一种金融产品都有它特定的用途，不是每样都适合自己。金融理财为有目标的人提供方法和工具，不清晰自己投资方向的人，很容易就会迷失在金融产品的大海里，随波逐流。

如果要找一个方法使资产增值，那就不妨参考金字塔的形态，按部就班地做一些基础投资，管理好风险，不搞破坏就会成功。比如说，适当地买一份保障性的保险，制订一个养老计划和孩子的教育计划，再有余钱才考虑更高风险的投资活动。

·提出高品质的问题

金钱在我们人生中的最大价值到底是什么？如何在金钱游戏中不被绑架，让自己始终保持清醒并最终获胜？

我们不妨停下忙碌的步伐，给自己一个机会去思考一些能够使人生更有意义的问题。

被誉为金融怪杰的乔治·索罗斯酷爱哲学，他认为，哲学和经济学最大的差异在于前者告诉人们的不仅是知识，更重要的还有思维方法；而经济学教给人们的除了知识，还是知识。要解决困惑的根源，我们必须提升意识的境界，提升认知。

人生的道路上，风险无处不在，有太多的风险能让我们失去一切。许多具有赚钱能力的人都没有存钱和花钱的能力。看过财富从自己门前经过的人很多，而能把财富保存下来并加以真正运用的人很少。

如何享受金钱给我们带来的快乐自由，消除麻烦和担忧？

我们如何能守得住辛苦挣来的钱？

我们要获得怎样的智慧才能成功地在这个世界的金钱游戏中胜出？

·去除旧思想，植入好观念

生活在变，环境在变，生活在我们身边的人也都在变，我们却仍在用旧思想解决问题。大多数人在不明就里的情况下参与了金钱游戏，迷失在虚荣和利益的诱惑当中。由于我们脑子里装的大半是别人的旧思想，它不但束缚了我们的行为，还让我们在追求幸福的道路上步履艰难。在金钱增加的同时，随之而来的问题也越来越多，我们缺乏对金钱游戏的了解，更没有意识到我们需要财富文化的教育。

金钱世界充满诱惑，缺乏正确的观念会让我们付出昂贵的代价。有钱不是目标，懂得调动财富能量才是关键。

人生是一个不断进步的过程，要进步就必须冲破限制我们创造的旧思想。如果能简单地遵循一个好的长期投资计划，几乎每个人都能成为富翁。只可惜很多人不愿沉下心来观察和学习，他们宁可牺牲内心的平静去走捷径，企图一夜暴富。

我的悟语：天堂不是目标，天堂是一种生活方式；觉悟的人生就是天堂生活。

让人疯狂的金钱游戏

·什么是真实的资产？

自从人类创造了交易的纸币，我们就渐渐被带离真实的生活，被带入了虚幻的数字游戏。从银行的存款票据发展到公司的股权证，今天到处散播着各种衍生出来的与钱有关的纸片，人们被投资这种活动搞得心神不宁，知道的投资种类越多，离真实的生活就越远。这些人为的数字游戏，使人们改变了生活的模式，在致富的同时也驱使人走向疯狂。

经济学的各种数字已把人搞晕，我们的生活似乎已被无情的数据所绑架。我们为所有的东西都标上了价格，我们已经习惯了问“值多少钱？”生命中比金钱更有价值的财富，如空气、阳光、干净的水、心情、爱情、亲情、友情等，其实都是至关重要的财富，却因为没有价格，甚至被认为不值钱而常常被遗忘。也不知道从什么时候开始，我们口袋里的钞票比以前多了一些，但生活的乐趣少了很多。

·“失常”变成“正常”

自从1971年美国政府放弃“金本位制”后，许多国家的中央银行纷纷大幅增加货币供应量。在目前自由浮动的货币体制中，他们不再需要等量的黄金就可以自行决定钞票印刷的数量，银行可以无限制地印纸币。在过去40年中，货币供应量令人难以置信地增长了几十倍以上。而借着每一次经济危机的发生，货币都无可避免地被当作调节的工具，钞票的数量在我们没有觉察的情况下不断激增。

由于投资者和投机者将这些过剩的货币投到不同的行业，以致不少国家的资产出现戏剧性的大起大落。从20世纪70年代初起，我们先后看到巨大的经济泡沫：20世纪80年代的日本股市和房产泡沫，20世纪90年代中期的亚洲房地产泡沫和千禧年来临时的纳斯达克科技泡沫，还有2008年美国房地产泡沫。这些泡沫都有一个共同点——最终都破裂了！目前的通货膨胀危机，归根结底是美元泛滥所引发的，这个疯狂的游戏已被推上一条不归路，新一轮的金融风暴又在酝酿中，游戏的制造者把自己也拖入火坑，到底这一切会带来怎样的结局？任何人都无法预测。对于人类的疯狂，连牛顿也曾经感慨道：“我可以预测天体运行的速度和规律，却无法预测人类的疯狂程度。”

·金融市场的疑惑

如今的金融领域，金融产品五花八门，加上互联网金融的虚拟新概念，令人眼花缭乱。由于金融本身就是看不见、摸不着且流动的，人们接触到的很多时候只是源自银行里一个数字被放大了许多倍的虚幻现象。而所有的期待只是基于一个不确定的纸上承诺，甚至是科幻故事类的推测。对于不在金融行业内不知就里的老百姓来说，听到了一夜暴富的故事总是很容易受诱惑。由于钞票贬值的速度日益加快，人们开始不愿实实在在地做事，都想找到捷径投机。随着一个个梦幻故事的破灭，许多人不但因各种资金盘的崩盘而血本无归，还因被卷入各种债务中受困。游戏制造者正是抓住了大众的心理，才设计出迎合人们短视和贪婪需求的产品。

人们对金钱、权利、声望的欲望是狂热的，它们不允许你停下来思考到底什么是真实的。我们很容易就被诱惑，去参与不合乎逻辑的投资。试想一下，一个发着高烧的人，怎样能为自己和家人做出明智的决定？

·人类的杰作——复利

自从人类发明了利息，复利就产生了，它是在货币游戏中自然产生的现象，被爱因斯坦比喻为“人类第八大奇迹”，他说：“世界上最伟大的力量不是原子弹，而是复利！”可见其威力之大。那复利到底是怎么来的呢？这是现行金融游戏里特有的一项创举，它背后的原理是基于对资源匮乏的假设。由于地球上的资源是有限的，而人类创造的货币可以是无限的。随着人的欲望无止境地膨胀，加上人口也在不断膨胀，所衍生出来的就是无法想象的结果。从经济学的角度来解释，我们处在一个供求越来越不平衡的状态。也就是说，10年前你用1万元就可以拥有一份资产，今天却要用更多的钱才可以获得。如此推论，再过10年你可以想象到时将要用多少钱来换取这份资产吗？资产可以是土地、能源和其他资源等人们需要的东西。基于这个假设，世界将会是“资源为王”的时代，既然手里的钞票会越来越不值钱，那唯一的办法就是把它转换为未来会值钱的东西。如果这个概念的假设是成立的，除自住的房产外，那就适当地将钱投放在环球性的资源性资产中，让辛苦得来的血汗钱可以保值。

“复利”财富

除非人类不再玩这个基于匮乏认知的游戏，否则，以目前各国印制钞票的速度，复利增长的速度只会不断地加快。我们从目前能源和粮食价格的攀升，以及通货膨胀恶化的现象可以感知到巨大的隐忧。了解这一点对财富管理是必要的，将手里的钞票及时变成能增值的资产，在地球的资源日益被人类消耗的趋势下，就是一种风险管理。普通人单靠自己一辈子辛苦工作实现变得富有的目标注定是遥不可及的。

我的悟语：对于自身疯狂所创造的一切扭曲行为，人类迟早都要付出代价。

·这一次真的不同吗？

事隔10年后，适逢又一场金融危机再次以不同的面貌出现，人们说，这次和过去真的不一样。2008年美国次级按揭贷款风波席卷全球，导致多家国际大银行陷入困境甚至倒闭，美国政府被迫出面替两家重量级房贷企业房利美（Fannie Mae）和房地美（Freddie Mac）做担保。同一时间，美国历史上第二大银行Indymac Bank倒闭案爆发。而在这同时，人们还在忍受着通胀之苦，短短一年，汽油零售价格飙涨一倍，国际原油价格狂涨，沉重的燃料支出让热爱大型汽车的美国人叫苦连天，路上的卡车数量也瞬间减少许多，汽车业、航空业陷入空前的危机。2011年美元债务和欧洲债务问题导致了货币危机，黄金价格开始急剧上涨，直奔每盎司2000美元，股市又陷入新一轮的低迷。在金钱游戏的世界里，不同的剧情此起彼落地上演着。

美国华盛顿特区智库布鲁金斯学会（Brookings Institution）的经济学家罗伯特·E.利坦（Robert E.Litan）表示，楼市的危机是充满野心的放款业者、愚蠢的信评机构和银行一手所致。过去我们也许还可以根据国际评级的标准来判断风险，但现在连评级机构都随时可以出问题，那么专家的话还可以听吗？

所有的这一切，都是聪明的头脑所创造的游戏，当越来越多的复杂产品并没有让我们过上更好的生活时，我们就不得不停下来思考一些问题了，人类的聪明才智到底是在创造幸福，还是在阻碍幸福呢？

金钱是一种工具，可以用于表达我们每个人内心最深处的渴望，经济上的支持可以让我们在这个物质世界里发挥更大的想象力，我们每个人都可以在与金钱的互动中超越恐惧，传递爱与慈悲。生命的奥秘，需要自己在成长中不断地感受和探索；生命的精彩，在于穿越善与恶、执着与放下的生活过程中，彰显我们最崇高的理念。否则，即使拥有全世界的财富又有什么意义？

金钱游戏本身并没有错，它可以丰富生活，但可悲的是许多人把游戏当成了目标。大多数人终生忙于追逐名利，牺牲了健康和生活，却从没有问过自己此生为何而来。难道生命的意义就是在于追求利益的最大化吗？人们埋头建造自己的小环境时，完全不顾大环境所受到的伤害，那些超级“金融大鳄”为了利益，从不考虑金钱游戏的崩盘会给地球带来怎样的危害。值得深思的是：当有一天人们得到更多的财富和珍宝，地球上很可能已找不到一片净土，那人类打算如何生活呢？

………………

我的悟语：人类痴迷于金钱游戏，使自己陷入一个怪圈。总有一天，人们会发现能用作交易和出售的就只剩下钞票了。不可思议的是，人们继续拼搏竟还是为了要更多的钞票。

………………………………………

驾驭我们的金钱游戏

· 善用金钱

控制自己的欲望是理财的一个重要部分。因为人的欲望跑得比赚钱的速度快。仅仅是担心失去财富的忧虑心理就已经让很多人失去自由和快乐。

什么样的硬件就应匹配什么样的软件，那些有方向、有想法，也有办法的人，靠自己的努力就能获得成功，而且懂得使用财富；而对于那些意外暴富的人，金钱带来的可能是灾难。生活的巨变无疑会让原本有序的生活受到冲击，没有得到合理安排的金钱，会反过来变成奴役我们的魔鬼。有时候，金钱会像一个讨厌的仆人，在我们眼前不时来回走动，干扰我们的视线，让人不得安宁。处理不好财富，还会破坏家庭关系，造成冲突和矛盾，直接影响生活的品质。

· 理财与管理风险

经济低潮并不可怕，可怕的是我们没有应对的知识和能力。当一些资产下跌，必有另一些资产在静悄悄地上升，只是我们没有察觉而已。经济低潮的出现是无法避免的，我们需要多种投资工具以分散风险，为未来有可能到来的经济严冬做好准备。

人类的聪明和创造性会衍生出许多前所未有的麻烦，我们将要面对的前景是严峻的：债务高筑，投资风险加大，人口老龄化问题日趋严重，货币超发导致严重的通货膨胀……

驾驭“金钱”的力量

因此，我们就需要学会好好保护和管理自己的资产和收入，还要训练我们的下一代，尽早提升他们的理财意识及面对风险的承受力，成为有智慧的投资者和财富管理者。

调配自己的资产比例，扩大资产种类，将风险分散到不同的货币以及地区和行业之中，也不失为一种很好的选择。

·财务规划的目的和动机

既然人生是一趟旅程，我们就应该了解需要准备多少粮草，列一张清单，包括必须面对的基本问题及所需要的经费：置业成家、子女教育、养老等，是我们应承担的责任。这些经费最好从一开始就规划好，专款专用。只要有足够的时间，勤奋地工作赚钱，加上善用金钱的规律，就可以有序地积累足够的财富。

社会已进入高速发展时期，除了生活模式的急速改变之外，隐藏的风险也与日俱增。身处其中，难免有恐惧和担忧。我们好比坐上一辆在高速公路上奔驰的跑车，方向盘既然不在自己手里，唯一能做的就是系好安全带。除能支撑我们日常必需的支出，不需要担心途中因缺粮草而中断了宝贵的旅程外，坚实的理财架构可以作为给自己的一条安全带或为自己编织的一张安全网，防止发生意外。

财务规划要达到的主要目的：

（1）建立安全网，以防意外发生；

（2）保值，跑赢通胀；

（3）为人生目标作储备；

（4）消除担忧和恐惧，维护健康；

（5）财务自由。

一个承担责任的人，会尽力确保自己和家人在未来任何的时间里都能有稳定和舒适的生活环境。每个人都向往自由自在的生活。但自由需要有经济条件支持，理财的目的是解除对未来缺钱的担忧。要让人生过得精彩，就必须轻装上阵，尽早付诸行动，丰富的经历才是真正属于自己的财富。

投入资源建造一个支撑自己的堡垒，为此，可以开始规划以下的目标：

（1）构建一个简单的财富循环系统；

（2）把零散的金钱聚合起来“工作”；

（3）安排金钱的“工作”区域和方向；

（4）建立家族的投资文化和传承；

（5）为家庭成员制订养老计划；

（6）规划好后代的教育基金。

·成为金钱的领导者

要成为金钱的主人，我们就得比它更聪明，这样金钱才能按我们的指令办事。身为主人，就应该为金钱安排岗位，并赋予它工作的意义。

给金钱一个机会是必要的，而且我们必须学会善待金钱，要像珍惜粮食、爱情那样去珍惜它、心疼它、照顾它，除了用它养育生命之外，还要赋予它使命。学会照顾金钱是美德，一如懂得节约。所以对金钱的储蓄、投资，实在是件快乐的事。学会积累财富，就相当于拥有了会下蛋的母鸡。

投资市场是我们学习驾驭金钱的一个练习场，成功和失败的经历可以增长我们的智慧，帮助我们练就适应环境的能力。好比一个企业的领导有责任管理好自己的员工，部门分工要清晰：市场部负责开拓业务，行政部负责为员工提供服务，财务部负责控制现金流等，这样企业才能健康发展。我们也应该把属于自己的每一份资源管理好，建立一个可以稳定自动运作的体系，指挥金钱在不同的位置各司其职，为我们的美好生活工作。

要将自己从担忧和束缚中解脱出来，避免被金钱指挥得团团转，我们就得想办法学会运用时间和规律，而不是在繁忙的工作和生活中再给自己增加一份全职看管金钱的工作。

·抓住理财的重点

理财是一个整体布局，它是一个支持系统，金融产品如股票、债券等只是计划需要用到的一些材料。

理财更关注的是通过一系列有目的、有意识的规划来进行财富管理，通过各种可行的方法为你这一生可能会遇到的麻烦提前做安排，如管理、法律和税务风险等；在使家庭资产取得效益最大化的同时，把自己从所有的财务问题中解脱出来。

有了经济支撑，我们才可以解除对金钱匮乏的恐惧，否则，我们如何发挥兴趣和所长，活出自己？一个良好的财务堡垒是建立安全感的关键，它在我们需要过河的时候造船，在我们需要登山的时候支援我们打点行装，在我们需要扬帆出海的时候为我们建造码头，在我们累的时候提供休息的地方。有了这个堡垒，我们才不需要出卖自己去做自己不喜欢的工作。

·让金钱为我们工作

当我们了解了财富在人生中所具有的特殊意义时，路径和执行的方法就能显出价值。我们需要静下心来，看清楚前方，而不是急于上路。这样我们才能抵抗外界的干扰，不会误入歧途。

我们是金钱的主人，不能随便拿辛苦得来的钱去冒险。目前专业化的细分容易引导人们钻进局部的事物，让人无法看清整体。但我们可以善用多角度的智慧，寻求专业人士的意见，将想法变成可实施的计划，结合有效的工具落地，否则，更多的金融产品和工具只会让我们更困惑。

智慧决定了我们所站的位置，而位置又决定了我们所能看到的风景，在人生这个课题上，一位好的财富教练也许能为我们提供一些建议，但我们终究还是必须学会聆听自己内在的声音。因此，理财只能在某一个层面上给我们一些帮助，真正的理财是要服务于人生规划的，它涉及的是超越金钱层面的思考。

灌溉农田，必能收获无数

有品质的人生来自有品质的提问，我们不妨对自己养成提问的习惯：

（1）什么东西能够在未来值钱？

（2）什么是真正的稀缺资源？

（3）金钱的流动如何能创造丰盛？

（4）金钱有什么奥秘吗？

既然理财是服务于人生的，那我们就应该把它当成生命中一个重要的项目来经营，认真做好可行性计划，借助现有的一切工具，积极付诸行动。一定要了解理财的安全性和灵活性，以及平台选择、信誉度等问题，还要考虑到短期目标、中期目标和长期目标，以及其他方面的影响因素：如策略、服务、风险、时间、回报率、工具、成本、可行性、所需投入资金、运作模式、平台、专业性。

财富的规律

理财是一种生活方式的选择，也是一种价值观的选择，它受每个人的文化背景、信仰、价值观、生活习惯和经济水平的影响。富爸爸说："如果你清楚自己在做什么，那就不是在赌博；如果我们把钱投进一笔交易然后只是祈祷，那就是赌博。""成功的办法就是运用技术知识和智慧来减少意外情况的发生并降低风险。"在这个课题上，大多数人都是缺乏风险管理的意识的，容易选择急功近利的理财方式，到头来反而欲速则不达。

………………

我的悟语：与其努力了解无常的事物，不如了解什么是恒久不变的规律。

………………………………………………

第 5 章

功夫在创富之外

金钱与投资

· 资源分配决定我们未来的富足

每一个行为的背后都有代价，即使不采取任何行动也一样有代价，不先将时间分配给对未来影响深远的重要事项，就会被耗费在那些紧急但不重要的事情上。惰性往往会阻碍我们去行动。任由自己的情绪漫游看似洒脱，却要付出很大代价。许多人都是要被逼迫到绝路时才会做出改变。

生活中大部分人们忙碌的事情，足以消耗掉我们毕生的精力和时间，却不能创造出对人生有意义的成果。要实现美好的生活，往往都是靠那些显得不紧急但重要的事情，包括陪伴家人、学习投资、提升自己、安排退休规划、建立长久的人际关系网等。显得紧急但不重要的事情，包括买一款最新出的限量版名牌包或其他奢侈品（手表、鞋子、时装、车等）。

金钱是我们购买资产和资源的媒介，所以我们怎样用钱就等于怎样分配自己的资源，花出去的每一分钱等同于投资。

当我们把钱花出去的那一刻，就已决定了它将为我们的下一步带来什么结果。懂得如何分配钱的人，实际上就等于知道如何重新创造自己的命运。如果我们的钱都是花在应付眼前的事上，就要非常小心了。回顾过去，我们会发现，以前认为很紧急的事情，大多数是不重要的，而重要的事情却不一定紧急。因此，拥有驾驭金钱的智慧就是拥有一笔无价的财富。

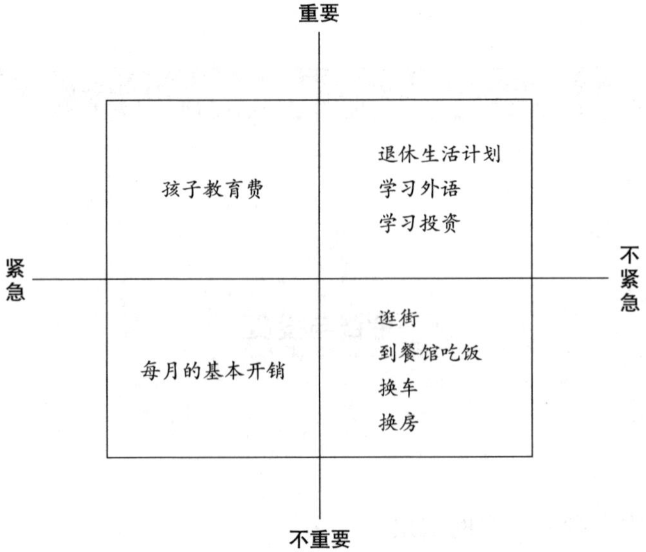

先把资源分配给最重要的部分

·财富制造程序——投资

关于金钱的学问，完整的内容包含三个部分：赚钱、存钱和花钱。然而，许多人都是周而复始地在赚到钱后就花掉。缺少了存钱动作，就无法参与投资，无法晋升到财富管理阶段，也就不能实现可持续发展。赚钱是用时间换取劳务收入，但我们需要为自己逐步创造非劳务收入，好让我们有一天能过上更富足的生活。因此，逐步建立一个坚实的堡垒，让金钱能够进入一个健康的循环，才能支持我们过一个这样的人生。

投资的内容很多，它既可以通过参与实体经济而获得利益分配，也可以通过资本运作将钱放大，这是生活在文明世界里的一个游戏。事实上，这个世界一切有价值的东西都与金钱挂钩了，人们通过金钱可以很方便地使各种财富跨地域流通，金钱在文明世界中已然形成了垄断性的法则。

既然参与了这个世界的活动，了解其中的游戏规则就变得很重要。每当得到一元钱，我们都要面临一个新的选择：将这一元钱变成什么？每种选择会带来不同的结果，每个结果又会让我们面临新的选择。要记住，金钱不等于真实的资产，投资是用金钱换取有价值的东西，是一个将金钱变成资产，以便我们能在未来换回更多金钱的过程。

要从容地穿越金钱世界，出发之前的基础功课还是有必要的：

（1）牢记人与大自然的关系；

（2）思考人生的终极目标；

（3）清理一些致命的认知障碍和局限；

（4）梳理自己与金钱的关系；

（5）除了基本的生活保障之外，想一想还要用钱做什么？

在进入游戏之前就开始思考这几个问题很关键，因为一旦人在局中，就很容易忘记初心，人活在浪潮中难免受干扰，随时会失去方向和目标。

·投资的真相

有这样一个心理实验：

在讲台上，老师拿出了一沓钞票对学生说："我这里有100元和100万元，如果你愿意要100元，我现在就可以给你；如果你想要100万元，我一年以后给你。"结果显示，90%的人都宁愿要100元。难道人们不愿意成为百万富翁吗？当然不是，而是人们对于一年之后的100万元没有信任感。

投资也是一样，很多人对于很长时间后才会拥有的事物缺乏一种信任。因此，花时间去找到一个安全可靠的投资平台是所有长期投资可以开展的先决条件。那些怕麻烦而不愿在这上面下功夫的人，将无法避免要在未来准备迎接更多的麻烦。

基于地球的资源有限而人类的欲望无限的假设，由此推论，未来，有限的资源将需要用更多的金钱来换取，因为金钱的数量可以无限地增长。

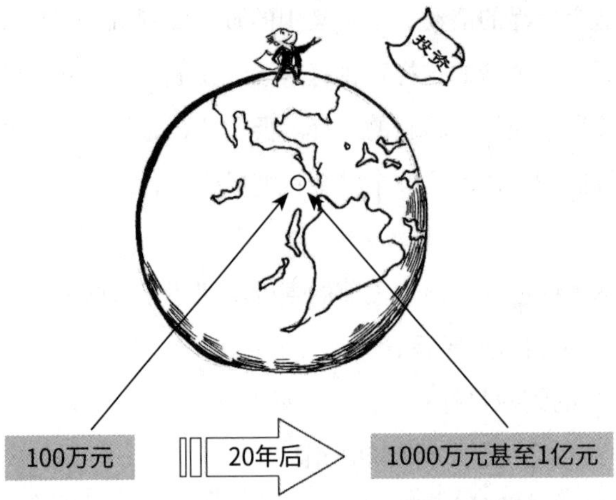

投资可让资产增值

当一个有限的供应与一个无限的需求同时存在时，不需要专家分析我们也能懂，争夺资源是必然的，不断印发钞票的结果就是资产价格上涨，所以不参与投资的人将受到伤害，因为钞票将以惊人的速度贬值。

投资是一个有序储存资产的过程。以世界经济的发展速度和人口的不断增长，加上人类欲望的膨胀速度，基于过往的经济学理论，如果金融游戏规则不改，长期趋势是会让有限的资源不断增值的。所以，把手里的部分钞票换成优质的资产就是顺势而为，毕竟要改变旧的游戏规则仍有一个漫长的过程。

目前所有的商业和金融游戏都是建立在一种资源匮乏的理念上，尽管我们也许会对人类的这种思维有质疑，对群体的逐利活动感到无奈，但我们的担忧并不能解决问题。既然如此，就不如以积极的心态去面对一切，努力改变那些可以被改变的，同时接受那些不可改变的。

·认识复利，为金钱安排一份“工作”

如果主人是清醒且有能力的，那金钱就会是一个好仆人；如果不懂得安排金钱的去向和工作，那它难免是要把主人搞得团团转的，不但会让你操劳费心，还会让你成天心神不宁。事实上，只有懂得调度和管理好金钱的人，才有可能更好地支配自己的时间和生活。投资的高收益诱惑常让人无法抵挡，抵挡不住诱惑的人随时都有可能被卷入麻烦中。绝大多数人在弄清楚游戏规则之前，就已掉进了陷阱，成为金钱的奴隶。

多数人认为投资与冒险等同，其实那是因为人性是有风险的，能管住自己、顺应规律行事的人就基本不会有太大的风险，观察金钱的脉动和流向，做好长远的部署计划，然后在“钱”可能集聚的地方，撒下“天罗地网”，耐心等待。

只要方向正确，投资目标坚定，不追求刺激，就可以让钱按部就班地“工作”，而且可以让钱的子子孙孙也为我们继续“工作”。但同时既要做好最坏的打算，也要允许最好的事情发生。

人的生命等于时间，财富也等于时间。所以说，生命就是财富。

爱因斯坦说：“复利是人类第八大奇迹。世界上最伟大的力量不是原子弹，而是复利！”

以前人们只有单利率的概念，对复利很陌生。但自从引入市场经济后，复利效应已造就了无数的富人。金融市场中，时间的运用在复利的概念中会产生惊人的财富效应，这是富人们都懂的道理。

复利是人类创造的奇迹，越早懂得运用的人就越富有，也可以说这是上天给予人类的一份厚礼。好比河流能汇入大海一样，理财需要智慧，顺应金钱的规律加上复利的作用，自然就能积累那笔属于我们的财富了。

然而，复利是把双刃剑，通货膨胀中对财富的侵蚀同样也是可怕的，那些没有参与投资的人，很可能就会变成游戏的输家。

复利是指第一个计息期结算利息，然后把本金和利息加起来作为下一个的本金，以此类推，循环往复，形成“利滚利”的效应。

复利的计算公式是：$S=P(1+i)n$。

单纯的金钱本身并不具有很大的威力，一旦与时间结合就会产生惊人的效果。

假设美国道琼斯指数目前是10 000点：

如果未来20年内道指年平均收益率为7%，道指将达到39 000点；

如果未来20年内道指年平均收益率为10%，道指将达到67 000点；

如果未来20年内道指年平均收益率为12%，道指将达到96 000点；

如果未来20年内道指年平均收益率为15%，道指将达到164 000点。

金钱的十大特性

（1）钱是人类创造的产物，它具有水的特性，从高处往低处流。

（2）钱是喜欢群居的东西，它在分散的时候没有太大的威力，但当它聚集起来的时候，威力无穷，可以开山辟路，创造奇迹。

（3）钱加上时间的运作会产生惊人的效果，不要轻视身边的每一分钱，要让它有足够的时间为你工作。

（4）钱好比一把利剑，既可以造福社会，也可以危害社会，关键看它落在谁的手里并如何运用，善良的人用它造福人群，邪恶的人用它来制造罪恶。

（5）巨大的财富具有很强的诱惑力，足以把那些德行不够的人引入歧途。

（6）金钱能买来礼物，但买不到友情；金钱能买来医药，但买不到健康；金钱可以买来化妆品，但买不来青春。

（7）想要获得巨大的财富，就必须在它会出现的地方布下天罗地网，并要有足够的耐心等待。

（8）金钱是一种能量，运用吸引力法则才是获得金钱的秘密。

（9）金钱是一个困扰人的东西，你越追，它越跑。

（10）要驾驭金钱，就必须把主次的位置摆正确。我们是金钱的主人，否则它就会变成奴役我们的魔鬼。

清理致富道路上的障碍

· 先端正心态

在多年的财富管理工作中，我发现投资者最大的障碍不是缺少投资技巧，而是缺少良好的心态。在做咨询的过程中，我几乎80%的时间都是用于解决投资人因贪婪和恐惧所滋生的问题。拥有经济学专业知识的人虽然有专业知识，但心态上也未必过关，导致无法致富。

其实，走在致富之道上的人只有少数，巴菲特是一位成功的投资者，但他的理念在大学课程中几乎没有出现过，也许是因为他所讲的都是一般人都能理解的东西。人们似乎不愿意付出昂贵的代价去学习一些最简单的道理，学校里的课程是为了满足人们复杂的心理，而经济学科的确从复杂的理论中得到了更多的回报。

我们很难想象，那些经济学专业的毕业生如何能将在学校里学到的知识用于实际操作，更不敢想象那些金融奇才用复杂的计算公式，如何能不把人引向疯狂，甚至把自己也套进去了。

人们对复杂的事物更有兴趣

参与过投资的人都深有体会，人们认为金钱游戏就是复杂、刺激的，他们对于有规律、沉闷的计划提不起兴趣，对于天性喜欢新鲜事物的头脑来说，依照既定时间运作和程序操作，执行一套简单的方案非常困难。

成功的投资策略需要有战胜自己的力量才能做到，因为它与头脑喜好相违背。然而，人们所付出的代价是沉重的，只有在碰得头破血流后，人们才不得不接受朴实的真相。亲身经历当然也能得到教训，但更明智的方法是直接接受正确的思想，看清真相，顺应规律行事。

·清理致富的误区

我们每个人都好比是一台电脑，硬件方面并没有本质的区别。差异在于，有的人运行的是工程师的软件，有的人运行的是医生的软件，有的人运行的是工人的软件……在不同软件的影响下，“人类”这个品牌的电脑虽然基本型号和零件完全相同，但运行的结果完全不同。

那么，这个世界上有没有致富的软件呢？

当然是有的！

不过在我们要安装这套新软件之前，还有一件很重要的事情要做，那就是清除大脑硬盘中种种可能会妨碍新软件运行的东西。在电脑中，这些东西被称为“病毒程序”。

误区一：以为投资等于投机和冒险。

不少人听到投资首先就想到股市或者房地产，随后就对“可能回报率”纠缠不清。更简单地说，“投资”是对资产在未来收益的预测，“投机”则不太理会资产价值，更多的是跟风。

投机行为确实蕴含着巨大的机会，但所带来的风险也是巨大的，这也是在金融市场上打拼了几十年甚至数百年的一代又一代人所验证出来的。

在投资对抗货币贬值的途径中，我们会用到一些如基金或保险这样的金融工具，但是本意并不是要让我们成为一名金融“炒家”或是“赌徒”，而是要用合理、安全的方式在一定时期内获得满意的回报。很多人都会问，“我的钱能增值多少”“你们可以给我多少的收益率”“我多长时间可以翻本”……实际上，这些早已扭曲了致富的含义，他们不明白金钱其实是可以像经营一个工厂一样，每一元钱都可以变成一个合格的工人，利用时间的价值就可以“创造”更多的钱。

成功的经验都很相似，失败的经验各有各的不同。假如我们愿意按照食谱做蛋糕的话，就算不能完全成功，但估计也不会差得太远。投资领域也不缺乏投资成功的经验，但大部分人对投资存在误区，认为投资必须是一个有冒险性且激动人心的过程，那些一夜致富的故事让人有着无限的遐想。

然而，真正成功的投资人会告诉我们，投资其实是一个枯燥无味的过程，只需用毅力和耐力按照一系列固定的程式和策略管理风险，就像看食谱做蛋糕一样，财富自然就会一天一天累积起来；走在正确的轨道上，富有几乎是无法避免的结果。

误区二：忽略时间的威力。

每个人都有一项只有自己才能运用的财富——时间，所以我们的未来都掌握在自己的手里。有人也许会觉得可笑，是啊，如果能一辈子工作挣钱的话，没有生老病死的问题，谁会担心钱的问题？

时间的运用在复利的概念中会产生惊人的财富效应，所有成功的投资都离不开时间和复利的作用。很多人没有意识到，努力工作赚钱虽然是保障未来的一种重要的方法，但我们其实可以双腿并行，利用“复利”的神奇工具，让自己的劳动成果得到杠杆的作用，创造出更多的财富。

反之，不懂得利用复利的人，就得承受复利所带来的负面效应，通货膨胀在利用时间的威力蚕食着我们的钱。我们常听到的就是通货膨胀率，一般为3%~5%。可以想一想，20年前的物价是多少，现在又是多少？20年前我们的父母的工资大约是多少，现在我们及身边的人的平均工资又是多少？形象地说，假设在每年5%的通货膨胀率下，1元钱在20年后就只值0.3元了，打了70%的折扣。通货膨胀也适用于复利的计算方法，在这里我们要计算的是钱打折的速度。

实用的72法则

（1）作用：用来计算在给定年收益率的情况下，约需要多少年投资才会翻倍。

（2）公式：如果年收益率为x%，那翻番需要的年份数就是$72/x$，例如，按复利为12%的年收益率计算，则投资翻倍需要6×（72/12）年。

（3）本公式也适用于计算通货膨胀对投资本金的腐蚀作用，例如，按3%的通货膨胀率计算为24×（72/3）年，它表示投资在24年后只值现在的一半。

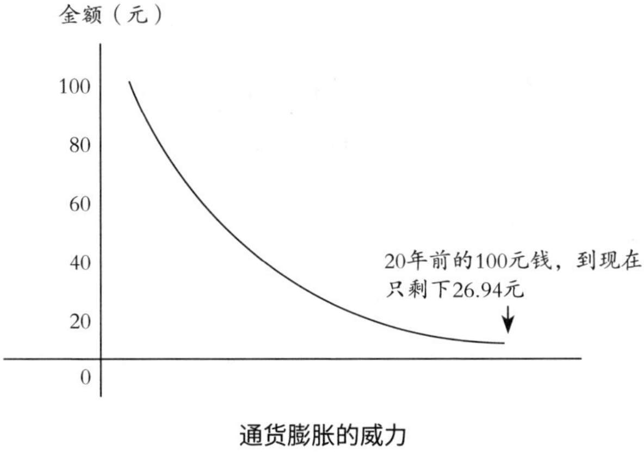

通货膨胀的威力

误区三：缺乏长期目标。

投资理财的重点是财务规划及计划执行的系统工程。首先要对我们个人或家庭所拥有的资产进行合理规划，使之不断地保值和增值，能够对抗通货膨胀。理财不等同于跟风去买一些房产、股票或基金等产品，它是根据人的一生中各个阶段的目标及财务问题，制订计划并利用不同的金融产品去实现预定目标的一个过程。

一家海外权威机构的调查显示，世界上97%的人缺乏明确的长远目标。这听起来有点不可思议，很多人都认为自己有目标，但他们没有发现的是，自己的目标要么并不清晰，要么就是缺乏达到目标所必需的手段和意志。当我们的目标是一个“镜中花水中月”的存在，或者对自己而言只不过是一个虚无缥缈的空中楼阁的话，有目标和没有目标实际上没有什么本质的区别。

理财其实是用钱在我们与目标之间架设一座桥梁。在架桥之前，我们应该有积极、正面的人生观、价值观，确立明确清晰的长远目标，配以一个可操作的计划。

误区四：以为赚钱就是理财。

我们生活中的不安全感和恐惧不少都源于钱。我们怕生病，除了对生命的珍惜以外，还因为生病不但代表着高昂的医药费，还代表着挣钱能力的减弱。我们还会为孩子未来的学费担忧，为自己的老年生活担忧，还会为生活中种种不可预知的突发事件担惊受怕……

富有代表着一个人可以有能力承担生活中的经济需求，但变得富有后不知如何打理的人更多。许多人认为会赚钱就是会理财，有的人甚至认为有了钱就不必理财……

金钱只是工具，同时又像水一样流动。银行是承载金钱的简便“容器”，但简便不代表安全，因为通货膨胀会不断侵蚀我们在银行里的钱。合理的理财就是给自己找一个安全的“容器”，把计划用于日后养老退休或应付其他不时之需的钱放进去，等在需要的时候可以用，保障自己的生活品质。

误区五：以为大多数人都在做的事就是对的。

大多数人都在做的事如果是正确的，那世界上早就全是富人了。

理财的方式是因人而异的，每个人短期、中期和长期也许有不同的需求。对于大多数年轻人来说，短期规划一般包括买车、买房等问题，中期规划则应该重点考虑子女教育的问题，长期规划当然就是退休养老的计划。

理财金字塔有其参考作用，可以为自己家庭打造一个堡垒，让金钱在一个合理的架构中为我们工作。

误区六：投资只计算金钱成本。

投资中最重要的资本是投资人自己。很多人只考虑资金成本，忽略了自己的心理情绪成本，股市的起落对人会有负面情绪影响，它直接影响到我们的生活品质，长时间活在恐惧、焦虑中会危害健康，越来越多的科学研究表明，疾病的主要来源是心理不健康。尤其债务会让人产生恐惧和担忧，让情绪失控，不自觉地成为金钱的奴隶和赚钱的机器。

财富与自然同道

·顺“道”就能富足

我们生活在“道”中，却没有察觉“道”的存在。

人类总是企图以非自然的行为去改变周围的一切，为的是不想改变自己。头脑由于自身的渺小而产生恐惧，掌控的欲望创造出更多的恐惧，使我们容易扭曲真相，无视简单的自然规律。人们只看到眼前所谓的“现象”，不愿思索其背后的原因。急于求成的心理造成了人的执着。许多人相信获得财富的途径是冒险，因为所听到的故事都是讲述成功者冒险白手起家的故事。然而，康庄大道有的是，但我们的头脑偏偏喜欢崎岖和复杂。

人们根深蒂固地认为“成功的事情不会简单”，简单和容易的想法反而常被人们讥笑是幼稚。但聪明的脑袋喜欢热闹，活在头脑做主的世界，原来人最怕的并不是贫穷，而是枯燥和无聊，要坚持执行一个简单而沉闷的长期投资计划并不容易。

财富的风向标

· 把理财当成养生就好

自从人类发明了金融工具，让人眼花缭乱的投资产品改变了人们忙碌的事物，许多成功的投资人都会想要分享自己的心得，劝导人们顺应规律行事。奇怪的是纵横“股海”的人们依然要选择崎岖的道路。

大自然有规律，社会有规律，金钱游戏也有规律。金融市场波浪的起伏反映着人们的看法和情绪，人因为被欲望操控，内心的恐惧和贪婪作怪，无法看清金钱的真相。

老子说“自胜者强”，人自身的进化是无止境的，如果想要在投资领域成功，首先要学的是明理，进而通法，而后才是驾驭技术。

投资的目的不是证明自己。把有限的资源用好，每个人的时间筹码都是一样的，顺应自然的规律，为自己选择好的工具，把金钱放入合理的平台，好比植物需要在一个相对安静平和的环境中生长，只要有足够的阳光、空气和水分，就能茁壮成长。如同养生一样，在不知不觉中让财富稳步增长，不搞破坏就能成功。

从生命的角度看，世界上没有任何一样东西值得我们牺牲自己宝贵的生活。投资理财的目的不是娱乐和刺激，而是为了解决恐惧，让生活安定，心情平和。如果投资机会变成了风险和不安，那实在是没有必要的。

· 简单的事情重复做

头脑是一个极其精密和复杂的运算系统，创造了许多伟大的发明。然而，对于自然来说，这一切只不过是一些雕虫小技，其智慧是在头脑之外运行的。

一棵树的成长需要时间，财富的沉淀同样需要时间，人们总是希望一夜暴富，但许多人没有意识到，自己在赢了金钱的小游戏时，却错过了生命的大游戏。

智者告诉我们，一切要简单。被誉为“股神”的巴菲特说：“我从不试图跨越七英尺高的栅栏，而是到处寻找我能跨过的一英尺高的栅栏。”他几十年来只坚持一个简单的道理，重复地做简单的事情。

在投资领域不缺操盘手，也不缺工具，缺的是一颗平和的心，成功富足并非人们想象中那么复杂，创造财富有不同的方法和路径，我们完全可以选择以轻松自然的方式到达。

·方向比努力重要

我们执着于“果”的存在，而忽略了真正影响我们的其实是那些看不见的“因”。在金钱的问题上，归纳许多人始终不能获得富足和自由的原因不外乎是：

（1）不了解金钱游戏的规律；

（2）不了解投资的真相；

（3）没有将资源投放在正确的地方；

（4）没有善用时间与复利率。

我们先要选择方向，再决定最省力的方法是什么。好比我们知道河流汇入大海，漂在这条河流上的羽毛也会流入大海，我们只需要找到这条河流，让自己成为那片羽毛就可以了；我们知道选择沙漠种菜不是一件轻松的事情，它意味着我们要勤奋地浇水施肥，之后还不一定有好收获，如果我们直接选择一片有阳光的绿洲，只需要撒下种子、精心呵护，到时就自然会有收成。

人生没有地图和说明书，所有的道路都必须靠自己走。光有知识和技巧却没有目标，就好比在错综复杂的道路上驾驶一辆加满油的跑车，注定会迷路。

我们可以选择把家安在繁华的闹市，为了平息焦虑而不断地变换家具的位置或改变食谱；当然也可以直接住在远离城市的地方，不需要充沛的物质条件就可以每天享受青山绿水和鸟语花香。

我的悟语：人们在生活方式上追求自我个性，却在最重要的人生大方向上放弃了自己的个性。

·看清整体，规划未来

GDP到底是什么？

近年来中国的GDP（国民生产总值）增长率令世人瞩目，奇怪的是人们却在承受着前所未有的压力。GDP计算方法都差不多，但当中构成的内容有天壤之别。GDP由几个部分组成：储蓄+投资+消费+（出口–进口）。

每个国家都有自己的GDP增长率，从外部看虽然没有什么不同，但内里千差地别。由于东方人接受的更多是一种勤劳节俭的教育，在我们的文化中很少有关于如何花钱的教育，人们只懂得勤劳地工作并努力存钱，所以，我们看到构成中国和日本GDP的主要是储蓄和出口。

反观美国，他们没有存钱的文化，他们的GDP主要是靠消费和投资拉动的。美国人喜欢花钱。为了能花更多的钱，他们总是在想尽一切办法研究如何发行更多的钞票，美元在1971年成功与黄金脱钩，就是为了使美元发行量不受黄金量的限制。有了钱之后的美国人，开始大举发展基础建设、科技和军事，同时练就了一整套花钱的本领。等人们醒悟过来时，他们已成为一个控制着巨额财富的国家，美元70%都是在国外流通。

对财富文化的觉悟程度，决定了一个民族的财富观念，观念带来的是习惯，习惯产生了生活方式，从而沉淀出文化。我们生活在地球上，有人喜欢存钱，就需要有人负责花钱；有人在努力地生产，有人就要努力地消费。这种特点也构成了地球上人类之间一种紧密相连、相互依存的关系。

健康的财富观念已迫在眉睫。人们普遍缺乏财富文化的教育，却用自己有限的资源在参与一个自己不了解的金钱游戏，要应对这一切巨大的变化，我们需要的并不是任何局部的调整，而是内在的一次彻底的觉悟，从而改变旧观念，用新观念去带动不同的行为。

觉悟的人做觉悟的事，只有明白事理的人才能为自己选择正确的道路。只有启动心灵的力量，才能驾驭贪婪和虚荣，减少对环境的掠夺，回归真实平和的生活。世界变了，金钱游戏规则变了，只知道赚钱而不懂得投资，只知道勤奋而不懂得合理利用自己的时间，只知道存钱而不懂得花钱，毫无疑问是死路一条。

我的悟语：缺乏真正的觉醒，任何调整，都只是换了一种对观念的执着的方式。

资产配置

· 世界是个大"赌场"

世界是个游乐场，也是一个大赌场，穷人与富人各自都有适合自己的"赌局"，"赌场"的目的就是要让我们尽快把口袋里的钱掏出来。当我们口袋空空地走出来时，时间也赔进去了。有的人得到教训后发誓不再进入。问题是，我们可以避开"赌场"，却无法避开无处不在的"赌局"。

既然无法逃避，就不如对"赌场"的情况先做初步的了解，锻炼好承受力，把握几个基本原则，至少能让自己进出自如。

在1995年之前，我对投资一无所知，甚至连股票都没有买过，更别说什么基金了。我也曾经认为，人们获得投资上的成功，一定是因为他们选购了"正确"的股票和基金。曾听不少朋友自诩他们怎样在某一次投资中赚了钱，于是以为他们都在做和巴菲特一样的事情。事实上人们都只爱谈论赚钱的心得，却有意避开赔钱的经验，让未入门的投资者以为他们从未有过损失。投资者需要通过亲身经历了股市的大跌和经济的起伏，尝过了遭受损失的痛苦之后，才能变得成熟。

我们渐渐明白自己当初的无知，不仅是朋友和家人，财经新闻和专业分析师也在误导我们，他们不断地在杂志封面头条报道"购买红火的基金""五大明星股票回报惊人"……这些报道让我误以为：投资成功要靠选购正确的股票和基金；顾虑太多会错过大好的投资机会，所以最好是根据他们的推荐来买入这些产品。

有一段时间，我每天关注电视和网络热点新闻，订阅各种相关杂志，过上了比过去更忙碌的生活，却仍未因此而赚到更多钱，实际上，我的损失就像他们赚钱一样频繁。渐渐地，我认识到不可能通过这种方式来获得财务上的成功。但我仍不断地研究和学习，阅读各种投资资料，订购更多的杂志，收看更多的财经节目，把希望寄托在购买热门股票而暴富上，因为似乎每个富人都经历过这个阶段。最后，我终于明白，投资成功的关键不一定是因为选购了正确的股票，还可以通过多元化的方式来达成。这些都是之前从未有人和我谈起过的。

· 长期计划的思考

事实上，除非我们做好了10年以上的规划，否则投资不会给我们带来愉快的经历。金融产品太多，我们对投资和风险又了解太少。成功的投资者不是试着选择热门股票，而是把精力集中在资产分配的决策上。把钱安置在适当的位置上是理财成功的关键。我们应关注有哪些基本的选择，然后在熟悉这个领域的专家的帮助下，谨慎决定自己想拥有哪些种类的资产。

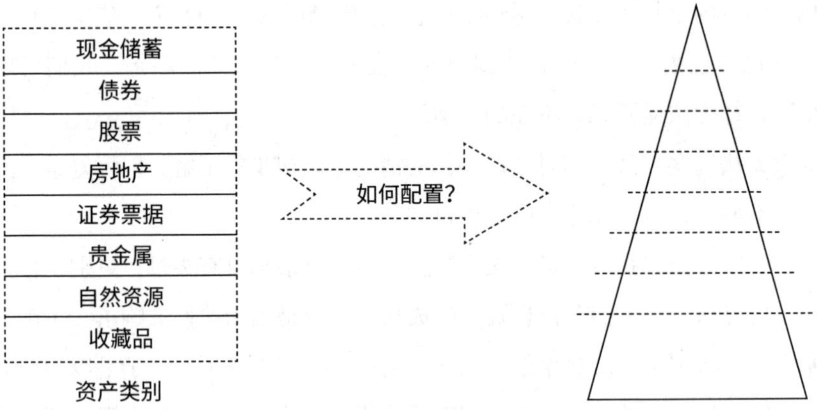

做好投资规划

我们可以首先对每项资产内容列出一张清单，了解每项资产的特点和功能。

（1）现金储蓄：各种货币。

（2）债券：

①高品质的政府债券；

②高品质的公司债券；

③高收益的债券。

（3）股票：

①优质实力股；

②成长型股票；

③行业股（房地产、科技业、金融业、制造业、零售业、航空业等）。

（4）房地产：

①自用居住型；

②商用型；

③投资型。

（5）证券票据：

①与利息挂钩；

②与股票挂钩；

③与商品挂钩。

（6）贵金属：黄金、白银、白金等。

（7）自然资源：煤矿、石油、天然气、木材等。

（8）收藏品：邮票、宝石、艺术品及其他。

如果我们的投资决策是谨慎认真的，那么在投资之后，就应使其保持一段时间。频繁调换投资品种，不但容易让人失去耐心，而且容易操作失误。

多年前我开始学习投资时，一直很虚心地向一位证券界前辈请教投资之道。多年来他一直操作华尔街的股票，由于时差的问题，常常是后半夜才回家。1997年金融风暴过后，我又向他请教市场的方向，顺便试探地问如果算总账的话，他的投资回报率到底能有多少。在我诚恳的追问下，他终于告诉我这些年总回报率大概平均每年5%。当时是市场低迷的时期，我估计这很可能是比较乐观的说法了，5%是随便放在一个债券组合都会有的回报，还没有算多年来的复利增长部分，以及熬夜和担惊受怕的成本。

·以“乘法”来思考投资

其实，在金融游戏里积累财富不是通过“相加”的手段，而是“乘法”的关系。高收益就是复利的持续，也就是倍数的关系（高收益不是没有，但一定不可能是长期的；较低回报只要能够持续，就会获得可观的回报）。在这个游戏中，复利增长的威力才是关键。比如，15%的复息意味着五年翻一倍，之后如果还能持续，就能翻更多倍。

经济有起有落，但我们并不需要过于精明，把握大的趋势就可以让我们有10%以上的回报了。然而，大多数人对于10%的回报没有太大兴趣，因为他们不了解“倍数”积累财富的效果。

举例说，假如美国道琼斯指数在今天是11 000点，按每年10%的增长率上升计算的话，在未来20年后将会到达88 000点。10%的收益率也许不会让人激动，但道琼斯指数达到88 000点是会让人很兴奋的。

・真诚的建议

当我们把人生当成一段马拉松的时候，我们所有的细胞都会自动调节，做出配合动作。我们不是用厘米来计算进度。短期的表现不是目的，我们要的是顺利抵达终点。一位好的理财顾问，应该启迪顾客以最有意义的方式运用流经他们的金钱，将钱投资于创造一个更具意义、更加充实的人生。每个人都有机会决定金钱的流向，无论多少，金钱都是能量与意愿的载体。驾驭金钱游戏，是要脱离物质匮乏的牵绊，挣脱它对我们的奴役，将资源用于实现更有意义的远景。

因此，我们的收入可以用于解除家庭的后顾之忧，做一些储备：

（1）设立一个基金储蓄账户作为储备金；

（2）为孩子设立教育基金账户，为他们制订专项的存款计划；

（3）写好遗嘱或成立信托账户，从分配意愿中发现和了解自己。

・适当的冒险

要改变，就需要做一些不同的事，这就意味着要有适当的冒险。

第一种人喜欢待在舒适和安全的地方，害怕失控，不敢越雷池一步，这实际上是最大的损失，因为没有什么比错失自己的成长体验更让人惋惜的了。

第二种人则相反，他们长期“在高空作业而不系安全带”，无视风险的存在，为了成功付出昂贵的代价，不惜牺牲幸福和生命。

第三种人明白见识的重要性，速度虽然关键，但在高速公路上驾驶车辆，或者高空作业时，安全措施必不可少，务必提前系上安全带，或者编织一张牢固的安全网。

·制订一个长期投资计划

要赢在终点，进入游戏之前应尽量考虑周全，出发前必须做功课，唯有依靠自身的力量我们才能到达彼岸，列出需要达成的目标，提醒自己在情绪高涨的时候不做决定。缺乏清晰的目标，会使得我们选择投资工具很困难，因为每种金融工具是为愿意承担不同风险的人而制造的，采用理财金字塔的模型有助于我们宏观地逐步完善自己的财务蓝图。长期计划与短期操作的思维差异很大，所需的工具也不同，在节省交易成本的同时，也解决了抵御通胀和养老等问题，改变主意是需要付出成本的，那些坚定长期投资的人将会享受更多额外的优惠。

这样一来，80%的财务恐惧已经得到消除，剩下的就是根据这个长期目标再拟定的中期和短期目标。花点时间学习和思考，有了方向，财富顾问和专业人士就会变成我们的“施工队”。

第二篇
财富文化与生活

一位统治者曾写道：

我在位的50年，国泰民安，国民爱戴我，

敌人惧怕我，盟友尊敬我。

财富和荣耀，权力和欢乐等待我的召唤……

在这种情况下，

我仔细数了数我曾经拥有的真正幸福的日子，

总共14天……

开篇故事

作家与禅师

一位作家出名之后，他总是觉得工作很忙，生活很累，便去请教一位年老的禅师。

作家向禅师言道："我为何自从出名就觉得工作越来越忙，生活越来越累呢？"

禅师问道："你每天都在忙些什么呢？"

作家如实回答道："我一天到晚要交际应酬，要演说演讲，要接受各种媒体的采访，同时还要写作。唉，我活得太累太苦了！"

禅师突然打开衣柜，对作家说道："我这一辈子买了不少好看的衣服，你将这些好看的衣服都穿在身上，就从中找到答案了。"

作家说道："我穿着自己身上这身衣服就足够了。现在你要我将这些好看的衣服都穿在身上，我会感到很沉重的。我肯定会极不舒服的。"

禅师说道："这个道理你也懂，你为何要来问我呢？"

作家问道："我还是不明白您的意思，请您说明白一点，好吗？"

禅师言道："你不是已经知道了吗？你穿着自己身上的衣服已足够了，即使再给你穿上更好看的衣服，你也会感到很沉重，你也会觉得不舒服，你难道还不明白？你是一个作家，并非一个交际家，也不是一个演说家，更不是一个政治家，你为何要去做他们做的事呢？你不是自找苦吃，自找罪受吗？"

作家恍然大悟道："每个人都只能追求属于自己的东西，做自己力所能及的事情，才能得到快乐幸福，其人生才会轻松愉悦啊！"

第 6 章

学校不教的财富课

穷人与富人

·进入游戏的目的，是出来

财富沙盘游戏是传播财富文化的工具，玩家可以在短短的几个小时推演人生黄金30年，看清自己的真实写照，游戏让每个人通过不同角色和真实场景，一目了然地看清这趟人生旅程的全局，有机会自己去发现事物的真相，从而对金钱和财富有全新的认识。在游戏与生活中所发生的很多情形是生活的真实写照。思维模式如果不变，一切都不会有改变的可能。

让人深省的事实是，进入游戏多转几圈之后，已经没有几个人记得目标是什么。尽管游戏规则一再讲如何“赢”，可是大家很快就进入惯性，被规则牵引着转圈。即便手里已有巨额的钞票，却也无法离开穷人圈，唯一改进的只是转圈的熟练度，发工资、投资、赚钱……成了生活的全部，早已忘记财务自由的目标，非劳务收入总是增长缓慢。能够成功进入富人圈生活的人，现实中按年龄推算也都进入暮年了。

赚钱会上瘾，迷恋金钱游戏的大有人在，有经济条件的人不见得就能改变命运，去过更有品质的生活，有人竟然会因为舍不得手里的钞票，宁愿留在穷人圈，可见习惯的力量很大，幻象会掩盖我们的目标。

·有钱不等于财务自由

许多人在赚到钱后并没有成为富人，他们只是转圈的速度快了，交易的金额和次数增多了，而生活模式没有改变，他们充其量只能是一个有钱的穷人。人们对于富足的定义其实存在很多误区。首先大家对于金钱普遍的认识是越多越好，这也是为什么大多数人容易落入金钱的陷阱中。只有极少数人能意识到有了钱就该升级游戏了。

一个低收入的保安，可能会比一个高收入的医生机会多，因为医生收入虽然高但开销和负担也大。所以，如果你能区分清楚自己“想要”的和“需要”的，就会知道自己这一生需要多少钱才足够。

一个“月光族”，无论他的外表显得如何风光，其实与穷人无异。这告诉我们，靠劳动力去换钱的人，永远不能成为富人，“贫困”会在你停止工作那一刻光顾你。随着科技时代的来临，很多人的工作已被机器或者高科技系统取代，人的工作寿命越来越短，但人的生理寿命在医疗科技的进步下越来越长。如果不在有收入的时候尽早做好安排，我们宝贵的时间资源也会被浪费掉，而失去的时间是无法补回来的。

毕竟生活的方式还有很多，富有不仅是拥有资产，还有意识境界的提升，它包括拥有抵御人生各种风险的能力。

·成就他人，就是成就自己

要尽早跳出穷人圈，但靠自己的力量和速度需要的时间太长。唯有开启心力，才能凝聚财富的力量，以最快的速度突围。当每一个人的机会可以同时变成其他人的机会时，机会的次数就会变为倍数，游戏就升级了。我们生活在同一个地球，彼此相互依存，社会其实是一体的，我们无法独自生存，只有整体胜出才是真正的“赢”。

谨记：有钱人不等于富人，富人不等于财务自由。

富人与穷人的认知差

富人的特点	穷人的特点
把钱看成一种交易的工具，看重价值，尽量不储存现金	把金钱看得很重，紧守不放
不爱炫耀自己的财富	喜欢让自己显得富有
习惯以时间来衡量价值	习惯用金钱来衡量价值
持续投资，积累资产	喜欢购买便宜、价值低的东西
懂得如何让钱工作，驾驭金钱	为钱工作，受钱支配
一有钱就换取有价值的东西	常无意识地消费，一有钱就购买奢侈品
注重头脑里的资产，并有意识地积累有用的知识	注重口袋里的金钱，不注重头脑里的资产
控制财富，不被财富所困	被财富控制，无法支配自己的时间
将大量时间投资在学习和个人成长上	有钱就喜欢将时间花在享乐上
愿意为有价值的东西付出代价	喜欢不劳而获，不愿付出应有的代价
有意识地铺设管道和系统为自己持续工作	倾向出卖劳动力，为他人的系统工作
保持开放，接收新思想	缺乏创意，不接收新思想
把世界看成一个百货公司，有梦想	把世界看成博物馆，缺乏梦想
关注目标，忽略障碍和干扰	关注问题，容易忽略目标
懂得花钱，钱越花越多	不懂花钱，钱越花越少
喜欢创新、拓展，接受变化	恐惧改变，思想保守

·获得财务自由的障碍

人们常幻想过不同的生活，却不愿意调整思维模式。他们的表现方式虽不同，但都有着相似的状况：

（1）不知道如何利用金融工具为自己创造财富。

（2）参与投资时，急于做投资决定，从不关注金钱规律。

（3）缺乏独立思考能力，容易跟风行动。

（4）以为只要有高收入就能解决缺钱的问题。

（5）不明白思想匮乏所带来的不良后果。

（6）进入了富人圈依然过着穷日子，不知道如何提升生活品质。

（7）不懂得花钱，不懂善用资源以提升自己的生活品质。

·恶补生活必修课

金钱的教育是生活必需的知识，但学校里是不教的。除了赚钱之外，更重要的还得懂得管理和运用金钱，唯有让这两项同步进行，我们才能摆脱被金钱奴役的命运。

富人之所以富，是因为他们明白金钱的力量。投资是人类促进社会发展的一个游戏，善加利用可以让自己过上更好的生活。工作可以使每个人在与社会的互动中成长，而投资则可以是自己在工作之余经营的一项事业。

任何事物都有其两面性，好比一个铜钱，人们普遍看到的是金钱的正面，却忘记了它还有反面。没钱的人因条件限制，所以不会惹太大的麻烦。有钱改善了人的物质生活，但同时也开始制造麻烦，财富管理的目的是要管理麻烦，尤其是税务和债务风险，不及时管理风险就好比埋下的地雷，不知道会在哪一天爆炸。

·财富游戏高级版：建立持续运转的体系

流动的金钱是一股能量，循环流动会产生惊人的效果。游戏是为了提供流动的机会。只要有人的地方就有流动，就能创造财富。穷人靠工资，富人靠投资。无论如何，储存足够的资产就可以构建一个内循环系统，让自己得以从金钱世界中解脱。

有条件的富人会建立一套完整的循环系统，让钱为自己工作。因此，设定游戏目标和给自己制定一个规则，交给可靠的执行人，花点时间物色各个领域的专业人士，包括银行家、律师、会计师、财务顾问、保险顾问以及地产顾问等，这样，就可以在享受金钱所带来的物质生活时，不被金钱所绑架。

缺钱的人不一定是穷人，不懂理财的人才是穷人

慢慢来是最快的方法

·越急越慢

有一位少年，到山上请一位高人传授剑法。

“师傅，假如我努力学习，需要多久才能学成？”

“也许10年吧。”师傅说。

“家父年事渐高，我得服侍他。假如我更加努力学习，需要多久才能学成？”

“嗯，这样大概要30年。”

“你先说10年而现在又说30年……我不惜任何劳苦，一定要在最短的时间内学成。”

“这样的话，跟我学70年才能学成。”

老子说：“企者不立，跨者不行。”正如老子所说，踮起脚尖想站得更高一些，就会站不稳；迈着大步想走得更快一些，反而会走不远。

有暴富心理的人总想着财富会从天而降，却不知不脚踏实地会遭遇失败，更糟糕的是宝贵的时间白白流失。浮躁的心不可能吸引真正的财富，即便赚到钱，也会因为内心的力量不足或无度挥霍而守不住。

财富的积累要脚踏实地

在积累财富的过程中，很明显，成功的投资人通过长期投资积累巨额财富，而通过短线操作获得长期增值的可能性是极小的。很多人会被暂时的短线获利所诱惑，但问题在于，“求快”实际上是一种不利于成长的习惯，因为一旦染上了急于求成的心态不好戒除。一棵大树的生长需要时间，财富的累积也需要一定的时间。无数的例子已证明了短线操作是不明智的，因为它消耗了我们最宝贵的资源——时间。

如果我们是一个心态平和的人，要一直贫穷下去其实并不容易。假如善用时间，顺应规律去经营的话，每个人其实都有足够的时间可以致富。

·短线操作注定失败

在1997年年底之前的5年里，道琼斯股指上涨了24.6%，但能获得利润的时间只有短短的40天。

在美国的一项投资锦标赛上，顶级的专家们用自己的钱进行操作，几乎无人成功。参赛的3 500人中，仅有22%的人获利，其中仅有几个人的获利程度超过了道琼斯指数的上涨幅度。

以上两项调查说明了什么？很多人忽视了短线操作存在的问题，低买高卖是个好想法，但要做到谈何容易。事实上，恐惧和贪婪往往让人在应该持股时却抛出，而在应该抛出时却盲目持有。其中的交易成本会不断吃掉他们的收益。

经济学家埃德温·勒菲弗（Edwin Lefevre）曾指出，所有市场虚高的景象都是人们贪婪的本性以及各种传闻所引起的。为了不劳而获享受财富，他们不断地把钱投向这种赌博，而最终事实证明，这种神话在这个世界中是极少存在的。“快速致富”通常的结果是“快速变穷”。

人们需要屡次遭受挫折后，才能明白短线操作确实对自己没有好处，决定放弃这种投资方式。曾经有投资人来找我，说自己决定要做长期打算了，当我为他们制订了管理财富和规避风险的计划并推荐给他们时，他们的确都很认真地听并提出问题，我也认真地回答每个问题。他们似乎都非常明白长期计划对他们的重要性，然后，当我问他们是否可以开始启动财富计划时，他们说：“毫无疑问我们是一定要开始的，但我们担心是否会有经济危机，世界是否会有动荡，股市、房市可能不稳，我们的货币可能升值或贬值……我们是不是再等一段时间看看……”

很明显，这又回到了短线投资者的心态，如果那些危机发生了，他们立即就会成为短线操作者。而长线投资者不会这么做，如果短期的波动可以随便改变自己的计划，那它就不是一个成熟的计划。因为一个好的计划一定是考虑过这些因素，并且是根据长期规律来设计的。

改变，取决于我们愿意投入多少精力。只要我们心甘情愿回归朴实，直接去做正确的事情，致富就可以在不经意中发生。生命中所有的事情都需要时间去运作。把投资当成一种习惯，长期策略可以将风险降低，但许多人会因为时间太长而试图寻找捷径，导致欲速则不达。

十多年前，当我决定了自己要在财富管理领域发展之后，我全身心地为达成这个目标努力，从各个渠道收集资讯，日夜学习和钻研，只求进步，不求回报。没有任何诱惑能将我从这条路上拉走。而神奇的是，所有的门都似乎在为我打开，不同的老师和机会不断出现在我面前。很快地，我在这个领域的探索也超越了自己的前辈，发现了许多他们没有看见的宝藏。

………………

我的悟语：只要慢慢地走，稳稳地走，总有一天你会发现，自己是那个走得最远的人。

………………………………………………

·区分智慧与聪明

有经济学家总结过：“如果将世界上所有的钱平均分配给每个在世的人，则钱还是会渐渐回到其最初的拥有者手中。”这个世界并不缺乏聪明的人，但为什么财富总是聚集在少数人那里？

在这样一个被信息包围和轰炸的年代，人们都在努力让自己变得更聪明，书店里的书架上摆放着很多有关提高智商的书，人们却忘记了幸福与智商高低没有直接的关系。知识和信息越多，障碍和局限也可能越多。

理论和概念是独立存在的，然而，这个世界却是紧密相连的。聪明人依靠的是知识和技巧，以及逻辑分析和思考；而智者则依靠的是灵性直觉和真实体验。

智慧和聪明其实就像主人和仆人的关系，《西游记》中的唐僧代表智慧，孙悟空代表聪明，他们是主仆关系。他们彼此都需要对方，有智慧缺乏技巧，理想就无法落地，少了仆人的帮忙，主人会非常麻烦；同样，有方法和技巧，缺乏方向就像无头苍蝇，再聪明的仆人也需要主人来把握方向。智慧就是能将简单的道理运用在生活中，聪明则是能用人为的方法去解决一些具体而复杂的问题。

人的精力有限，专注是成功的关键。智者会去感知每件事情对生命的重要性，表面上虽然表现迟钝，其实是在积存能量。事实上，我们不必对每一件事情做出反应，虽然聪明人反应快不吃亏，但在不断流失宝贵的生命能量。

·大智慧，小聪明

人们对大事马虎，对小事却斤斤计较，对大方向不在意；宁可追求在小事情上对100次，也不愿花时间在重大的事情上对1次；不惜牺牲人生的幸福，也要在小事上一次次证明自己是正确的；为了短时间的利润，甚至可以不惜输掉人生；职业选择错误，婚姻经营不善，孩子没有管好，坚持错误的观念与他人对抗……却计较在交易中要赚到每一分的便宜。

生命中的大事几乎都与聪明无关，比如说决定要不要结婚，选择什么样的信仰，选择什么样的伴侣和前途等。许多人在选择职业、家庭等重大决策上任由情绪左右，绞尽脑汁研究最复杂的技术，也不愿花时间去理解简单的道理。因此，当我们在决定人生大事的时候，千万要提防自己的小聪明出来捣乱。

众多例子证明，聪明才智在情感中屡遭挫折，选择与谁在一起生活、如何相处是智慧。婚姻是否幸福，不是聪明所能掌控的，因为情感无法用理性去分析，更没有什么技巧，耍小聪明的人在婚姻里注定是要翻船的。

·智慧看长线，聪明看短期

对于普通人来说，如果想要搞懂那些复杂的理论再去投资，那这辈子不知道什么时候才能开始行动，从技巧来说，再勤奋的人也跑不过华尔街的专家们。值得庆幸的是，长期计划的成功靠的是智慧而不是聪明。在财富的领域要获得满意的回报，完全可以选择一个充满智慧且简单的方法。

聪明人看效果，他们会选择短线和频繁的操作；智者看结果，他们会选择执行一个简单的方法，这个想法虽然可能很没劲，但可以决定80%的成功。

我的悟语：复杂的眼睛看不懂简单，但简单的眼睛能看懂复杂。

·股市有规律

事实上，方向对了就不怕路远。看看过去120年的美国股票走势，我们就会明白其实投资只要有足够的时间就没有风险，长期、持续地投入虽然比较笨，却是智者的方式。对于投资，我们需要一种心理上的重新调适，“笨”办法很可能是最有效的，聪明在长期趋势中起不了太大的作用，因为除非永远不出错，否则一次的失败已足以将我们打回原形。

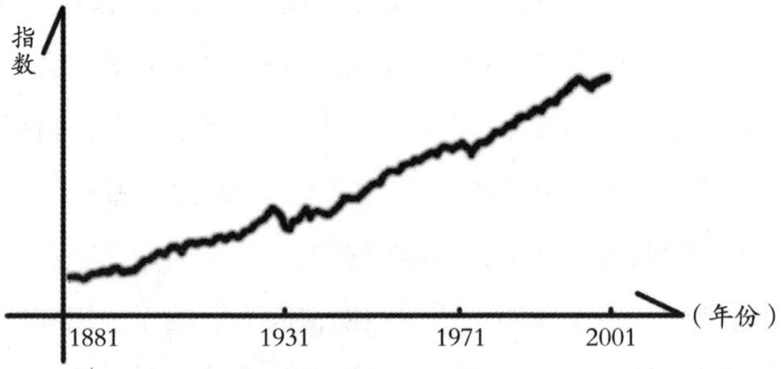

美国股市120年趋势图

在投资领域，“道”代表的是“规律”和“趋势”。由于世人好小术，许多技术分析师注重的是分析短期行情，成熟的投资者明白，市场的规律其实就是反映人的心理，尽管科技日新月异，但人性的基本面和行为没有多大改变。

美国的诺曼·霍斯贝研究美国1871—1994年共约120年的数据得出结论：只要投资持有足够时间（11年）就不会有损失。

电脑屏幕上的价格变化会让人眼花缭乱，以致人们连最基本的道理都会忘记。如果我们不想让投资成为一个折磨自己的过程，就应该放弃小聪明，理性地从一个更宏观的角度来看长期的趋势，从而制定一个让自己平和的投资策略。

·以“道”驭“术”

人们在社会生活中习惯了竞赛，以为投资也是竞赛。事实上，全球有超过10万只基金，排名第一的基金每年都在变，而我们能投资的黄金时间不会超过20年，你只有十万分之一的机会选对“正确”的基金，如果要靠这种方法致富的话，那还不如去买彩票。

世界上只有一个巴菲特，要模仿巴菲特是不现实的，但我们可以学习他的投资理念，把握好大方向，即便不能获得卓越的成果，但至少不会离谱。

投资的关键首先在于风险的管理，也就是不能赔钱。如果你将100元钱投资一只股票，下跌50%后就只剩50元钱，要将剩下的50元本金变回100元可就难了，因为它需要100%的升幅。金融市场一旦遭遇金融低潮，就需要一个周期的恢复时间，通常是5~8年的时间，人类的金融股票市场也许会无限地演变下去，问题是我们只有短短的几十年投资股票的时间。再说，如果我们所选择的那只股票经不起冲击，很可能从此一蹶不振，1997年亚洲金融危机中不少股票曾一度跌了85%，10年后仍然没有恢复原来的价格。

表面上致富取决于智商高低，但实际上，心灵富足才是获得财富真正的关键。一个人如果心不正，术就不可能正。智慧遭受扭曲时，所做的判断就不可能符合终极目标！而人生是一场马拉松，不是百米冲刺，短期的成就不能代表未来，而是要看最终谁能安全到达终点。

不要淹没在无序的海洋中

财务规划应服务于我们人生最深的渴望及最高承诺，制订一个长远的财务计划，是对自己和家庭负责任的态度，也是财富人生游戏的一部分。

·识别“道”与“术”

如果大自然是一首美丽动听的乐曲，那人就是乐曲的一个音符，我们与万物在合奏一首动听的交响乐。“道”是关于整体的结果；“术”是关于眼前的表现。凡事依循自然也可以养成一种习惯，顺应“道”，做简单的事情。“道”的力量最终也会把我们带到目的地。要解读财富首要的一件事情，就是先解读自己。参悟人生，对“道”的领悟和实证，处理好自己与宇宙的关系是每个人此生的必要功课。

生命毕竟非常短暂，惯用“术”的人往往忽视自然规律的力量，他们相信头脑的聪明可以改变一切。而投资市场更像是一个道场，“道”指的是无形的自然规律，“术”指的是人为的技巧。在短期内某种特定的范围和条件下，“术”是可以起到某些作用的。然而，“自我”一旦膨胀，就离灾难不远了。

我的悟语：平静并非来自匮乏的满足，而是来自“不满足”的终结。

盲人不知灯熄的启示

·盲人不知灯熄

有位盲人辞别朋友时，朋友给了他一个灯笼。

“我不需要灯笼，明暗对我来说没有区别。”

“这个我知道，但如果不带的话，路上太黑，我担心别人会撞到你。”朋友说。

“那好吧。”盲人不怕天黑，拿着灯笼愉快地按平时的速度行走，走到半路，忽然撞到一人，两个人同时坐在地上。

“师傅，我是个盲人，难道你也和我一样吗？”

“哎哟！师傅，你的灯早已经熄灭啦。”

指望借助别人的光去照亮道路是危险的，就像盲人掌灯，灯早就不亮了，自己却还不知道。

理论都是别人的经验和总结，他人的智慧之光，我们借用一阵子是可以的，但由于人生路途遥远，情况每时每刻都在变，长期借用别人的光，自己发光的能力就可能会被削弱。如果盲人知道外面没有光，自然会用耳朵判别声音，而且前进时也会比较小心。当他以为别人都能看见自己时反而会大意，盲目地迈步增加了其他人的风险。

生活的道路要靠内在的智慧去指引，唯有内在发出的智慧之光才能永远照亮自己的道路，同时也为别人照亮道路。这些光来自对生活的体验和感悟，而不是道听途说或者书本上的知识。别人也许可以为你照亮一段路，但内在发出的光才是最安全的，因为你不知道别人的光什么时候会熄灭。

在投资市场我们能看到许多盲人提灯的现象，一些投资者得到一点小道消息，就用血汗积蓄不断买卖连自己都不清楚的东西，这实际上与盲人掌灯有何不同？那些消息也许在某个时期是适用的，但人们不知道在什么时候会不适用，甚至灯已熄灭了，还继续将失效的消息传给其他人。

事实上，大部分散户投资者都是盲目的，他们并不清楚这个游戏背后的故事，大户把游戏做大了才容易全身而退，把接力棒交给散户是最好的出路。股票上市对散户来说是进入投资市场的机会，但对于大户来说是一个套现的机会，大部分的利润早就在上市之前被游戏操盘者套取。利用人们的贪婪是最有效的，正因为多数人的无知，才使得少数人可以掌控游戏。散户投资者要想从股市中赚到钱，就必须具备超常的智慧和自控能力。

分享一个故事。

有一个商人到了一个山村，村子周围的山上全是猴子。商人就和村子里种地的村民说："我买猴子，100元一只。"

村民不知是真是假，试着抓猴子，商人果然给了100元。于是全村的人都去抓猴子，这比种地合算得多。很快商人买了2 000多只猴子，山上猴子很少了。

商人这时又出价200元买一只猴子，村民见猴价翻番，便又纷纷去抓，商人又买了，但猴子已经很难抓到了。

商人又出价300元买一只猴子，猴子几乎抓不到了。

商人出价500元一只，山上已没有猴子，3 000多只猴子都在商人这里。

这天，商人有事回城里，他的助手到村里和村民们说："我把猴子300元一只卖给你们，等商人回来，你们500元卖给商人，你们就发财了。"

村民疯了一般，砸锅卖铁凑够钱，把3 000多只猴子全买了回去。

助手带着钱走了，商人再也没有回来。

村民等了很久很久，他们坚信商人会回来买他们的猴子。终于有人等不及了，猴子还要吃香蕉，这需要费用，就把猴子放回了山上。山上仍然到处是猴子，只是村民的口袋都瘪了。

这个故事在某些方面像极了股市、信托市场、黄金市场和房市。1997年的时候，一位股市老手曾与我分享他对股市的看法，他说："在股市赚钱，就好比在一把锋利的刀上舔奶油。"他一定是尝过了这个滋味。另一位朋友是股市老前辈，他曾给华尔街投资人编辑投资分析的书，当年他对我的忠告是："股市就像是一个设计布局极其精密而合法的老千局，你务必要谨慎。"在年轻的时候他已经历过一次股灾，当时他清点完欠债时告诉自己，以他打一份工的工资计算，他这辈子都不可能清还。于是他刻苦研究股票，从买垃圾股到不断将持股调整为优质的股票，最终在第二次的升浪中得以脱身。

金融领域有无数的产品，大小基金就超过万种，国际上规模稍微大些的银行可以提供上千种产品，如果要花时间去逐个了解，恐怕这辈子的时间是不够用的。所有的产品都是应不同的需求而创造的。如果人们愿意花时间先搞明白自己的需求到底是什么，那一切将会变得非常简单。你只需要在为这种需求而设计的产品中挑选出最优良的就可以了。否则，你一定会迷失在金融产品的大海里。

在开始投资之前，你必须心中有数，依照前人的灯塔设计好投资方向，严格依照理财金字塔的分布来建造你的财务架构，逐一补充未完成的部分，把握几个大的原则，确保做到分散风险，用时间价值最大化利益。寻找在这个领域中能给你客观建议的人，找出对你最适合的产品，这才是理财之道。

· 诚实面对自己的需求

人们一生不停地追求财富，但很少有人能说清楚自己到底需要多少钱，一旦得到后又将如何安排钱的去处。人们只是觉得钱越多，就会越有安全感。然而，人们不知道金钱是能量的载体，没有具体目标，也就不会有具体的计划和行动，更无从检验。

个人财务状况的好坏常取决于我们对自己的了解，什么样的投资与置业、时间、地点、保险（向谁投保）、养老计划、子女教育金、家族财产计划的类型，以及到底应听从哪家机构的咨询意见，都是当中要考虑的因素。

很多人说："我有想过自己的计划。我要事业成功，有钱，幸福。"请您把这些抽象的欲望具体化，否则，金钱就无法发挥其作用，生活反而可能被它搞得疲惫不堪。真正的计划是要有可行性和具体内容的，而不是一堆模糊的愿望，比如为孩子准备大学的教育经费、买新房、计划自己的退休生活，或者纯粹是想要一笔钱去旅游。要多少钱？什么时候要？任何一个目标都必须尽量具体化。

做好人生的规划

尝试面对自己的个人财务状况，审视自己所处的生活环境

每月收入有多少？	身体健康状况如何？
收入是否稳定？	有无固定资产或遗产？
年龄多大？	你剩余的时间有多少？
有哪些家庭负担？	可用作投资的资本有多少？
有无债务？	哪种理财工具适合自己？

为了使自己能够参与投资，初期的储蓄很重要，好比需要有门票，才可以开始

游戏。有了钱，首先应该考虑如何利用这些钱生出更多的钱。每笔钱都是一次播种的机会，也是一次选择贫或富的机会。如果你属于非常有钱的人，那就更需要学习理财的艺术了，否则很容易过上被金钱奴役的生活。

改变观念并不需要花钱，但需要决心。正确的财富观念本身就是一笔财富。理财成功是将想法、理念量化并执行得到的结果。我们需要考虑如何让自己的钱保值和增值，建立一个良好的机制让钱工作，让它不成为负担，而且能一直运行下去，这样我们才能享受金钱游戏所带来的好处。

我的悟语：穷人苦于找不到路，而有钱人则苦于被困在路上。

第 7 章

对自己的慈悲

很多年前，我认识一个在上海以买卖房地产起家的离婚女人，年收入近50万元，拥有多套别墅和房产出租，当时身价已过4 000万元。但令我惊讶的是，除邻近的城市外，她竟然没有去过其他任何一个大城市。当我问她为什么的时候，她的回答再次让我惊讶不已，她说：“飞机票太贵，我舍不得花钱。”我好奇地追问：“那你赚钱是为了什么？”她若有所思地想了一会儿，说：“有了钱，我就可以买更多的房子，赚更多的钱啊！”我又问她：“有了更多的钱，你要做什么？”她说：“那我就可以多投资几个物业，赚更多钱……”

我们的对话始终无法转移到另外的话题，这位朋友似乎对生活中其他的一切都不感兴趣，一心只想赚钱，她甚至不关心这个世界还有什么其他的事物存在。在整个交谈过程中，我发现她多次提到为了保护自己的利益和财产，担心受男人的欺骗而坚持单身。让人感到很遗憾的是，她的物质世界的确是比以前富足了，但精神世界变得越来越荒芜。

由于生活方式和对金钱的认知受限于自身的见识，许多人依然是一辈子努力工作，目标就是为了一套房子和一辆车。对他们来说，富裕就是要买更好的房子和更豪华的车，然后就是更努力赚更多钱以维护这样的生活。

花出去的钱才真正属于自己

人们对金钱有特殊的感情，因而总是会赋予它奇怪的魔力。虽说有足够的钱可以使自己不至于依赖他人，无须为了谋生而不得不丧失独立和自由。然而，一旦允许金钱占据我们的思想，就好比把灵魂和肉体抵押给了金钱，银行里的存款一年年增加，拥有的证券、房产、股票越来越多，但人生没有因此而变得更加富有。有些人从小家境不好，所以对贫穷有着许多的恐惧，以至于到后来有钱时，已经形成根深蒂固的“奴仆思维”。

然而，一个充满“奴仆思维”的人如何能成为生命的主人？

人们已然忘记了自己是谁，为什么走上这趟人生旅程。如果金钱不能为人类服务，那它就会变成奴役我们的魔鬼。生命和成长的机会是最宝贵的财富，人对自己应该有一份最基本的慈悲。金钱本来是用以支持我们去探索更大的世界、增加智慧及丰富生活的，但为什么反而阻碍了很多人去发现更大的可能性呢？

认知决定了人的格局，眼界决定了人的境界。把财富放在口袋里的时候，别忘了也放一份在脑袋里。

其实，投资是一个多维度的概念，它包括了对自身的投资，因为自己才是这个世界上最值得投资的对象。当我们花钱投资自己的见识和思想境界时，金钱会变得有非凡的意义。一个人的觉醒，不但能够带动更大的财富能量的流动，而且给整个世界带来的是福祉。这种投资的理念和财富增值更应该受到每个人的重视。至于那些在金融领域的活动，也会因为个体思想境界的提升而自然而然地发生正面的改变。

………………

我的悟语： 死亡并不让人难过，让人难过的是，大多数人根本就没有真正活过。

………………………………………………

美第奇家族和乔家大院

2004年，我有幸陪同一位资深的国内作家重游意大利佛罗伦萨。在出发前往佛罗伦萨之前的几个月，他细读了不下50本关于这个城市以及美第奇家族故事的书籍。我们在当地也联络好一个资深的旅游历史顾问，带领我们对这个城市做了一次较详细的参观考察。曾有人说，美第奇家族是文艺复兴的“幕后导演”，去过佛罗伦萨的人都会感受到这个城市沉甸甸的价值，城市里几乎每一块砖瓦都是艺术品。带着对这个家族的景仰和好奇，我们参观了著名的乌菲齐美术馆以及多个有重要影响的美第奇家族遗址，包括一个已不对游客开放的图书馆，其中收藏的都是绝无仅有的手抄本，真是让人叹为观止。美第奇家族曾是意大利历史上最富有的家族，更重要的是，这个家族曾在15世纪到18世纪统治当时的佛罗伦萨达300年之久，其间出过四位教皇、两位王后，还有多不胜数的杰出学者和名人。这个家族不但推动了“文艺复兴”运动，还影响了世界历史。其中比较著名的是第三代家庭成员洛伦佐·德·美第奇的故事，他不但是一个深具远见的商人、银行家、实业家，还是剧作家、诗人、哲学家和慈善家。让人感慨的是，这么多优秀的特质竟然集中在一个人身上。最终，这个家族的后人把所有的财富都捐出来，就有了现在的佛罗伦萨——一座无法估价的城市。

有人曾拿美第奇家族与我国的晋商乔家做东西方财富文化的比较，如果那个时代有福布斯富豪榜的话，大概乔家和美第奇家族都可以进入前10名。毫无疑问，以乔家为代表的晋商在中国历史上通贸易、开票号，对中国当时的经济发展起到了不小的推动作用。但是，他们在致富之后把银子放在银窖中，或者小范围地资助一些穷人，没有产生大的政治影响力。美第奇家族是从银行、金融和药业起家的，科西莫是最早的银行家和慈善家，他把钱贷给那些没有资本做生意的人，进而演变成今天的银行业务。美第奇家族在致富之后，除救济穷人、大量收藏图书外，还建教堂并出资培养文学家、画家和雕塑家。举世闻名的艺术巨人，如诗人但丁、画家达·芬奇、雕塑家米开朗琪罗都受到了这个家族不同程度的资助和支持。这些行为影响到后来的西方慈善文化。近代的洛克菲勒、福特、卡内基、索罗斯、比尔·盖茨等人办学校、资助科学和文化事业也是在延续这种思想。

钢铁大王卡内基的财富智慧

安德鲁·卡内基（Andrew Carnegie，1835年11月25日—1919年8月11日）生于苏格兰，12岁时随家人移居美国。早年的卡内基是一名电报传递员。28岁开始，他用全部资产设立凯斯通桥梁工程公司（Keystone Bridge Works），致力于钢铁生产行业，最终成为美国的钢铁业大王。1901年，他以5亿美元的价格卖掉了卡内基钢铁公司，当时卡内基钢铁公司生产的钢铁已经占全美钢铁销售总量的25%。今天他被视为人类近代史上第二富豪，仅次于与他同时代的洛克菲勒。

卡内基从一个送电报的孩子奋斗成为一代“钢铁大王”，他是对慈善智慧有深刻了解的人。卡内基之所以受到世人的尊敬，不仅因为他是一位成功的企业家，更重要的是他在事业成功后，在自己具有更强的赚钱能力的时候急流勇退，将后半生的时间和精力倾注于对社会有益的事业。他生前在全世界共捐建了超过2 500座免费图书馆，在华盛顿创立了“卡内基学会”，在海牙捐建了“和平宫”，在匹兹堡创办了“卡内基大学”，设立了六项公益基金。临终前，他成立了“卡内基基金会”，让专业人员代理捐赠工作。早在33岁的那一年，卡内基就在日记上写下了这样的话：“对金钱执迷的人，是品格卑贱的人。”后来许多拥有巨富的人深受其影响，巴菲特和比尔·盖茨是其中的代表人物。在书中，他对慈善作了精辟的分析，总结和评论了三种处理剩余财富的方法。

第一种：死后作为遗产留给家族后代。

他认为这种方法是最不明智的，留给儿子“万能的金钱”无异于留给他一个祸根。遗赠巨额财富对受益人往往弊多利少。遗产绝不是孩子们的福音，而家庭的荣誉才是激励他们有所作为的福音。

人生是一个创造的过程，很多父母在自己有了经济条件之后，就忘记了自己真正的幸福感其实是来自从无到有的整个过程，虽然给子女最好的条件是多数父母的心愿，但问题是，这无疑剥夺了孩子去创造的机会。好比在球赛中，如果冠军不是靠自己的实力拿到的，孩子们根本不会有什么幸福的感觉，更不会珍惜。人们对财富的热爱往往让他们忘记了人生的重点。假如人生是一次旅行，孩子们的快乐来自对人生旅途的好奇和探索，因此父母给孩子勇气和信心比给孩子钱财更有价值。但现实中，人们的行为是倒过来的，父母很少给孩子们必要的空间和精神鼓励，相反不断地给他们负担和压力。

第二种：身后遗赠公益事业。

卡内基质疑，为什么一个人要等到自己死后才愿意让世界变得更加美好。他指出，不得已而为之的行为不会得到人们的赞美，死后才把财富留给社会可能不会得到社会的感谢。人们会认为，如果能把财富带走的话，他们不会留下一分钱。

许多人对财富的去向并不愿深究，捐赠给慈善机构的钱，到底是否真正帮到了自己想帮助的人也不得而知。许多人不明白花钱与赚钱一样需要高超的智慧和才能。生前没有用好财富，在死后留下巨额遗产的人其实是不负责任的。许多例子告诉我们，处理财富不当给后人带来的混乱和悲剧很可能更甚于贫穷。财富须得到恰当的分配，才能真正对社会产生正向的作用。

那些终其一生不断地积蓄巨额财富的人应该明白，财富来自社会，终将回归社会。很多发达国家征收较多的遗产税，可以算是对那些富豪们的一种警示。

第三种：生前进行合理分配。

卡内基认为，那些生前就开始管理财富的富人才是真正负责任和拥有智慧的人。富人应为社会树立一种简朴的、不事张扬的人生样板。适当地满足家人合理的生活需求之后，应该把剩余财富简单地看成社会委托自己管理的信托基金，运用自己过人的智慧、经验和管理才华，承担起管理和分配的责任，并亲身参与各项具体的工作。社会上的富人一旦有了这样的意识，贫富之间的矛盾就会得到化解，少数人手中的剩余财产会因为用于公益事业而成为多数人的财富。

为金钱赋予智慧

事实上，单纯的捐赠行为并不能够达到慈善的目的，帮助穷人的重点在于使他们本身成为有能力的人。缺乏智慧的公共慈善事业往往会成为对公开的懒惰和恶习的奖赏，因为只有那些能够自救的人才值得帮助。为此，卡内基鼓励人们将捐赠应用于建设免费图书馆、科学院、美术馆、音乐厅、公园、休闲区、游泳池、礼堂等。

巴菲特和比尔·盖茨都在身体力行地积极参与公益和慈善事业，相信他们对卡内基所倡导的理念都有了非常深刻的理解。他们确实为富人树立了榜样，不但成立慈善基金，还致力于创立一个能持续运行的慈善模式。比尔·盖茨说："我和妻子希望以最能够产生正面影响的方法回馈社会。"他们以自己过人的智慧和影响力将钱财用于对社会有益的事业，主导金钱的流向，同时在有生之年致力于研究和构建可持续运作的管理和分配系统，确保财富继续增长并造福于社会。

让慈善的种子开花结果

践行卡内基的理念，绝不是一件轻松的事情，毕竟在我们的社会和传统观念中没有成形的慈善理念，"把财产留给社会"的观念仍未被一般人所接受。目前，我国的亿万富翁人数已超越很多发达国家。他们对中国经济和社会发展的影响巨大。在新时代，社会对富人已提出新的要求，有能力的，尤其是坐拥财富的人们应该成为新时代的榜样。

一位成功的企业家，仅仅有爱心是远远不够的，还要有做慈善的心以及执行能力。在金融体制还未完善的时候，善心人士的很多想法在实现的过程中确实遇到很多障碍和困难。此外，在鼓励新一代的成功企业家反哺社会的同时，也要防范其以慈善名义来谋私的行为，因此制定与完善管理慈善信托基金的法律已迫在眉睫。

我们确实看到身边有一部分人已经在身体力行地执行回馈社会的计划，他们在事业到达高峰的时候毅然退出，为社会公益事业奔波。尽管困难重重，他们还是在做力所能及的事。为金钱赋予灵魂，从简单的资本增值开始，财富管理也变成了一项有意义的工作，我们在策划和管理这些用作慈善的资金时，其实是多了一份社会责任。

关于慈善，伟大的哲学诗人纪伯伦曾这样说：

若你们只是拿出自己的财产，那么你们的施与微不足道；若你们奉献自己，那才是真正的施与。

总有一天，你拥有的一切都将施与他人。所以现在就施与吧，把施与的机会留给自己，而不是你的后人。

关于投资计划

· 功夫在专业之外

自从有了资本市场，人类就多了一个无形的战场，各种关于如何在这个战场作战的理论也就应运而生，主流的有学院派、基本技术分析派，坊间的有混沌理论、星象理论、周易八卦等。被誉为“证券教父”的安德烈·科斯托拉尼在被问到投资的信息来源时说：“我到处都可以发现信息，从各种各样的人那里，却不理会银行家、经纪人、分析家和国民经济学家的建议。因为后面所提到的那些人鼠目寸光，或者说，他们只见树木，不见森林。如果我做了与他们的推荐相反的事，我经常能取得巨大的成功。”

其实，投资的真理离我们并不远，只是我们周围堆积了很多垃圾信息，需要摒弃的东西太多。作为一个市场实战交易者，我们更应该看重的是对市场语言本身的解读与感悟。投资是上天赋予我们创造财富的机会，让我们从中得到历练和成长，而金钱的收获应该被视为一个副产品。

关于投资，我们需要非常小心地对待专家。安德烈·科斯托拉尼说：“人们经常称我为‘股市专家’，这个赞誉我不接受，因为我只知道今天是什么，昨天曾是什么。但这就已经很多了，因为大多数专家连这一点都不知道。他们还不知道多数情况下是行情制造了新闻，新闻被传出，而不是新闻制造了行情。”

预测未来是人类千百年来的梦想，预测市场是专家们的工作，也是投资人的自然欲求。掌握一定的分析方法和技巧，具有一定的市场直觉和感受后，我们是能够在一定程度上预测市场趋向的，但是，要想持续稳定地赚钱，还是要讲究“在不同的环境下做适当的事情”，换句话说就是，“识别不同的市场态势，根据不同的市场态势制订不同的交易计划”。正确的投资方法可以有很多，但正确的思维方法是基本一致的。

在信息爆炸的今天，我们获得知识远比过去容易得多，可以求助专业的顾问获得一些资讯。选择做事的出发点非常重要，因为那个出发点将会是我们的回归点。人们本来的目标是要做一个稳健发展的长期规划，但高收益的诱惑往往会让人掉入各种陷阱。

巴菲特说过：“其他领域的专职专家，例如牙科医生，能给门外汉带来诸多好处。但总的来说，人们从专职的资金运营者那里不能为自己的金钱谋得什么好处。”

经济学家常让投资人感到困惑，因为他们所有的分析和预测都有某个假设条件，如果假设不成立，那一切都不会发生。因此，他们所做的分析和预测经常失效，尽管这样，他们依然坚持不懈地对未来进行假设和预测。有人说：“经济学家无法让你避免赔钱，他们主要的作用是在你赔了钱之后让你了解你是如何赔钱的。”

专业化时代使得行业分工越来越细，人们钻进局部的事物中而看不到全局。金融家不断为投资产品分门别类，虽然越来越专业，但也越来越狭窄。金融工具并不能解决人的恐惧和担忧，让人内心更加平和，好比药材店的老板也许能告诉你每种药材的名称和药性，但他们不一定能开出一张能治好病的药方。因为治病靠的不单纯是对药的了解，还需要对病情有清晰的诊断。股票、基金、债券以及衍生出来的金融工具名目繁多，金融家们也许能为你解释这些工具的含义，但若要他们使用这些工具来帮你解决问题，消除对未来的恐惧和担忧，那就实在是太难为他们了。

这正是大部分散户投资者困惑的原因——忙了半天，似乎也参与了各种投资，买了一堆的理财产品，但仍旧对未来没有安全感。一个深思熟虑的投资策略是不需要频繁变动的。我们只需要适当拿出一部分的时间，了解投资的基本原理，把握住大的方向，借助自然的经济规律，简单的投资是可以带来合理回报的。

专家是我们的工具

·理财工具与专家

投资领域中的工具五花八门，让人眼花缭乱，但不外乎我们构建财务堡垒要用到的建筑材料，金融机构就好比是我们的施工队。投资是一个投资者与专家的合作项目，虽然专家的协助和支持很重要，但切忌完全依靠他们，投资者自己的目标一定要清晰。

对于一般的投资者来说，不要选择太复杂的投资策略，不需要钻进一条狭长的隧道中用手电筒去照射每寸土地，获得每一元钱的利润。

亚洲很多国家在第二次世界大战以后才开始大力发展经济，相比于西方国家，金融业起步较晚，人们普遍缺乏管理财富的意识和知识，而且在面对众多的投资工具时，也不知道如何选择，经常不是太保守就是太激进，以致无法达到投资增值的目的。随着市场的发展，金融衍生产品的出现使人们更难以做出正确的选择。正因为投资工具的复杂性，财务顾问的专业精神和负责任的态度就变得很重要。

·过滤干扰

事实上，投资信息无所谓好坏，重点是哪一个最适合投资者。人们由于贪婪很容易受利诱，看不到投资的风险，而且往往为了省事，会随意相信专业人士的意见。然而，成功的财富规划有赖于投资者自身的觉悟，我们应该把投资看成一个需慎重对待的项目，想清楚人生的方向和投资的目的，看懂其规律，这是必须做的功课，当然也要做好交学费的准备。

有了清晰的方向和目的，我们就有能力判断专家的意见是否符合自己的目标，这时与财务顾问探讨就不容易被误导，而且有能力排除不适合自己的建议，借助专业知识和服务为自己量身定制方案，以节省时间和成本。

关键是我们能拿到适合自己的方案，剩下的只是选产品和财务顾问代办各种手续，包括申请文件和来往联络工作等。这样便可节省大量原本要用在研究和比较各家金融机构和各种投资工具上的时间。

事实上，要遇到负责任的独立财务顾问并不容易。严格来说，财务顾问是一个既专业又需要博学的职业，不仅对个人素质要求非常高，而且由于业务涉及金钱和人的各种情绪，财务顾问有一定的人生阅历和定力很重要，至少也要客观中立，在给建议的时候以客户的利益为导向，而非只是为了推销某些金融机构的产品而避谈其中隐藏的风险。财务顾问应尽量确保在选择银行、保险等金融机构时，为自己的客户争取最大的利益和折扣。

我们需要为金钱安排好工作

·财富管家，保驾护航

目前的第三方理财公司大多采用金融产品代销的经营模式，因此缺乏中立性，不能保证长期维护客户利益。在金融业不断发展的今天，这种以销售为导向的经营模式其实是不可持续发展的。投资是一个漫长的过程，金融产品与其他产品不同，好想法需要有人去落地执行，而且终点是产品的生命周期结束，因此，我们不仅需要财务顾问的服务，更需要专业的财富管家来保驾护航。一个好的财富管家能够时刻站在客户的立场思考问题，并悉心打理客户的财务计划，解决可能发生的各种麻烦。

个人财务计划常包括不同的投资工具和投资组合，需要选用多家金融机构的产品。专业的财富管家除可以为客户精选各家银行、保险公司及基金公司的优质产品外，还应负责集中管理各项投资，对收益情况定期评估和调整投资组合。

投资的整个过程比较复杂，有专业的财富管家配合很关键，否则难以形成一个好的投资方案。

我的悟语：随着人工智能的发展，金融很可能会成为一个不需要人类全面理解的领域。

第 8 章

从金钱中觉悟

花钱的智慧

·学会用钱影响世界

有钱是好事，但是很多人不知道如何使用钱。学会花钱，是成为富人的一个必要条件。世界上最会赚钱的人，无不是最会花钱的人。

懂得为金钱赋予灵魂的人，能够不断放大金钱的价值，并可以让金钱为自己服务。将金钱与良好的科技管理体系和机制配合，不但可以让自己脱离贫困，还能带动更多人去争取富足人生。如果我们意识到钱可以产生的作用，处理好自己与金钱的关系，把钱花在有价值的人和事上，就能改变自己的人生。

每个人的一生都拥有无数次决定金钱流向的机会，市场的供应是跟着需求走的，有影响力的人甚至可以带动潮流。我们可以赋予金钱一个新的意义，我们可以决定它代表什么，并宣告它可以换来何种价值。

懂得使用金钱相当于懂得如何去影响这个世界，钱投到哪里，哪里就会因为我们而改变。无论是选择如何消费、在哪里定居、买什么样的房子、做什么样的投资，还是为子女选择教育方式，都会带来改变。当我们花钱时，你不只是买了东西，无形中也对周围的人和事造成了一定的影响。

我们的一些行为会换来更多的金钱，另一些行为却可以使自身增值。比尔·盖茨说过一句话："花钱花得有智慧，是和赚钱一样难的事。"理财中最主要的错误不是出现在投资上，而是在花钱上。花钱是理财首先要掌握的学问和艺术。从某种意义上来说，投资也是一种花钱方式，只不过它是为了未来、为了让钱生更多的钱而花钱，是一种聪明的花钱方式。

我的悟语：赚钱需要时间，花钱需要更多的时间。

·慎重分配自己的资源

为什么这个世界是穷者越穷，富者越富？值得我们思考的是：紧急的事情是显得重要还是真的重要？懂得怎样花钱就等于懂得怎样分配自己的资源，每一分钱都可以变成投资。如果钱都是花在了应付眼前的急事上，就很容易使你陷入越忙越穷、越穷越忙的境地。

静下来观察的话，你会发现人生中许多重要的事情似乎在这一刻都显得不太紧急。而回头看过去时，我们会发现当时认为很急的事情，现在来看大多数并不重要。

人的习惯是一种舒适范围，人的惰性使人不愿主动去改变行为习惯，因为人们倾向于先挑容易的事情去做。然而，大部分的习惯足以耗尽你毕生的精力和时间，却不能成就什么对人生有意义的成果。要过上你最终渴望的生活，需要学会做一些不紧急但重要的事情，比如，学习投资、提升自己、关注孩子的教育、进行退休规划、建立长久的人际关系网等。

穷人渴望改变自己的生活状况，却没有意识到要从生活的每一件小事开始改变，而不是用生命和健康去换钱，然后用钱去购买会贬值的东西。他们大部分的钱都是用在紧急但不重要的事情上。如果不将自己仅有的时间和金钱资源从不重要的地方挤出来，放到对未来起重大作用的地方，结果还是不会改变的。

穷人总是想让自己显得富有

· 花钱是艺术

真正的富人是那些有觉悟、有想法，同时又懂得使用资源的人。

你是如何用钱来表达价值观的？

你是如何用钱来拓展自己的智慧版图的？

人们对金钱有特殊的感情，因为它不但代表了权力和地位，而且代表了拥有更多的可能性。为了得到它，人们不惜付出失去健康和生命，或者丧失人格和信用的代价。

当一个人的金钱与自身需求脱节时，金钱可能会带来伤害。如果你不知道如何给积攒的金钱赋予意义，将其保存起来也不过是废纸；而如果挥霍无度的话，等于变相创造了条件去糟蹋自己的人生。有了钱的人应该意识到，金钱是武器，可以用来救人，也可以用来伤人；可以用来为人类谋福祉，也可以用来炫耀。有了钱的人可以让自己过得体面一点；可以帮助人或害人，让别人快乐或难受；可以创造自己的游戏，实现自己的梦想；可以带给世界一份礼物……

事实上，真正富有的人会明白，金钱不是人生追求的目标，金钱只是一座桥梁，生活中有许多比金钱更重要的东西，人不应栖居于桥上，我们应该牢记金钱只是一个交易的媒介，我们只不过是要借助它到达幸福的彼岸……

我们应该以新的眼光看待金钱，将金钱运用到创造可持续的生态环境中。如果我们将金钱看作一种流经我们人生、流经这个世界的能量，我们就会意识到它其实是所有人共享的一种财富，清理每个人为的障碍，就能让这股能量像水一样流经整个世界，为大多数人谋福祉，为人类的最高目标服务。

………………

我的悟语：我们为金钱拼搏，但有一天当我们走到生命的尽头并回顾过去的时候，却会惊觉一个事实：大多数我们认为最有价值的东西几乎都与金钱无关。

………………

我们的健康与智慧

· 北美漂流感悟

2007年7月，我踏上了人生中第一次12天北美漂流之旅，除知道将要去的是在加拿大与美国阿拉斯加边境交界处的一条河流外，我和同伴对旅途一无所知。从温哥华转机到达一个叫“白马”的小镇，到那里后，接受了教练在出发前两个小时进行的简单培训，带着忐忑的心情，我们开始了一段穿越冰川到达阿拉斯加境内的无人烟的旅程。

这是我人生中第一次全然地融入大自然，远离繁华闹市，没有任何通信，在荒无人烟的河流上，除几次与大灰熊偶遇遥相对望外，陪伴我们的只有两岸树枝上雄鹰和鸟儿的叫声。我们每天重复着简单的生活，搭帐篷、收拾帐篷，在野地里生火、烧饭、梳洗、睡觉，欣赏着一幅又一幅让人震撼的自然图画。天气时晴时雨，忽冷忽热，早晚温差可达20℃。在大自然中，我忽然感受到，所有人都是平等的，人的聪明与愚笨、财富与地位都不重要了。在那里，最值得骄傲的是那些身体健壮、能迅速适应环境的人。团队中最让我佩服的是两位接近70岁的美国老太太，整个旅程，无论是登山、在森林中徒步，还是搭帐篷，她们都靠自己独立完成，她们似乎对温度和环境有极强的适应力。最让我惭愧的是，她们竟然可以若无其事地在雪山下冰冷的河水中洗头，而我却连手指都不敢伸进水里。我穿着厚棉鞋，而几个小伙子一直穿着拖鞋，甚至泡在冰水里玩耍。

这一次的经历使我深受触动，为什么我的体质与他们有如此的差距？人们常说饮食习惯的不同造成体质不同，这让我开始反思我的饮食习惯到底造成了什么样的体质。我为什么这么怕冷？

回国之后，我花了不少时间了解关于健康的知识，接触和学习不同的养生理论并进行亲身体验。我认为，除了习惯不同之外，其实观念起了很大的作用。自那时起，我开始深入了解传统的中国文化中关于养生的理念，包括二十四节气的养生文化，天道的规律如何影响我们的情绪和健康。我逐渐明白了如何将健康和财富融为一体，其实，人只要遵循天道，回归自然，实时觉察自己与自然的关系，呼吸新鲜空气，实践简单的道理，放下俗世中的纠葛，不再给自己创造麻烦，我们的身体自然就可以获得健康舒适的感觉。

·都是智慧不足的问题

智慧不足会产生很多问题，致富之道与大自然的智慧是相通的。它无处不在地影响着我们。智慧增长了，生活中的问题自然就会迎刃而解。我们必须反思的是，如果有能力创造财富，却没有能力让自己每天感觉舒适，那拥有再多的钱又有什么意义？

我们的身体具有自己的智慧，也具有自我疗愈的能力。

财富的原理也是相似的，投资市场的价格太高了就会自然调低。按照自然规律，做出一些适当的行动，我们才可以变得富有。看懂规律，将钱放在适当的地方，定期并有规律地做一些正确的事，就会顺利到达目的地。财富是否能稳步增长不是取决于我们有多聪明，而是取决于我们是否选择了正确的轨道。

没有人刻意要生病，当然也不会有人刻意要一直贫穷。我们只是因为无知而创造了生病的土壤，当一切条件成熟时，疾病就会光顾我们。既然我们能创造生病的土壤，那为什么不能反过来创造健康的土壤？贫穷也是一种病症，病因是认知障碍。常言“得道多助，失道寡助”，人如果不是一次次逆反大自然的规律，不懂得珍惜老天给的财富，怎可能一直贫穷？

生命的过程只是一些简单的规律不断重复的过程。健康和致富同是一场耐力的游戏，将简单的事情坚持重复做就好了。积累财富需要全然地信任自然规律并付诸实践，只要坚持选择一条阳光大道，停止制造人为障碍，我们便有足够的时间实现目标。

· 我们在为什么奋斗

大自然里的花草树木、鸟儿、鱼儿更有生命力，因为它们与自然共舞。而人类呢？我们一直为自己所创造的文明骄傲，但在走向“更好”的同时，却越来越远离自然。人们精神压抑，缺乏生机。我们的文明造就了我们，也在某种意义上扼杀了我们，它像慢性毒药，让我们遗忘自己本来是什么，自然是什么。

科技的飞速发展有时在解决一个麻烦的同时又制造出更多的麻烦，我们疲于奔命，被卷进了一场又一场与自己的搏斗之中。人类社会虽然有先进的科技文明，但健康文明严重落后，人类已经为此付出了沉重的代价。

人类不断追求开拓创造，却忘记了大自然本身是一个布局极精密的系统，人类不过是大自然众多设计中的一项作品，无论是多么了不起的发明，在大自然面前，也只是在局部范围里的雕虫小技。当人们在局部范围里进行建设的时候，没有意识到对大环境的影响。人类牺牲大环境换来各种物质财富，却不曾想过，用健康和生命换来的财富，又由谁来享用？

· 尊重身体的感受

每个人都有机会重新选择未来的生活，选择健康的活法是一个重大的决定，它需要勇气和毅力，要放下许多原有的习惯，要改正不利于身体健康的行为。要对抗那些长存于身边的顽固力量并不容易，尤其是当压力来自我们挚爱的亲人和好友时。许多坏习惯的形成有历史的原因，人们一代又一代秉持着一些错误的观念，因为害怕失去别人的认同及潜在的利益而不敢发出不同的声音。

为了避免争议，我们已习惯了背叛自己的真实感受。因为背叛自己似乎容易一些。事实上，没有比背叛自己更严重的了，正是这些深层的不和谐建造了疾病的温床。当身体听从头脑欲望支配时，身体会开始紧张；头脑的驱动力是欲望，所制造的恐惧会让我们持续不安。尊重身体的感受是健康生活的开始，活出真实的自己，才能让自己获得身心灵的健康。

·呵护自己

生存、生活、生命是三个不同层面的状态，身体是心灵的载体，一直无怨无悔地支持着我们的这趟旅程，我们应该呵护它。头脑虽然可以精准地执行命令，但不能把人生的方向交给它，因为它天生讨厌无聊、喜欢刺激，让它主宰生活会出问题。觉醒，意味着我们用心力来驾驭脑力，放下虚构的人为概念，让阳光、空气、水、环境、温度等来呵护自己的生命，而这才是终极的疗愈方式。

人的很多问题源自心理，《黄帝内经》说，“怒伤肝，喜伤心，忧伤肺，思伤脾，恐伤肾”，很多疾病都是源自情绪，而目前我们没有精密的仪器和方法来准确测量人类被外界事物扭曲而导致的心理疯狂程度。心理上的疾病不除，问题就会源源不断。压抑、恐惧其实是很多疾病的根源，当人们看到心理问题带来的后果时，也许会从根本上改变一些行为。

世俗的成功，也许会让自己显得比别人更特殊和重要。然而，阳光普照大地，雨水滋润树木，无论贫富，我们都拥有同样的天空，真正富足的是那些懂得珍惜并能享用人生的人。

·健康从“心”开始

和许多人一样，我也曾被套上了许多无形的枷锁，投入了全部的时间和精力训练自己的头脑，为了达成目标，让自己疲惫不堪。

头脑是一个需要概念和时间才能生存的家伙，它把我们领入一条隧道，让我们按照它的逻辑去评断对错，让我们习惯它、依赖它，之后又惧怕失去它。

然而，生活的真相并非如此，头脑是我们可以使用的工具，用完了就应该放下，恢复自由开阔的视野。

常人的思想易被生活环境和群体观念狭隘化，思想意识会局限于衣食住行，使我们与生俱来的许多能力被压抑了。加上人的欲望，嫉妒、贪婪等情绪不断地自我消耗，引发一系列问题。环顾我们身边不少朋友们，无论贫富，生活并不如意，他们的身体被头脑过度地使用，失去了创造力，健康也出现了各种问题，如此的人生怎能不苦？

头脑是学习知识的好工具，它需要忙碌的工作，因为从工作中它能找到价值感和满足，它极度需要被重视和认可。但我们需要提防它，因为它使我们喜欢追求完美，喜欢不断找问题，对目标无法专注，为了得到认可甚至可以放弃一切。

现代人更容易得心理疾病，因为许多人长期处于压抑状态。要认清的事实是，幸福是智慧的产物。智慧是超越头脑存在的，是创造力的源泉，它只有在头脑放松时才会出现，如果头脑不断制造匮乏的思想，人们就无法获得安宁和富足。人们需要对头脑的欲望设定一个限度，才不会让它浪费美好的人生。

我的悟语：许多人用健康和生命换来了巨额财富，却不曾思考最终到底由谁来享用这些财富。

婚姻与理财共舞

·犹太家庭的启示

我开始做生意的时候就与犹太人合作，由于没有语言的障碍，我有幸时常与他们交流。其中有一位阿迪先生常用自己的经历给我一些启迪。阿迪出生于以色列这个充满磨难和动荡的国家，因国家实行全民皆兵制度，他曾是一名驾驶F-16战斗机的优秀飞行员，后来退役从商。出于工作的需要，我定期会到他们位于泰国的工厂拜访，出于担心我一个女孩在外住酒店不安全，他和太太邀请我住在他们家里。渐渐地在生意的关系之外，我们成了好朋友。有几次我们一同到国内偏远的小城市考察织布厂和印染厂，一路上他与我分享许多他的所见所闻，还有生活哲理。于是，我有机会了解他们的真实生活，犹太人确实非常注重家庭，他们把家庭看成共同体。正因为如此，犹太人很注重和谐的家庭关系，而且有一套很科学的方法。犹太民族的圣典《塔木德》中说："温暖的家庭是上帝赐给我们的最好礼物。""若夫妇互敬互爱，上帝就与他们同在；若夫妇不和睦，则是吞没自己的大火。"所以，犹太人会想尽一切办法来保持稳定的婚姻，一旦离婚，尤其是和结发妻子离婚，他们认为圣坛也要流泪。

也许是生存的需要，犹太人通常都多才多艺。在家庭关系里，他们非常有合作精神。阿迪的妻子受过高等教育，结婚后即成为全职家庭主妇，他们有两个孩子，但阿迪说犹太家庭通常都希望生四个子女，而且最好的搭配是两男两女，因为这会给孩子们创造最理想的生活和教育环境。在犹太人眼中，婚姻和爱情生活的幸福取决于女人的智慧。

犹太家庭主妇会把经营家庭看成一份职业，需要严谨的专业精神，正如她们说的：挣钱的是男人，用男人的钱养家的是女人！因此，男人和女人分工很清楚，妻子负责建造温馨的港湾，把家庭管理得有条不紊，除研究如何提升家人的生活品质，为孩子提供优秀的教育外，还要学习管理家庭的财富、安排度假等，总之，家庭经营也是一个系统工程，有了妻子的配合，丈夫可以专心于事业发展，真正享受自己创造财富的成果。

·婚姻幸福的关键

幸福的婚姻需要双方持久的尊重，若任何一方缺乏独立的人格便很难做到。婚姻能否幸福，女人其实负有很大的责任。独立是一种意识而非形式，是一种负责任的态度，它是维持婚姻幸福的秘诀。意识独立是达到自主的基础，也是衡量自我价值的一项重要标准，它决定了人是否能理性地去计划自己的未来，它也是自信的来源。理财是女人保障婚后生活幸福的重要手段，它较直接地使女人获得男人的尊重和认可。

从爱情走进婚姻，人生进入了另一个精彩的阶段。男人和女人需要合作，如果女人能负责任地将经营婚姻看成一项学问，家庭幸福的可能性便大大提高，因为爱情也需要增值，如果女人在计划结婚之前就逐渐肩负起理财的责任，更容易在婚姻关系里获得情感和财务的稳定。

要确保婚姻关系稳固，夫妻双方就必须在婚姻里找到自己的价值，同时避免因财务问题造成自身情绪不稳定，而滋生很多其他的问题。

· 安全感的来源

女人常说要有安全感。然而，什么才是安全感呢？很少有人能讲清楚。很多女性朋友在婚姻出现问题的时候，才会意识到应该早一点安排经济问题。这些人对婚姻和金钱之间关系的认识似乎有一个误区，她们不认为这是双方的责任，或者认为赤裸裸地谈钱就会伤感情，为了避免太具体，便只谈抽象的安全感，到头来还是要伤及感情。

安全感来自哪里？许多人并未认真地思考过。其实，一个人对生活的各种期盼得以实现就会使其产生安全感。同时，安全感也来自自信心，然而自信心并不是凭空而来的。自信心来自自身应付困难的各种能力，而很重要的一部分是驾驭金钱的能力。幸福感单靠感性的爱情很难维持长久，因为就人的天性来说，是要追求进步的。事实上，一个人有了经济保障作为基础，就容易应变，也就有了安全感。

· 理性地经营家庭

关于婚姻，有这样一个故事。

一位喜欢研究婚姻问题的专家受邀到一所家政学校去讲课。他走进教室，随手把携带的一叠图表挂在黑板上，并在黑板上写上一行字——婚姻的经营和创意。

专家开始讲课了。他说：“其实，在爱情和婚姻方面，是不存在老师和学生的。年轻人可能爱得如痴如醉，老年人也可以过得和睦美满。目前有关婚姻方面的理论很多，然而，真正适用于现实生活的却很少，因此，有很多人被搞糊涂了。我研究婚姻几十年，起初也认为婚姻是世界上最复杂的一门学问，后来我才发现根本不是这么回事。婚姻其实很简单，它只不过是一个数学概念而已。”说着，专家掀开挂图，上面有这样一行字。

成功的婚姻取决于两点：自己做一个好人；找一个好人。

“其实成功婚姻的秘诀全部在此，至于其他的秘诀，我认为多是些老生常谈。”专家说。

不一会儿，一位30岁的女子站起来问：“如果这两条没有做到呢？”

专家翻开挂图的第二张，说：“那就变成4条了。在容忍中帮助，帮助不好仍然得容忍；使容忍变成一种习惯；在习惯中养成傻瓜的品性；遇事糊涂一点，把傻瓜永远做下去。”

专家刚把这4条念完，台下就喧哗起来，有的说不行，有的说这根本做不到。

“如果做不到这4条，那你就得做到以下16条。”专家翻开第三张图，念道：“不同时发脾气；除非有紧急事件，否则不要大声吼叫；争执时，设法让对方赢；当天的争执当天化解；争吵后回娘家或外出不要超过8小时；批评时的话要出于爱；随时准备认错道歉；谣言传来时，把它当成笑话；每月给他或她一晚自由的时间；不要带着气上床；他或她回家时，你一定要在家；对方不希望你打扰时，不要去打扰；电话铃响的时候，让对方去接；口袋里有多少钱要随时报账；坚决消灭没有钱的日子；给你父母的钱一定要比给对方父母的钱少。”

专家念完，有些人笑了，有些人则叹起气来，更有甚者开始整理书包。

停了一会儿，专家说：“如果大家对这16条还是感到失望的话，那你只有做好下面的256条了，总之，两人相处的理论是一个级数理论，它总是在前面那个数字的基础上进行二次乘方。”

接着专家翻开挂图的第四页，这一页上的文字很密，小得像蚂蚁。专家说：“到这一步，婚姻就已经很危险了。”这时台下议论声四起。

在专家宣布下课时，教室里爆发出了雷鸣般的掌声，经久不息。

虽然看似一个笑话，但它启发人们的是，最好在一开始就做简单、正确的事情，否则后来的一切就会变得很复杂了。自己能够先做一个好人，就自然能吸引另一个好人，而好人的定义其实也非常简单，第一项就是能够真实地活出自己。

成功的人生需要理性和感性相结合，这也就是男人和女人在一起的原因。理性给我们带来平衡，感性给生活带来丰富的色彩和美感。因为人生无常，所以不会有真正意义上的安全感。我们可以给自己买医疗保险或人寿保险，但没有人可以给幸福买保险，所以应趁早计划将来，创造幸福。有的人不求上进，只想寻找一个可以依靠一辈子的人，这样的人注定是要失望的。因为他们通常缺乏自信，恐惧感常会以怀疑作掩饰，使他们无中生有，怀疑别人的动机，怀疑爱的感觉到底能持续多久。

· 意识独立

在传统观念中，女人可以依赖男人、依赖子女生活。而如今，女性拥有更加平等的受教育机会和社会地位，女人也要像男人一样，视爱情和婚姻为生活的一部分，而非全部。对于缺乏财务自主能力的女人来说，享受生活和爱情都只能是空谈。只有独立的意识才能给自己带来活力、自信和自由。

女人都是家庭的CFO

拥有独立意识不在于从事的是什么职业。譬如在许多国家，家庭主妇同样是一个不可缺少和受人尊敬的职业，可以活得很有价值、多姿多彩。她们本身是家庭理财专家，把每个月的家用做好计划，研究如何精明地消费，给孩子从小就安排大学教育基金计划，其中学问繁多。由于家庭主妇不像从事其他职业的人那样有各种保障，她们需要自己制订保险、养老金储蓄计划及进行家庭投资等。经过不断学习研究，她们自然成了这方面的专家。另外，不可忽略的是，她们追求有价值的生活方式，生活里常去接触不同的人，日常繁忙程度不亚于在外赚钱的男性。拥有了理财这项技能，女人即使婚姻不幸失败也不致遭受过大打击，毕竟人生还有很多其他有意义的事。有了经济能力，她们就能轻松应变，按自己的意愿继续生活。

自信和独立自然能使女性赢得尊重。传统观念很大程度上阻碍了女性大胆地去追求幸福，但现在是做出调整的时候了。

·管理好自己的幸福

每个女人都会老去，但不是每个女人都会成长。许多女人只是等待，年轻的时候等待白马王子，为了找到另一半付出青春，之后又是无尽的等待，等丈夫回家，等孩子长大，等待各种纪念日的庆祝。经历了恋爱、婚姻、生育、抚养子女的过程，她们把青春和时间不是花在美容院，就是花在逛街买衣服等消磨时间的活动上，却很少投资于自己的心灵成长。孩子长大后，等待她们的却是病痛、衰老和死亡。很多人一生都没有做过自己喜欢的事情，也没有发展自己的爱好，没有了丈夫、孩子，她们不知道自己是谁。许多女人到了接近四十岁时才突然意识到自己开始步向衰老，皮肤不再像以前那样细白光泽，身边比自己年轻美貌的人越来越多，恐惧开始占据她们的生活，却没有人告诉她们应该如何面对衰老和死亡，她们也从来不知道要为未来的生活做什么准备。许多人开始慌乱地寻求各种依靠。

生命是一个有限的过程，内在成长却是一个无限的过程。近些年，我已看到越来越多的女性开始接受自己青春已逝，承担成长的责任，注重充实内在，发展自己的兴趣，激发自己的潜能，把健康快乐的自己贡献给社会。她们已不仅是母亲，还是散发魅力的女人，她们把爱扩散到社区和社会，为身边的每一寸土地浇灌自己的爱心。

从高尔夫球运动看投资

2003年到北京定居以后，我就很少触碰高尔夫球杆了。然而，高尔夫球运动对我却有着一种特殊的影响。高尔夫球与其他运动有许多不同之处，最大的特点是没有直接的对手。每个人其实都是在与自己比赛，所有的努力并不是为了战胜别人，而是为了战胜自己。在众多的体育运动中，它被称为“绿色鸦片”。

老子说：“胜人者有力，自胜者强。”一个能战胜自己的人才是强者。高尔夫球运动正是一个战胜自己的游戏，同时也为我们提供了一个认识自己和了解自己的机会。

一项表面简单和沉闷的游戏却隐含了极其深奥的哲理。在球场上我们看不到激烈的对抗场面和球手精彩的反应，但体会过这项运动的人都会感受到它确实展现着高深的智慧。一个标准的高尔夫球场有18个洞，打一场球的过程就好比人生的缩影。它也与人们追求财富的过程非常相似，要打出好成绩，除了有基本的素质和击球技巧之外，关键在于有良好的心态与平和的情绪。打高尔夫球无疑是一个修炼自己的好方法。

每个球洞就好比是人生中的一个小目标，18个小目标连起来成为一个大目标。途中我们有机会享受小山坡和池塘的风景，也要面对崎岖险峻的山岭。我们要面对和处理各种棘手的情况，并在不同的险境中把球击出去。我们要带着十多支球杆作为工具，击球的地形也无时不在变化：有时候要登上山坡俯瞰宽敞的球道，有时候要站在低洼丛林中，朝着被山坡遮挡的目标击球，还有的时候要准确地把球打到一个四面环水的小岛上。我们除了要根据地形制定策略之外，还要考虑目标方向和草生长的方向，当然还要选择工具。我们必须以最快的速度做出决定，从球袋中选择自己准备用的球杆，还要沉着冷静地完成每个动作，将球平稳地打到目的地。

·看似简单其实不简单

不像其他球类运动有正手、反手等击球姿势，高尔夫球运动要练习的只有一个姿势，不同的只是要变换球杆而已。所以，教练能教的很少，基本动作讲完，就靠自己去练习和领悟了。即使是很小的站姿方向偏移都可能导致击球的失败，即平常人们所说的“失之毫厘，谬以千里”。因此，每个球友都深有体会，要做好这一个动作很不容易，它需要我们的身体非常协调，做到动作简洁流畅。

记得在初学高尔夫球时，我每次去练习场都看见大汗淋漓的球友们不断地奋力挥杆，似乎只要打了足够数量的球就能成为高手，但只要隔了一段时间不练习，他们就抱怨自己打得很糟，而且还经常要花很多时间纠正错误的动作。我自己的总结是，球打得多未必就好，保持身体的柔软和动作的正确更为关键。我这十多年来练球的机会并不多，其间更是有几年完全没有碰过球杆，奇怪的是，当我以为自己已经不会打时，却发现球技不但没有退步，反而随着心态的成熟，击球越来越稳定了。我终于明白基本功的重要性，当年我没有像其他人那样急于击球，因为我知道勉强击球只会巩固有问题的姿势，所以我会时常停下来思考正确的动作，然后在家练习，巩固基本的动作。

与高尔夫球运动相似，投资中许多概念是违反人的行为习惯的，小聪明在这里只会成为障碍。高尔夫是一项需要智慧的运动，由于球是静止的，我们无须急于击球，击球时越轻松越好。但几乎所有人都会控制不住发力，而越用力击球，就越无法打中目标。我们会看见很有修养的人也常常忍不住要骂自己。这好比聪明人在股市中往往容易弄巧成拙，致富不需要聪明，而是需要有好心态。人们其实有足够的时间做长远和慎重的规划，却总是没看清楚就急于做出投资的决定，然后又总是要付出沉重的代价。

·把目标放在心中

打高尔夫球还有一点要做到的是，要把目标放在心中而不是眼中，如果要让球按预设的方向前进，就必须做到在击球的过程中不能抬头看目标，只能把目标放在心里。因为身体有丝毫的偏移就会改变球的飞行轨迹，所以击球者要确保动作的完整，等整个击球动作完成后才能抬头。

人们通常都急切地要知道结果，而忘记了结果只不过是我们做了正确行动之后自然产生的结果。好比创造财富的时候，人只要把目标放在心中，专注地把每个动作做好，结果自然就会好。把目标放在眼中的人，容易变得急功近利，无法保证品质。

·“快”就是“慢”

打高尔夫球另一个违反人的行为习惯的地方是“慢”。球场上，即使是伍兹这样的天才选手偶尔也会有将球打进沙坑的时候，正如巴菲特也有判断失误的时候一样。高尔夫球手除了要面对沙坑、水塘、丛林等各种障碍之外，还要克服失球后情绪波动对下一杆发挥的影响。可是，球场上普遍的现象是，为了急于看到结果，人们大多迫不及待地挥杆把球打出去，然后又开始后悔自己没有准备好。其实，每个人都有足够的准备时间，可以把控击球姿势和情绪，有节奏、有序地完成挥杆。

其他运动对球员的要求是反应要快，身手要敏捷，但在这项运动中是相反的，除了击球的瞬间之外，所有的环节都必须做到“慢”。只有当我们打过高尔夫球后，才能理解为什么有那么多球友会气得当场扔球杆。因为他们实在是生气，不能理解自己连一个静止不动的小白球都对付不了。

喜欢高尔夫球运动的人都知道，一个出色的高尔夫球手打赢一场球的关键是在球场上永远保持平和的心态，稳定地挥杆。稳定发挥，就是减少失误，换言之，是加强风险控制。

·驱除杂念，从零开始

要打好球，我们必须有意识地练习专注和“从零开始”，头脑里的念头经常会影响我们，我们必须稳住情绪，不受任何干扰，清空杂念。人非常有趣，很多毛病是人们共有的，比如人们既不容易满足又喜欢后悔。我们永远可以对上一次击球做出解释，不是因客观原因没有击好，就是认为应该可以打得更好。我们在需要专注的时候常常受到干扰，无数的念头从脑海中闪过，而每个念头都可能造成失误。

同样的情境也时常发生在投资的时候：买股票的人会觉得不是买入的价格太高了，就是卖出的价格太低了。所以我们要不断提醒自己，在任何时候，保持“不贪婪、不恐惧”的良好心态，是克服“障碍”并最终“推杆进洞”的关键。

·严谨，但不能太认真

记得当初我学打高尔夫球的时候，一位教练曾这样说：“手握杆的时候不能太紧也不能太松，要想象手里握的是一只小鸟，太紧会捏死它，太松了它会跑掉。”多年来，我一直在体悟这句话，在练习中寻找那种感觉。我慢慢体会到，正确、放松、完整地握杆能够令杆面在击球的瞬间保持正确的角度，从而实现一个结实的击球，令自己挥杆所产生的力量能够得到最大限度的发挥。反之，不正确的握杆很有可能会导致击球软弱无力，同时会出现左曲或者右曲等各种我们最不想看到的击球。

严谨的含义包括有纪律、有条理和有节奏等，其中张弛有度、富于弹性的态度只有自己才能去体会。高尔夫球是一项很适合静心的运动，它需要用心和专注。生活中的很多规律是相通的，如果能将其哲理悟通，也就不难理解投资的道理了。

· 稳定大于一切

高尔夫球运动是一项利于修炼性格的运动，球员的心态可以即时反映在击球的效果上。在高尔夫球场上，技术再好，练得再熟，如果没有一个很好的心态，要打出好成绩都是不太可能的。球手在场上比的是看谁的失误少，因此选择策略和用杆非常关键。面对自己的目标时，我们可以选择比较冒险的直接攻打法，过程比较刺激和精彩，成功了会很有成就感；可一旦失误就要面临可怕的后果，球下水或是进沙坑的话很可能会让自己陷入非常狼狈的境地，之前小心积累的成绩更可能一落千丈。当然，我们也可以选择用比较保守的分段打法，安全但比较沉闷，同时意味着我们必须接受差一杆的成绩。多数新手不论球技如何都倾向于冒险，这好比投资人通常都会选择冒险的方法。不可否认，我们人性中是有喜爱刺激的特点。如果我们不是追求卓越的球手，平稳会带来不错的成绩，虽然也许不会让我们成为最出色的。好比投资时，一些相对保守的投资方法也会给我们带来相当满意的回报，但我们必须接受过程的沉闷和枯燥，放弃贪婪。如果我们能用心体悟，人生会从此变得更简单，一切事情都变得更容易操作。最糟糕的是介于这两种心态之间的人，一会儿想冒险，失误之后又会变得过于保守；有了经验，却失去了勇气。

有的人打球也许只是为了锻炼身体，并没有去思考太多。但我想，事物的道理应该是相通的，只是我们有没有去观察和体悟其中的智慧。我曾与一些朋友分享过球场上的人生百态，如果你想快速地了解一个人，就约他打一场高尔夫球，因为高尔夫就是人生的缩影。在一场球的过程中，我们将有机会看到同伴是用什么态度来面对和处理各种情况的，平时不显现的性格会在无意中暴露无遗。我们能看到，整个过程中，有的人力图表现自己，一颗不安的心和波动的情绪让他们频频失误，越执着就越打不好，有的摔杆，有的埋怨，有的责备球童，但也有些人能平和、沉着并从容面对各种险情。

高尔夫在许多国家只是一项普通运动。与其说它是为富人而设的，不如说它是为喜欢挑战自己的人而设的。打过高尔夫球的人，为什么很难再对其他球类运动有兴趣了呢？因为每个人最感兴趣的其实是自己，与人竞争会有终点，当有一天你打败所有对手时会很寂寞，但与自己的比赛不同，它是无止境的。

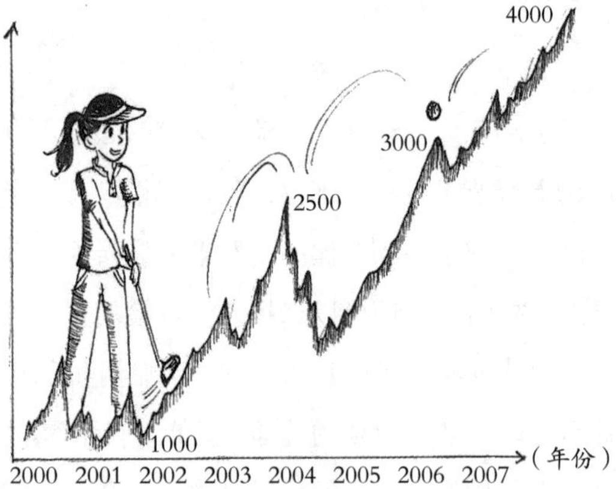

进无止境

如果我们有条件而又想有效地修炼心性的话，可以从打高尔夫球开始。我想它之所以让那么多自恃聪明的人痴迷是有原因的，我们不妨慢慢去体悟这项运动所隐含的智慧和哲理。

………………

我的悟语：开悟会在达到某个高度时发生，好比爬楼梯需要爬到某个高度，才能看到不同的风景。

………………………………………………

孩子们的财富

纪伯伦的《先知》中有一段关于孩子的文字：

> 你们的孩子都不是你们的孩子，乃是生命所渴望的儿女。他们是借你们而来，却不是从你们而来的。他们虽和你们同在，却不属于你们。你们可以给他们爱，却不可以给他们思想，因为他们有自己的思想。
>
> 你们可以庇护他们的身体，但不是他们的灵魂。因为他们的灵魂栖息于明日之屋，那是你们在梦中也无法造访的地方。
>
> 你们可以努力地造就他们，但是不可企图让他们像你。因为生命无法倒流，也不会滞留昨日。

·孩子是自然的财富

孩子其实是大自然的财富，我们唯一能做的就是保护他们健康地成长。

记得很多年前，我在陪伴当时还年幼的两个女儿在游泳池玩耍的时候，发现大部分的孩子都是由保姆陪伴，只有一个孩子是母亲带来的。我们很自然地开始闲聊，彼此都很感慨现代的父母都在忙于赚钱，以致本来最具有条件和素质的看护人将自己的下一代交给了不高明的教育者——保姆。她谈到自己的遗憾："我和丈夫教育程度都很高，一直以来收入也很高，工作很出色，只是太忙了。自从有了孩子后，我意识到教育问题很重要，所以我决定辞去工作专心陪伴孩子。"父母的教育到底起到哪些作用？

多年来，我一直在反思，作为母亲，我到底能给两个相差一岁半的女儿哪些教育？我分别从她们身上观察到许多先天的特质，但这些似乎都不是我能培养的。虽然她们都是我的女儿，几乎同吃同睡，在一个学校读书，但她们的性格和喜好截然相反。大女儿酷爱画画，她说自己在创作的时候并不用脑，而是让头脑跟着笔尖走，她用图画来表达心中所想的一切，时常会创作出让大人惊叹的内容。小女儿天生就有生意头脑，而且看问题很尖锐。她们各自对事物的看法不同。

要不是有鲜明的对比，我或许会以为女儿是我培养出来的。作为母亲，我不知道可以教她们什么，我想我唯一能做的是尽力为她们提供好的成长环境和条件，让她们有机会自己去感悟人生。如果她们将来是成功的，我想我最大的功劳也许是我对她们的压制和干预比较少，鼓励她们做本来的自己。而我的所有努力只是要成为一个榜样，并陪伴她们，让她们看到我在生活中如何待人接物，如何平衡自己的情绪，如何遇到挫折不放弃，并且遵守每个承诺。我相信孩子们在我身上读到和收集到的信息不尽相同，以孩子们的敏感度和观察力，我相信她们自能各取所需。

也许我们对孩子最大的贡献，就是不要企图以自己狭隘的认知干预孩子的自然生长轨迹，我们可以影响他们，但不是去改变他们。最重要的任务是帮助他们去发现自己的天赋和能力，尽所能让他们迅速融入不同的环境和体制。

·培养“人才”还是“人物”

如何给孩子最好的教育？这是让父母常常觉得困惑和易引起争议的话题，到底我们希望我们的孩子成为“人才”还是“人物”？

其实这是两条方向完全不同的路，用的是完全不同的教育方法。很明显，培养“人才”是为了让孩子成为一块好材料，将来能为人所用，要的是守规矩听话；而“人物”是具有创新能力和领航能力的人，有独立的人格和创新的意识，要的是有突破条条框框的勇气和建立新规矩的能力。

传统的教育常要求孩子去走前人设计好的路，背诵所谓的标准答案，在接受考核后成为人才。

而智慧是每个人从生活的体验中得来的，前人留下的只是他们当时对生活经验的总结，真正的学习需要通过亲身体会才能完成。随着时代的变化，生活的内容变了，以前的经验现在很可能已经不适用。死记硬背只会使人们汲取知识的空间越来越小。从“知道”到“了解”还有一段距离，因为记忆中的知识有用完的一天，更有过时的一天。而教会孩子在环境需要时去哪里寻找所需要的知识才是关键。

·让孩子们在生活中学习

问题总是一样的，只有答案在不断变化，因为孩子们将要应对的是一个全新的世界，只有掌握了解决问题的方法，才可以给出最合时宜的答案。启迪式教育在开发潜力方面很有效，这种教育方式不是在课堂上向孩子灌输大量知识、公式与定理，而是煞费苦心地把孩子的目光引向校外那个无边的知识海洋，给他们在安全的环境下练习的机会，让孩子了解真实的生活。学习的空间不再局限于课堂，孩子将渐渐学会怎样在陌生领域中思考和寻找自己的答案。在自由的天空里，他们可以提出各种奇怪的问题，他们有自主能力，自信、开朗活泼、充满活力，每个人只是专注于如何成为最优秀、独一无二的自己，而不会因与他人比较长短而感到自卑。转眼间我的两个女儿已经长大，看问题也有了自己独特的视角，现在，她们已成了我获取新知识的重要来源。

为人父母最容易犯的毛病是常忍不住要替孩子做很多他们本来应该自己完成的事，我们需要反思自己的行为到底是增强了，还是削弱了他们的能力。我们的工作不是教训孩子如何做事情，而是要让自己成为活生生会呼吸的榜样，让他们看到父母热爱生活的态度，如何布置温馨可爱的家，如何做美味的晚餐，如何克服困难兼顾家庭和事业，如何与人和谐相处等，我相信这些点点滴滴，都是给孩子们的非常重要的教育。

·不搞破坏，就是成功

我们应该认真地思考孩子需要的到底是什么。到底是我们需要孩子，还是孩子需要我们？父母不应该因为舍不得孩子就用各种理由把孩子留在身边，只要在一个安全的环境，父母就应尽量让孩子们去接触和认识真实的世界，并给予适当的引导。儿女的依赖也许只是一时的习惯，没有了父母，他们也会很快地适应新环境。给予爱的方式没有固定的形式，为了他们的成长，我们是否愿意忍受分离的煎熬？

大部分人将大量的钱花在请人来教育自己的孩子上，却没有意识到自己才是需要先被教育的那一个。

许多父母不但没有先把自己训练好，而且把人性中的自私、不信任、嫉妒和怀疑等负面信息每天无意识地传递给自己的孩子，反过来却认为他们的孩子需要的是更严格的教育。

也许是父母的上一代没有把教育孩子的工作做好，上一代的上一代也不知道在什么地方出了错，以致当父母的本身对生活就充满了困惑，所以人们总是在还没有搞清楚这些之前就必须面对下一代的教育问题。因为生活的压力，他们不是给孩子过多的指责，就是过多的溺爱，教育出的孩子不是无措，就是无情。然后他们还认为所有问题的解决办法是要找一所更严厉的学校来管教孩子。

我们应该相信，一个乐观开朗、接受自己、有创造力、具有与人相处能力的孩子，自然会懂得如何去安排自己的生活。

· 开启财商

时间是人生最宝贵的资源，如今的孩子们生活在一个富裕的时代，因此从小就开始面对大量的金钱，我们有必要尽早教他们建立正确的财富观。

2011年的暑假期间我们举办了两天的“大世界，小富翁”训练营，很意外的是，孩子们也给大人们上了宝贵的一课。我们谁也没有想到，那些对于大人们来说都很吃力的游戏规则，在孩子那里根本没有障碍，以往在成人课程中需要回答很多关于游戏规则的提问，但10~17岁的孩子只听了一遍就轻松地完成了整个财富游戏，每个人都准确地填写好自己的资产负债表，而且迅速地结盟合作、共同致富，过程妙趣横生。我们感叹：及时给予孩子正确而完整的财富教育是多么重要和有意义的一件事情！孩子就像一张还没有被书写的白纸，可以直接发现和理解“实质和真相”，对于我们以为困难的知识，他们完全可以直接领会。

身为父母需要思考的是：我们每天带给孩子的到底是些什么？如何保护和发展孩子原本就有的好奇与悟性？

从小学会善用时间，除了学会积累、保护财富以外，还要让他们了解真正的财富不是钱，而是心灵的富足、知识的丰

教育是最好的财富

富、个人情感和群体的和谐，以及基本生活的满足……

社会发展到今天已显露了许多问题，全球化使地球变小了，未来众多未知的风险都要我们的后代去承担。世界隐藏着许多的不安全因素，与其担心，不如尽早提高自身的“抵抗力”，教会孩子自力更生，锻炼他们面对逆境的心理素质。父母应尽量教授实用的知识给孩子，鼓励孩子勇于追求梦想，并为自己建立坚实的支援系统。

………………

我的悟语：与其把财富给孩子，不如把他们培育成财富！

……………………………………………………

第 9 章

财富的启示

给“穷人”的启示

·去除“穷”的思想状态

在这里，“穷人”是一个不带感情色彩的词，指的是为了应付层出不穷的财务问题而被迫为钱终生劳碌的人。

许多实例研究表明，把钱给穷人并不能使他们变得富有。如今的世界贫富差距悬殊，事实上，富人有着与穷人不一样的思维，他们总是首先做使自己变富的事情，而穷人则总在做使自己变穷的事情。

用一个人的健康来比喻，通常疾病是由三个部分组成的：第一是病症，第二是病体，第三是病因。贫穷也是一种病症，它的病体是“穷的人”，而病因是“穷的思想”。“贫”不一定等于“穷”，“穷”这个字的意思是全方位的，包括思想和意识的贫乏。比如山里修道的人，他们的生活非常简朴，但精神非常富足；城里很多非常有钱的人，也可能因为精神上的匮乏而过着“贫穷”的日子。很多年前，我认识一个上市公司老板，虽然每天住在五星级酒店里，但房间里常备各种方便面，生活极不规律，熬夜几乎是常态，白天不停会客、打电话，还要频繁管理股票，而且经常因为太忙而饮食不规律，身体还有各种疾病。这样的故事，其实生活中并不少见。

·关注目标，忽略问题

穷的人与目标之间似乎总是有一段很遥远的距离，因为中间永远隔着无数的问题。他们把这些问题顶在鼻尖上，以致被遮住了双眼。他们喜欢和问题在一起，与目标的关系疏离。他们头脑里的问题都显得非常真实，即便是其他人想要帮忙，也爱莫能助。

成功的人更关注的是目标，他们没有时间和空间留给层出不穷的问题。他们谈论的只是成功的经历，但如果有机会深入了解的话，会发现他们失败的经历一点不少，只不过是他们眼中只有方法，从来不谈困难。这种人即便遇到障碍，也会把自己的潜能发挥得更大，办法永远会比问题更多。他们明白一个道理，当你把问题当成问题时，这个世界就都是问题；一旦不把问题当成问题，这个世界就没有问题了。

成功包含了许多不同的因素，如果我们不断选择探索有利于事情发展的一面，哪怕只有1%的可能性，事情也会被引向好的发展方向；反过来，如果我们只是关注1%的不利因素，即便99%都是有利的，那1%也足以把事情搞砸了。

在前进的路上，我们需要的不是问题，而是信心、力量和勇气。因此，想要成功就必须与目标建立亲密关系，训练我们头脑专注的能力，把关注点放在探索成功的可能性上。当我们选择向负面看的话，问题就会显得很大、很多，我们很容易变得悲观和无力，开始想象各种坎坷，我们将不敢迈步前进。

当一个人觉得有问题的时候，置身在其中本身就是问题的一部分，我们只有跳出问题才能解决问题，好比车在行驶过程中是无法被修理的。

·把自己变值钱

每个人既然都是独一无二的，那就应该学会善用自己。创造力源自创意，而且这些都是别人拿不走的财富。首先要发现自己，然后找到可以贡献的领域和机会，可以借用别人的平台和事业挖掘自己的潜力、展现自己，静心修炼和学习，用心培育良好的品德，不留恋舒适和安全的生活，耐心做让自己增值的事情，减少不必要的开支和应酬，把时间投资给自己，与智者同行，拓展自己的视野，提升智慧和各方面的技能。

人生中的大多数问题，其实都是可以用智慧化解的。化解问题有别于解决问题，解决问题需要有办法和手段，但容易创造新的问题。而化解意味着问题自然消失，这是需要高度的。因此，智慧在人生中是无价的财富，我们应把自己变成一个项目，做一个全方位的致富计划，这可能是一个终身的计划，目的是开发自己的潜能，并与身边的人分享，而财务的计划和行动的计划都只是为了支持这一目标。所以，将投资变成一个使自己增值的过程，以提升意识的境界为终极目标，这样就可以换一个视角了解这个世界，让自己站在一个更高的位置去看待和经营自己的人生。

·养成储蓄习惯

既然投资可以致富，养成储蓄的习惯就很有必要，否则投资的那些事情将与你无缘。关于金钱，如果我们想尽早从这所学校毕业，就应该了解这里面的智慧和方法，以及游戏规则。一般人只知道赚钱和花钱，然而，真正能让自己成功的是另一个需要重视的概念，那就是“存钱”。每个悲叹自己贫穷的人，都能提供数十个不储蓄的理由，成功的人也面临过挑战，但他们不会让这些事阻碍他们为将来储蓄的目标。有一项调查报告显示，尽管被调查者中的许多人也曾经历事业挫折或收入减少，但只有15%的人说他们因此而中断了储蓄。尽管几乎每个被调查者都有孩子，但不到1/3的人说抚养孩子的成本中断了他们的储蓄计划。

我们可以花时间找出100个理由作为合理化自己不储蓄的借口，包括低收入、高支出、困境和倒霉的运气等。当然，我们也可以选择不理会这些借口，继续储蓄。同样的问题每个人都曾碰到，不同的是，穷人将时间花在解决问题上，而富人将时间花在实现目标上。

用钱比赚钱更需要智慧和知识，没有知识的人更容易换来不值钱的东西。富人懂得用钱去换值钱的东西，因此他们是成功的投资者。想成为富人，就应该尽一切努力获得知识，使自己成为一个投资者！

・摆脱穷人思维的第一步

大多数穷人以为是自己在用脑，其实不是，他们每天都被头脑利用，人们无意识地被头脑制造出来的念头牵引，好比一台计算机不受控制地跳出各种程序，运行着过时的软件，甚至到了夜深人静时都无法关机，如此，人生将会在虚耗中度过。对于穷人来说，缺钱不是最大的问题，无知和恐惧才是他们最大的敌人。穷人需要的是觉醒，再忙也应花时间清理旧观念、更换无效的程序，拒绝成为金钱的奴隶。

我们从“忙”这个字中就能发现古人的智慧，它的写法寓意很深，左边是“心”，右边是“亡”。人在忙碌的时候确实是无法用心的，只有在宁静中才能生出智慧。所以，一定要让自己能进入宁静的世界，给心灵留出足够的空间。

请牢记：金钱不等于资产。金钱只不过是交易的媒介，不具有真正的价值！

穷人通常紧握金钱不放，富人则会用金钱换取有价值的资产，因此财源不断。穷人因没有知识去判断风险而不愿冒险，殊不知基于金钱游戏的设计原理，不参与冒险行动也要承受很大的货币贬值风险。

那些能长期富有的人，会首先建立他们的资产，然后才用资产所产生的收入购买奢侈品。而穷人和中产阶层喜欢先买下珠宝、皮衣等奢侈品，因为这些东西会让自己看上去很富有。

・利用好时间，为人生创造财富

穷人的另一个致命的弱点是无视时间的价值。他们不知道财富的积累是时间的功劳。他们没有认识到投资的时间比本金的多少更重要。其实只要有一点钱，加上很多时间，放入投资管道中，金钱就可以被创造出来。

因此，在创造财富之前，要先准备好一个不漏的口袋。很多人都会埋怨自己没钱，但这样的人通常有很多时间，在他们忙于赚钱的同时，其实一直在流失自己最大的资本。金钱可以储存，但时间不可以。所以，要尽量把时间转换为可以储存的东西。

不要抱怨不好的环境、背景或条件，也不要期望别人来帮助自己解决问题，唯一可以改变状况的是：现在就开始投资，可以从定期的小额投资开始。投资可以作为一种修炼自己的方法，平时多养成好习惯，考验来了就能轻松过关。

·仅仅懂得勤奋是不够的

成功者对成功要素的理解和我们普通人是不同的。犹太人认同这样的教诲："仅仅知道不停地干活显然是不够的。"

一位下属在喝醉的时候曾经这样自嘲地对犹太老板说："讲到勤奋，你不如我；论成功，我根本不敢和你比！这是为什么呢？"老板听了，一脸的愕然，然后说道："为什么你们会以为我应该比你们更加勤奋呢？为什么我非要比你们勤奋才能赚钱呢？我从来没有想过自己的钱是靠勤奋赚来的。尽管我也曾经勤奋过，那已经是在很多年以前的事，那时候，我替自己的老板工作。在那个年代，我比你们要勤奋、刻苦得多，却没有你们现在挣得多。在这个社会，大部分的人都勤奋，但不是大部分的人都能够发财！只靠勤奋发不了财！"

下属诧异地问道："发财不是靠勤奋，那靠什么呢？"

老板调侃着说："既然大家都那么勤奋，难道缺我一个，地球就不转了吗？我的长处，是提供让别人有机会勤奋的工作职位，而不是我要比他们更加勤奋！"

·学会用杠杆撬动时间、金钱

投资意味着整合资金放入管道运作，一旦运行顺畅，它是可以逐渐替代我们的工作收入的。因此，要参与投资就必须养成储蓄的好习惯，无论生活有多拮据，永远记住要至少先把收入的10%留作投资用。

无数的例子证明，投资小数额的钱足以为人们创造财富，问题在于我们是否设立了目标，并找到合适的方案坚持执行。

美国的一项调查显示，每个富有的人都是从很年轻的时候就开始参与投资的。

他们开始投资的平均年龄是24岁，其中有10%的人是从18岁开始的；24%的人以不到100美元开始投资，另外22%的人的本金从100美元到499美元不等；92%的人在他们的一生中都有规律地储蓄，并一有可能就增加他们的储蓄；81%的人把钱存在一个指定用于投资的账户中，每当累积到几百美元就拿去投资，只有4%的人会把钱放在储蓄账户中很长时间。

这些人在他们的生活中经历了许多变化和动荡，但都没有停止储蓄。尽管96%的人曾因环境所迫而暂时停止过储蓄，但只有4%的人放弃了储蓄的习惯。

·你准备好当富人了吗?

有钱人不等于富人，真正的富人应该是多个层面的富有，不只是有钱，还要有梦想、有信仰、有品行、有知识、有能力和有见识。富人应该是那些无论环境多恶劣都能把想法实现，不断创造财富，同时也能善用他人的时间和智慧，让更多的财富能量流动的人。

因此，无论怎样，别忘记在没有车的时候先铺路，预先为自己培育富人品质，下载并运行让自己能成为富人的程序，创造一切承接财富的条件，一旦财富经过，我们才能留得住它。

·克服致富的六大障碍

大多数人总会找各种理由延迟参与正规的长期投资，他们的理由归纳起来不外乎以下六点：

（1）没有时间；

（2）没有经验；

（3）资金不足；

（4）害怕风险；

（5）缺乏耐心和自律；

（6）缺乏动力。

一趟跨越障碍的旅程

没有时间怎么办?

一般人应付日常工作及家庭琐事已经疲惫不堪了，根本没有太多的时间去做分析研究。就算有人能挤出时间，受教育的背景和知识结构的局限，也常使他们无法研究透彻。

既然自己没有时间，那就要学会借用别人的时间。只要自己有了大方向，找人执行就不难了。听取独立的金融设计师的意见是一个明智的办法，他们相对代表的是投资者的利益。他可以站在投资者的立场去提供建议，而并非只是某家商业机构的代理人。

没有经验怎么办?

在资讯发达的时代，一方面，我们要不断地吸收新知识；另一方面，过多的产品宣传也很容易干扰和误导我们的选择。社会竞争越来越激烈，钱来得快去得也快，一不小心，我们就会损失辛苦赚来的血汗钱，因此要学会运用智慧，听取不同立场的人的建议，并了解给我们建议的人的出发点。

资金不足怎么办?

既有效又安全的投资方式是分段投资，其实只需要有少量的积蓄就可以开始。当我们手头的资金（也叫头寸）开始有盈余时，每一元钱都必须慎重考虑其用途，现金加上一个好的计划才能算真正的资产。

只要我们的投资计划是完整的，时间够长就能得到可观的回报。分段投资的方法除了可以避免大笔资金一次被套牢的风险之外，还解决了在面对新的投资机会时，因资金不足而丧失良机的问题。

害怕风险怎么办?

风险其实并不可怕，可怕的是恐惧的心，它可以将小事放大。害怕风险是因为不了解风险，恐惧情绪会使人做出错误的判断和影响自己的决策。实际上，任何风险都是可以被管理和控制的。

缺乏耐心和自律怎么办?

缺乏耐心是人们的通病，但要使投资最终获得成功，我们唯一可以做的，就是培育自己的耐心，因为所有真正在投资领域积累了惊人财富的人，都具有无比的耐心。通常人们得不到财富的原因很简单——不愿意付出自我约束的代价，不愿意改变原来的生活方式。

财富=健康+时间+耐心+策略。

健康是一切的基础。复利的效应是需要靠时间累积的，时间越充裕，所获得的机会就越多，量变产生质变，倍数也就越大。越早开始，滚雪球的效应就越可观。

缺乏动力怎么办?

通常，除了有生活压力而努力工作进行投资以外，人还有两种潜在的投资动力：第一种是对现实生活环境不满而希望改变；第二种是为了实现自我、体验自身存在的价值，也就是相信世界是充裕的，每个人都可以靠自己的力量实现富足。因此，我们需要探索人生的真谛，激发自己与生俱来的生命能量，看清目标，自然会有动力，方法和路径也会很快出现。

给中产阶层的启示

时代在以难以想象的速度发展，过去我们也许只知道要努力工作，却不懂得原来钱也可以为我们工作。许多人发现靠自己工作赚钱的速度，根本赶不上通货膨胀和需求的增长。有的人选择更忙碌地工作，拼命追赶；有的人冷静地停下来，反思自己，思考如何才能从根本上解决问题。

笔者建议人们在金钱的课题上下一番苦功，安排时间认真体验一次“智达富”财富沙盘游戏，了解游戏规则，从中提升自己的财富智慧，清除对金钱的认知障碍。财富游戏的玩法是因人而异的，一般来说是从外向内分为三个圈，外圈是第一阶段，目标是脱离“穷人”的恶性循环，达到财务自由；中间圈是第二阶段，目标是实现时间自由；核心圈是第三阶段，目标是实现心灵自由。

·拥有两个好计划

中产阶层指的是那些拥有固定工作和稳定收入的群体。虽然这些人的收入稳定，但其生活成本也较高。这就使中产阶层成了社会的“夹心阶层”，如果理财不当，很容易就会沦为贫困阶层。

中产阶层除应该克服那些固有的“穷人”思想外，还应该尽快对未来做出规划，画出自己的人生地图，否则，钱会迅速被各种开支瓜分掉。通常，中产阶层会抱怨自己的条件不够，没有办法突破局限等。然而，这些都是借口，因为没有几个百万富翁在开始时就有好的条件，大多数人的财富积累都是从小钱开始的。关于金钱，生活在都市的人们都应该为自己准备好两个计划：

给自己一种新的生活方式

（1）为钱工作的计划（劳务收入）；

（2）钱生钱的计划（非劳务收入）。

如果我们不懂得利用自己的每一份收入，尽早储蓄并参与投资，就很难在经济上有出头之日。我们先要设定目标，然后根据目标和能力采取相应的行动。

靠单腿走路会很慢，投资是我们的另一条腿。在为钱工作的同时，积累财富也要靠时间。投资是一个终身的计划，需要一段较长的时间。简单重复的理财模式正好适合有固定收入但没有时间打理资产的中产阶层。无论再忙，也要抽时间学习基本的理财知识，因为制定长远的规划需要我们自身有正确的投资理念。

生活除了工作和赚钱以外，还有很多有价值的事情，比如可以腾出时间来给家人和孩子，不是陪伴他们吃喝，不是逼他们学习各种课外兴趣班，而是陪他们去进行学校无法提供的生活实践。孩子需要看到真实的人生，了解自己将要面对什么。生活并不只是关于考试如何拿到好成绩，它是立体的、多姿多彩的。如果孩子看见的总是父母奔波劳碌，缺乏激情，抱怨生活的压力，他们如何会有动力去面对未来的人生？

好比人体需要血液，劳务收入可以提供基本的粮食和温饱的来源；而钱为你工作的计划更多的是为实现人生梦想而准备的。并不是每个人都需要做大生意才能致富，富足不需要脱离普通的生活。我们看到一些退休人士，晚年可以无忧无虑地到处游山玩水、享受人生，那是因为他们在年轻的时候就开始筹划，我们也同样可以创造这一切。

· 目标存款，专款专用

在一个符合金融规律的长期投资计划中，我们不需要依靠市场消息也可以轻松成功，只要选择的投资对象是地球上有限的资源。股票以投资大蓝筹股为主（有实力的大公司），也可以选择未来能增值的新兴产业，人为操作越少越好。使用分段储蓄的方式投资养老金或子女教育基金是最佳选择，因为这样可以把收入有序地分成不同的用途。尽管短期也许看不到惊人的收益，但如果自己不是专家，没有足够的投资知识，这可以说是一种比较稳妥的选择。

脚踏实地、量力而为才是幸福的基础

那些说没钱投资的人，假设每周存下50

元，如果能保持这个数目，以10%的回报率计算，30年后将拥有45368元。如果推迟一年开始投资，这个数目就会降至41244元，差额是4124元（每年存款：52周×50元/周=2600元）。以此类推，我们可根据自己的能力增加投入的资本，养成一个好的习惯就已经成功了一半。

·六个致富原则

穷人之所以穷，是因为他们一直在做让自己贫穷的事，而富人则会首先做让自己富有的事。如果我们决定要靠自己创造财富的话，就必须遵守以下六个原则：

原则一：先把收入支付给自己。

千万别忘了在有收入时先支付给自己，强迫自己每月先给自己发工资，一部分必须拨入储蓄，剩下的才用于开销，否则有再多的钱也无法存下。许多人每天疲于奔命地应付开支，要么是因为缺乏对自己的管理，要么就是因为虚荣而过着与收入不符的生活，他们把钱大把地花在购买奢侈品上，而很少反思到底有多少支出是没有意义的。如果不把收入的10%以上投入一个储备账户，未来将会麻烦不断。我们应时刻提醒自己，表面的华丽所付出的代价是昂贵的，奋斗的目的不应是表演给那些对自己不重要的人看，而是获得实实在在的富裕和满足。

原则二：先对自己讲信用。

如果我们决定要做一个负责任和有信用的人，那就先对自己负责任和讲信用。因为对自己都不讲信用的人，最终也无法对别人讲信用。

把全部金钱用来购买暂时的安逸，以求不受一时的压迫，到头来，我们会发现自己还是贫困的，更可悲的是，青春也赔掉了。

不管我们现在从事的是什么工作，累积财富的基本方法只有两种：开源或节流。如果我们还在为温饱问题而发愁，或者处在入不敷出的阶段，就应使自己尽快脱离现状，争取早日加入投资者的行列。除了努力工作以外，要想办法利用现有的资源，包括时间、精力、头脑、知识，努力去创造条件。无论如何都必须留出盈余参与投资，从小做起，坚持实施自己的计划就可以改变命运。

原则三：自我增值，创造更多盈余。

人与金钱之间关系有三个阶段的：

第一阶段：用劳动力赚钱；

第二阶段：用钱去赚钱；

第三阶段：善于用钱；

第四阶段：把自己变值钱。

社会竞争的趋势迫使我们必须从各个层面提升个人的价值，在资本的原始积累阶段，我们用的是劳动力换取成果。除了不断提升能力之外，积累社会经验、开启智慧其实更为重要，生活中的每个机遇都可能变成我们的财富。提升觉知力可以使我们看清自己的价值，从而愿意承担更多责任，不但收入会不断提高，而且会因为承担更多责任而拥有更大的影响力，从而可以调动更大的财富能量。我们的基础打得越深，承载财富的能力也就越大。

原则四：调整消费习惯，量入为出。

很多人无论赚多少钱都没有盈余，甚至还陷入债务，原因多半是缺乏良好的消费习惯和长远计划。他们消费没有节制，将所有收入都用来应付眼前的问题。这种习惯一旦形成，就很难改变。

我们应按个人收入能力来决定住什么样的房子，开什么车以及购买何种类型的消费品，不要为了表面的富裕而付出没有必要的代价。如果我们一收到账单就很快付钱，那就等于钱完全不归自己所有，时间持续得越久，就越有可能成为“新贫一族”。必须下决心从收入里挤出盈余做计划，而为了达到“财务自由”这个最终目标，我们应该做出短期的牺牲，对于无助于我们实现自己目标的行为，就应该毫不犹豫地改掉它。

原则五：培养富人的思维方式。

真正的富人不仅有钱，知识、见识、常识、胆识和智慧同样充足；他们不仅懂得如何利用自己的钱和时间，更懂得如何借用别人的资源。真正的富人除了会赚钱和花钱以外，还有一套独特的思维方式。他们的见识广，胸怀能够容纳更多的人和事，站的位置较高，自然看得比较远。在分享经济和互联网时代中，富人通常都是比一般人更有奉献精神的人，他们走到哪里都会不断通过分享自己而带动财富能量的流动，而且还有各类专家或者智囊团出谋划策。穷人只能靠自己。由于头脑是穷人最值钱的东西，因此要学会给自己“下载”正确的“程序”，大胆给自己画一幅蓝图，哪怕刚开始模糊不清，也要尝试一下，先了解自己的能力和需求。实现财务自由需要借助很多人的力量，因此，平时应多无私奉献，结交能够带给自己正能量的人，节省不必要的娱乐时间用于学习。

人生的财富有不同的形态，用能量来表达的话，物质层面的能量是比较固化的，金钱的能量可以流动，自由度会相对高一些，爱的能量更加细微。这些财富同时存在，遗憾的是大多数人只看到金钱的能量而忘记了我们是可以根据自己的能量随时调动它们的。

原则六：不轻信理财专家。

不要盲目相信理财专家，理财专家也许可以在投资产品上给我们一些专业意见，但真正的专家其实是我们自己，因为只有我们才知道什么对自己最重要，我们内心最渴望的生活是怎样的。

如果我们无法确立自己的人生目标（包括短期、中期和长期的人生目标），那么唯一可以做的就是：从现在开始，真正去了解自己、探索自己，聆听内心的声音，感受生命的渴望。

金钱是我们展开人生之旅的通行证，但我们必须在出发之前就知道要去哪里。理财是用以解决财务方面的担忧和潜在麻烦的手段，画出自己的人生地图是第一步，否则所有的工具、方法都帮不上忙。

计划是为目标服务的，为自己整理一个可行性报告，过程中我们可以寻求专业的理财顾问协助，但我们必须自己回答以下12个问题：

（1）理财要达到哪些目标（养老金/子女教育金/长期增值/短期投资/其他）？

（2）大概需要得到多少钱？

（3）能投入的资金是多少？

（4）是否做好了冒险的准备？

（5）能接受什么投资工具（股票/债券/基金/定期存款/其他）？

（6）准备交由谁来执行计划（自己/财务顾问/财务助理/其他）？

（7）计划选择什么金融平台？

（8）如何防范可能发生的风险？

（9）投资组合内容怎样搭配？

（10）有了这个计划是否能让你安心？

（11）执行过程可能遇到的困难有哪些？是否已做好心理准备？

（12）你愿意为此计划付出什么样的代价？

有了清晰的方向，你就可以开始寻找相应的方法，而不容易受到各种外部因素的干扰，剩下的就是需要有足够的时间去完成它。

金融领域的产品众多，投资者很容易被误导。“金融海啸”之后，很多人对金融机构失去了信心，但生活在这个资本游戏的世界中，放弃投资就意味着很可能落入社会的底层，所以我们应该保持良好的心态，既不贪图过多的利益，也要有对抗通货膨胀的办法。把握人生的大方向，在做投资计划时牢记以下四个原则：

（1）选对人；

（2）选对公司；

（3）选对方法；

（4）选对产品。

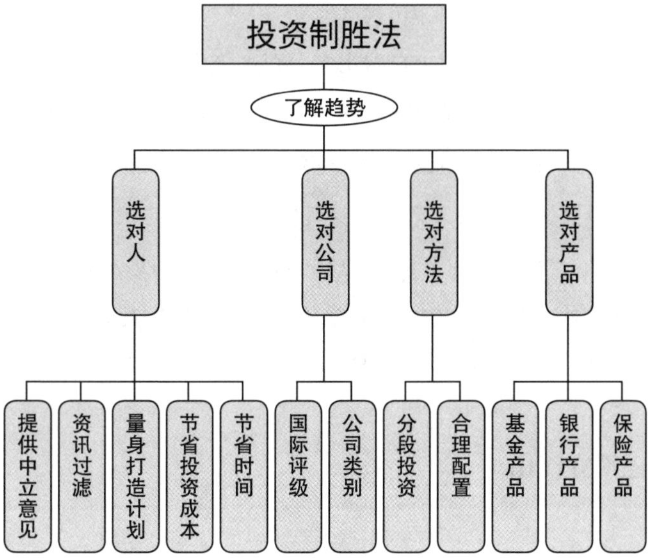

投资的原则

给有钱人的启示

·做一个合格的富人

我们生活在一个急剧变化的年代。

我们需要时间工作赚钱，金钱也同样需要时间去工作。所以，即使工作再繁忙，我们也应该从中抽出时间，安排好金钱的工作，比如守家的钱、应急的钱、进攻的钱、突击的钱，让它们在不同岗位上各尽其责，不要随便挪动它们的位置。

对财富管理这个领域的陌生，使很多人有了钱也难以实现富足人生。但遗憾的是，我们在学校里学习了用以谋求工作的专业知识，并没有学习如何树立正确的金钱观，以及在赚取金钱后应该承担的责任。

《塔木德》中说："果实甜美自然虫多，财产庞大烦恼也多。"

人们也许比较了解贫穷的负面性，但有钱人的烦恼是一般人理解不了的。一方面，很少有人认识到有钱其实也是一座牢狱，它可能带来的是更多的恐惧、担忧、孤独、冷漠，很多权贵和有钱人都处于灵魂空虚和匮乏的状态。另一方面，很多有钱人其实也是穷人，他们所拥有的权力和金钱会使他们远离朴素的生活，缺乏正常、健康的施受关系，甚至无法拥有有意义的人生。他们与金钱的关系常常变得扭曲，而且日渐背离自己内在真实的需求。

·打江山，还得守江山

我们往往看到许多不善理财的人在晚年生活中穷困潦倒、储蓄耗尽，只能沉溺于他们过去的辉煌，谈论他们曾经拥有的财富和曾经几乎要成功的交易，当他们的一生结束时，既没有金钱也没有时间。

有了钱，就应该花时间升级思维方式，智慧地管理财富和分配财富，逐步构建一个坚实的财富堡垒，运行自动化操作的系统，这具体体现在：

（1）建立良好的金融信誉和信用记录；

（2）置换优质资产，采用国际化的操作方式；

（3）培育家族接班人及自己的顾问团队；

（4）建立管理和分配财富的体系；

（5）开发畅通的投资、融资渠道；

（6）提升自己的见识，发挥灵感和创意。

人生不是100米赛跑，而是马拉松，耐力比速度重要，赢在终点才是目的！

十多年的财务咨询工作让我有机会耳闻目睹了许多人的财富故事。这些人创富和衰败的经历，让我渐渐领悟管理财富和运用财富的深远意义。太多人曾经拥有过巨额财富，只是后来因为各种原因又失去了，更糟糕的是，有些人还把自己的人生也搭了进去。我们都知道，当“1”不存在的时候，后面的“0”就没有了意义。这些人沉迷于赚更多钱，而不愿花时间去清理麻烦，以致不知不觉埋下了无数的地雷。

管理财富是一门学问，成功取决于多方的紧密合作。在家庭中，家庭成员的世界观和人生观将决定金钱的去向。除计划的类型和风险程度外，一个成功并具可持续发展的理财方案必须考虑到家庭成员的整体需求，并需要在专业人员的协助下反复修正和磨合才能执行。

·建立管理财富的系统

犹太人相信，成功的企业家不是因为他们比平常人更加勤奋才获得成就，虽然勤奋也是他们成功因素的一部分，但并不是他们能够成功的根本原因，因为一个人即使再勤奋，也承担不了太多的工作量。

当你看见人们过于勤奋时，不是他们正处于起步阶段，恐怕就是他们正在走下坡路的时候了。

有了“1”（自我），后面的“0”才有意义

在犹太人看来，一个人劳碌地工作是一种不称职的表现。由于自己缺乏领导能力，不懂得如何把工作分配给其他人，才造成“累死上级，闲坏下属”这种失调的

局面。企业家不需要依靠个人的勤奋来获得企业的成功，关键在于他是否有能力让下属更加勤奋。凭个人能力取胜的人，往往只能昙花一现，不会维持得太久，原因是，再能干的人也有江郎才尽、心衰力竭的一天。懂得和善于利用别人的人，才是成就大事的人。

真正的领导者应该将心思放在如何最充分地利用手上的资源上，而不仅是最充分地利用自己，这是企业家同劳动者的根本区别所在。所以，那些企业家之所以能经营长兴久盛的事业，甚至传给他们的后代，秘诀就在这里。

当然，让人们改变观念并不容易。然而，那些不愿投入时间改变观念、尽早为未来铺路的人，最终会发现他们要花更多的时间去解决麻烦和问题。

· 拥有多少金钱，就有多少责任

世俗的眼光常常把金钱看作衡量价值的标准，然而金钱本身并不应是被追求的目标，它只是实现目标的工具和桥梁。人的价值是由多方面组成的，我们可以让自己有觉悟地度过一个丰富多彩的人生。

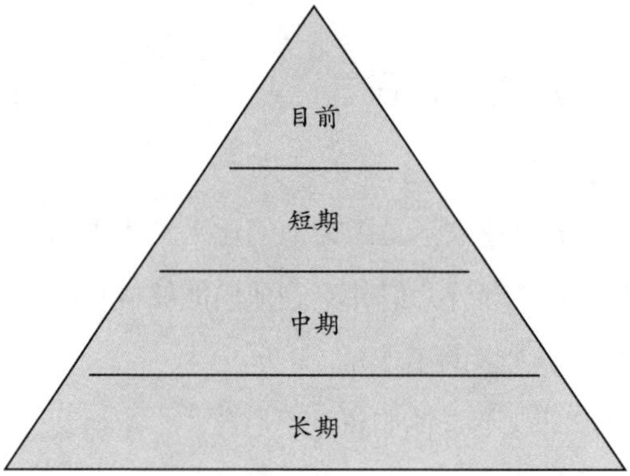

资源分配

对于富人处理财富的方式，卡内基在《财富的福音》中是这样论述的："带着巨额财富而死，大部分财富又被迫留给公众的人，不会得到公众同情。"生前有时间理财却在身后留下巨额财富的人，将"没人哭泣，没人尊重，没人怀念"，不论他带不走的那些钱财最终被作何用处，公众对这种人的结论将会是"拥巨富而死者以耻辱终”。

这无疑是对富人的一个严厉警示，富人应该是那些有勇气并有能力对财富负责任的人。如果不懂得妥善地安排，财富不但不能造福子孙，还会给家人和社会遗留无穷无尽的麻烦。

这个世界其实是一体的，人类是相互依存的，我们无法独善其身。健康的身体是由无数健康的细胞组成的，了解到自己是整体的一部分，别人不好自己也好不到哪里去，我们就会尽力做好自己。

·有钱好，懂得用钱更好

巴菲特和比尔·盖茨对自己都有非常深刻的了解，他们拥有先进的财富文化思想。在完成财富自由的前两个阶段，他们毅然地放弃追逐更多的财富，承担起对财富的责任，并为社会树立一种简朴的、不张扬的人生榜样。他们在满足家人的合理生活需求之后，不但贡献出自己的财富，还贡献自己的时间和力量。他们成立慈善基金会，并全力投入运营。

管理并运用好你的财富

在现代社会要很好地驾驭金钱需要建立一个有效的系统，当中牵扯人生态度、宗教、法律、道德、伦理、文化、面子、信用等，只有经受了所有的这些考验之后，我们才能成为一个真正合格的富人。卡内基倡导富人应把所有剩余收入看成社会委托自己管理的信托基金，比尔·盖茨和巴菲特都做到了，他们以自己卓越的智慧和判断力将财富用于对社会有益的事业，不但在有生之年承担起社会责任，还致力于研究和构建可持续运作的管理和分配系统，确保他们的财富能继续增长并造福于社会。而对他们来说，最大的回报是能在有生之年看到世界因自己的贡献而变得更美好。

·留给后代的财富文化

现实中有许多人虽然有钱，但还是像没钱时一样“穷”。他们把钱看得太重，紧紧抓住不放，所以，自己也失去了自由。穷人的麻烦和富人不同，他们触及的面较小，所以面对的风险也不会太多。相比之下，有钱人得到得多，顾虑也更多。失眠是有钱人的常见病，因为有钱很容易使他们成为焦点，加上对得失的反复盘算、对失去财富的恐惧等，会使他们难以入睡。

然而，有钱人需要觉悟，真正的富有包含了比有钱更多的内容。有钱人要能够把创造财富、管理财富和运用财富三个部分有机地结合在一起，这样不但能使自己从烦恼中解脱，也减少了“创二代”的负担。“创一代”有责任在有生之年提炼出成功的财富管理模式，给孩子们的不应仅是金钱，还应有可以传承的健康的家族文化。

被誉为“经营之神”的松下幸之助，其经营业绩举世瞩目，他创立并领导的松下公司曾辉煌一时，员工总数27万余人。

松下幸之助认为一个人不能当财产的奴隶。他说：“财产这东西是不可靠的！但是，办一件事又必须有钱。在这种意义上说，我们必须珍视钱财。但‘珍视’与‘做奴隶’是两回事，财产应该被正确对待，否则就会成为包袱——看起来我们好像有了钱，实际上它却使我们受到牵累。这是人类的一种悲剧。”

·不一样的生活

2004年，我和朋友应邀到瑞士日内瓦参加了一个手表品牌的100周年纪念活动。我有幸在午宴时与两位显赫的钟表家族传人同桌，他们的年龄都介于65至70

岁，我能感受到他们身上有一种丰厚的沉淀。这些人平时不会轻易在我们的视线范围内出现，因为他们参与的“游戏”已经不同了。

席间，我与一位50多岁的瑞士收藏家坐在一起，他态度平和、气定神闲，他告诉我他45岁就退休了，自己家族的资产由专业的人员打理，除了偶尔参与一下决策制定之外，他主要的时间都是在做自己喜欢做的事情。他说自己的生活很有规律，他爱好收藏和旅游，还在每年定期安排一个月的时间去越南的一所学校做义工，在厨房帮忙做切菜、洗碗等杂务。话语之间我能感觉到他与财富之间的关系是轻松和愉悦的。这是一个真正实现财务自由的人，他的富足来自他为自己安排的自由和丰富的生活内容，他的富足也来自他能让自己有机会去体验和感受各种各样的生活。

·需要有钱，更需要自由

财务规划的重点在于为自己编织一张安全网，保障自己不受风险的困扰，用一切办法降低麻烦发生的可能性；理财的目的是要配合我们实现人生愿景，消除我们对生活的恐惧和担忧。因此，我们应该关注如下问题：

（1）谁能为我们挑选出最适合、最可靠的投资产品？

（2）谁能按不同阶段为我们调整计划？

（3）怎样利用各种金融手段达到风险管理的目的？

（4）用什么标准衡量能替我们管理和经营财富的人？

目前的财富管理思想可以说是资本主义社会的产物，其文化在一些发达国家已经有上百年历史，我们虽然起步晚，但可以借鉴别人走过的路。富人只有拥有了好的财富管理系统，才有可能获得真正的解脱，否则钱越多，恐惧也越多。

在欧美国家，专业的财富管家会承担起一个家庭中日常与钱有关的杂务。富人会雇用更有效率的专业人士替自己解决问题，因为对于一个有创造力的人来说，时间非常昂贵（有些人创造财富的速度是以分钟来计算的），所以，真正有智慧的人懂得花钱买时间，同时非常愿意为有价值的服务付费。

财富一旦不能为自己所用便会成为负累。失去自由是最大的不幸，已觉悟的人明白，伴随巨额财富而来的是自己不善于应对的麻烦，一旦掉进旋涡将后悔不已。因此，人们会想出各种办法保护自己，他们管理财富的重点在于：

（1）避免亏损；

（2）降低涉税风险；

（3）降低法律风险；

（4）规避其他风险。

金钱本身并不能给生活带来真正的质变，只有用好的金钱才有意义。富人如何用金钱解决问题、换取价值，才是真正需要掌握的一门艺术。

2006年我在纽约认识了一位财富管理界的老前辈，他是犹太人，年过70依然神采奕奕，他的家族30多年前就已拥有巨额资产。一直以来，他都在不断物色能为自己管理财富的人，但最终发现，从事金融服务业的人虽然不少，但能给予其客观意见且负责任的管理人非常难找。无奈之下，他联合了几个家族组建了自己的金融服务团队，专门为高净值家族提供全方位的财富管理服务。

目前，该机构在美国已发展成颇具实力的私人理财集团，拥有一批非常专业的管理人，为高净值家族提供比较完整的服务，主要包含三个方面：第一，有专人负责满足家族成员的财务需求，为他们设计可持续操作的财务系统，并寻找合适的投资人和管理人监督执行；第二，有专人为家族成员灌输正确的理财观念，培养高素质的下一代继承人，除了负责持续的财务教育之外，还不定期协助召开家庭会议，统一各家庭成员的投资战略和决策；第三，有专人为家庭处理日常的往来开支等琐事，比如定期收缴租金、水电付费，找钟点工和遛狗，安排家族成员外出旅游等杂事。

也就是说，这一财富管理体系包含了三部分：

（1）专业投资管家；

（2）财富教育管家；

（3）家庭事务管家。

当然，这需要整合一个高水平的管理和执行团队。对于那些希望家族财富得到持续传承的人来说，拥有这样的一个有效率的管理体系，就能将自己彻底从繁杂的金钱事务中解脱出来。这一服务为他们节省了很多时间，他们终于可以把时间用于自己的家庭生活和更多有意义的事。

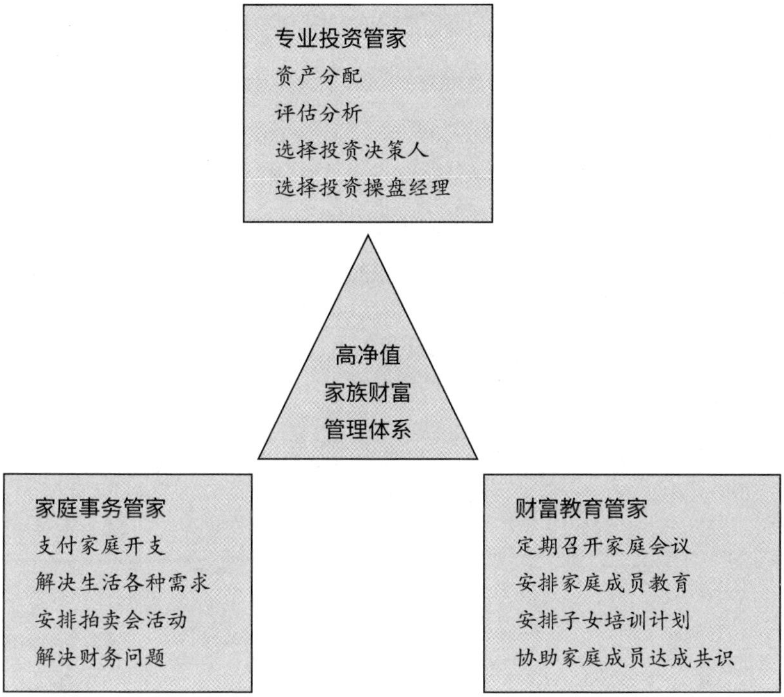

高净值家族财富管理体系

………………

我的悟语：真正的富人并不是喜欢拥有金钱，他们只是喜欢主宰金钱的去向……

………………………………………………

第三篇
管理好自己的财富

“将一副好牌打好了，没有什么了不起，
能将一副糟糕的牌打好，才值得钦佩。”
如果我们放弃面对财务问题，等于是放弃成功的机会，
因为财务自由在今天是每个人都可能实现的目标，
它只需通过一系列行动就能做到，
关键在于我们能否找到正确的方法。

开篇故事

在《塔木德》中，有这样一个小故事：

杰克和罗伯特是一个小村庄酒铺的合伙人。这一天，他们卖完存货，一起驱车去城里买了一桶威士忌。

在回家的路上，天气渐渐冷起来，还刮起了大风，两个人互相开玩笑说对方想喝威士忌。但要真那样做可就是个严重的问题，因为，事前他们装酒的时候就曾约定谁也不能先喝一口，那是他们一周的生活来源。

杰克是个聪明的家伙，他翻了翻口袋，找到了5毛钱，于是他对罗伯特说："给你5毛钱，从你那份酒里卖给我一点儿喝。"

罗伯特是个生意人，他回答道："既然你付现金，那我自然是要卖给你的。"

于是他倒了一杯酒给杰克。杰克喝了酒以后不久便暖和了起来，而且变得很兴奋，而罗伯特的鼻子因为冷而变得更红了。

他真嫉妒该死的杰克能那么幸运地找到5毛钱！但是，他突然碰到了口袋里的那枚5毛钱硬币。

"现在，这钱可是我的啦！"他自言自语道，"为什么我不能拿它买酒喝呢？"

于是他对杰克说："杰克，给你5毛钱，从你的那一份里给我倒点儿酒喝。"

杰克应声道："有现金就行。"

他给罗伯特倒了一杯酒，收回了他那5毛钱硬币。

就这样杰克和罗伯特用那唯一的5毛钱互相买酒，你一杯我一杯喝了一路。等他们到酒铺时，两个人都喝得暖烘烘的了。

"真是个奇迹啊！"杰克嚷道，"想想看，整整一桶威士忌才花了5毛钱！"

第 10 章

与风险共舞

无知才是最大的风险

有人问投机大师安德烈·科斯托拉尼："如果没有蠢人，股市会怎样？如果有一台超级电脑什么都知道，股市又会怎样？"他的回答是："那就不是股市了。"

我们身处一个繁荣发展的时代是很幸运的，对于富人的定义从万元户到亿万富翁，也不过20年时间。财富增长的速度太快，人们普遍还没有足够的风险意识，大部分的投资都是在"不了解"和"不知道"下进行的。人们并不知道股市的风险有多大，不明白能赚多少，也不知道可能会赔多少。当人们有过几次认购新股赚钱的经验后，就很容易坚信这项投资是只赚不赔的。有了这种想法，很多人会放下本来的事情，辞职卖房去炒股。1997年中国电信在香港上市，当时市场气氛正是热烈之际，全世界的分析师都一致看好这家世界上最大的电信公司，我也坚信认购新股不会有风险，没想到亚洲金融风暴就在此时爆发，当股票被发放到我手里时，股价已跌了40%，紧接着是50%……

"无知"会使人们付出沉重的代价，在股市里赔了钱的人事后都会悔恨不已，但也许只有经历过教训的人，才会认识到风险的可怕。然而，我们能经得起多少次风浪？我们能否汲取他人的经验而少走一些弯路呢？让我们来回答以下问题：

你有没有估算过自己剩余的时间值多少钱？

如果你不看好经济，那你该做什么？

如果你害怕风险，你有什么对策？

什么是你可以驾驭的有效投资工具？

你有什么对策和能力去应对问题的发生？

除了赚钱之外，你还有什么其他想法？

对于生活，你有哪些选择？

对于未来，你是否有许多的恐惧？

对于身处的环境，你是否能意识到风险？

对于投资，你的担忧是什么？

在做投资决定前，你更倾向于听谁的意见？

最大的风险在于不明白自己在做什么

其实市场经济的风险种类不外乎是那些，但对于熟悉投资领域的人来说，很多都会认同巴菲特所说的“最大的风险在于不明白自己在做什么”。

关于巴菲特如何能连续几十年让他的伯克希尔·哈撒韦（Berkshire Hathaway）公司获得23%以上回报的书籍，在市面上已经有不少了。大家都知道他的成功之道是了解自己在做什么，至于他花了多少时间和心思去了解他要做的事情，却只有很少人知道或者很少人想知道。

有些人在听了价值投资的成功事例后觉得很不错，于是决定模仿，当然他们并不打算像巴菲特那样投入大量精力、时间和智慧去研究什么是值得长期拥有的资产。他们完全不理会市场目前处于什么位置，就试图也做一个“长期投资者”。历史数据告诉我们，如果你在1965年买入道琼斯指数股票，那么到1982年年底，你依然亏损70%，要到1993年，不考虑通货膨胀，你才能收回当初的本金。如果你在1989年买入了日本的东京证券交易所指数股票，到1992年你将亏损67%，到2003年年初时亏损80%。问题是，人生能用于投资的黄金时间只有20年左右。

· 投资于时间和觉悟

无数事例证明，投资者本身自有的思想、意识才是真正的风险所在。投资是一项终身的活动，它是生活的一部分，每个人都应该在参与投资之前，先投资自己，为自己增值，学习基本的知识和技能，进而提高面对压力和处理贪婪与恐惧的智慧、能力。学习球类运动或者学习开车，我们要先学习基本理论和技能。但让人费解的是，人们在拿自己的血汗钱进行投资之前，却很少有人愿意投入时间去学习投资所需的基本知识和技能，或者先做一些模拟练习。人们总是不假思索地要将积蓄投入一些他们不知道是做什么的股票，而当赔钱之后，心态就变得非常不好，不是赌性大发，就是因赔钱而恐惧，从此不再相信投资。

成功的投资者通常会注重投资于那些比金钱更有价值的东西——时间和知识。差的投资者因为怕麻烦，宁愿选择跟随人群去经营一些热门的项目，希望能够迅速致富。

学习必要的财务知识和理念，了解投资的基本原则，制订安全的计划，并将计划交给能执行的人，这样可以使风险大大降低。

· 战胜自己，就战胜了市场

格雷厄姆曾说：“要在股市里获得成功是非常困难的，除非你给自己配备了心理防卫的武器。它必须是对大众的乐观和悲观，尤其是对股市分析报告具有免疫能力的。”

一般人也会察觉大众一边倒地买入价格明显被市场高估的科技股是非理性的，但控制不住自己，也会随波逐流，即使是经验丰富的专家，只要身处市场一段时间，都很难抵挡市场情绪的影响。在一个牛市中，每一次的躁动，都让你觉得自己正在错过一个千载难逢的机会。许多人在一开始的时候也很冷静，但随着股价的上涨，人们会渐渐开始怀疑自己，最终还是忍耐不住跳进去。因此，要做成功的投资者，就应该远离大众和他们的想法。

投资大师邓普顿也说过："要在投资市场获胜，就必须拥有纪律、忍耐和勇气。"成功的投资行为往往是与人性、行为习惯相反的，因为"羊群心理"本身造就了很多漏洞和机会。大众的短视、恐惧和贪婪成了最佳的操控媒介，举世闻名的投资怪杰索罗斯在亚洲金融危机中，就是因为看到了系统与人性的弱点所制造的各种机会，很轻易就攻击了那些虚弱的市场体系，并套取了巨额利润。在他眼中，大众就好比是一群等待被剪羊毛的羊群。从主观的角度来看，他似乎是一头没有人性的狼，但如果没有这些羊群的存在，血腥的场面又怎能出现呢？所以，从客观和理性的角度，我们不能不承认他的成功，他战胜了自己的恐惧和"羊群心理"，也因此战胜了市场。

·管理自己的风险

事实上，只要你愿意投入一点时间，遵循自然规律，坚定自己的目标，制订和执行一个长远的计划，投资成功并不是一件很困难的事情。

市场之所以有风险，是因为人类对自己的许多毛病不自知，或者说即使知道也是讳疾忌医，没有制定任何预防措施。当市场增长来临的时候，以人类的天性就会去追求高速的扩张，市场永远是在上涨时被过高估价，在下跌时被过低估价。泡沫和崩溃永远都会存在，繁荣和衰退会不断地重复，只是每次的程度不同而已。这些现象的存在其实是因为人类很难改变自身的心理倾向，因此，要在投资中获胜也很简单，那就是需要做一些违反人类行为习惯或者摆脱从众心理的事。

巴菲特的老师格雷厄姆告诉我们：

> 短期的证券市场就像一个"投票机器"，多空双方哪一方"投票"多，就向哪一方倾斜，完全受人们的情绪和各种消息的影响，很难预测。
>
> 长期看来，证券市场就像一个"称重量的机器"，真正有价值的公司自然会脱颖而出，股价将会反映公司的价值。不盲目跟风炒作，重视价值发现，相信市场会"自觉"地纠正自己的错误，这是格雷厄姆留给投资者最重要的"价值发现"。

我们的心理倾向会使我们在市场的高点时轻易地认为风险很小，在市场的低点时又无端地认为风险很大。我们往往会选择那些最热门的股票和基金，所以一般人会在热门的时候买进，而在不热门的时候卖出。更糟糕的是，即使人们明白了这一道理，却依然无法抵御这样的思维和行为习惯。

因此，已经有所感悟的人应该开始学会管理自己，可以使用自动化的系统操作，尽量忽略个人的心理变化。让系统执行一个非心理因素主导的计划，做到不在高点买入，不在低点卖出。花时间寻找一个比较客观、中立的财务顾问或理财教练，来帮助自己设计一个可以长期执行的计划，并监督自己遵守系统化的投资策略，这样就可以有效地克服高买低卖的问题。

做好风险管理

不投资隐藏更大的风险

·如何对抗货币贬值？

如今，印钞似乎已经成了一些国家挽救经济、解决债务问题的最重要手段，人们似乎也已经对此习以为常，然而不可忽视的是，人们的购买力正在下降，不参与投资的人们，血汗钱蒸发的速度难以想象。

任何事物都有两面，投资人用来积累巨额财富的复利率，到了穷人那里就变成了通货膨胀。

因此，有意识地管理财富并对抗通货膨胀是我们需要长期做的事情。投资就是有序购入资产的一个过程，也是一个整合资本再生产的过程。我们可以把投资比喻成烤面包，当中有一系列工序需要完成：我们需要有面粉、发酵粉等原料，还要有烤箱、面包师傅。面包师傅将面粉和发酵粉等原料混合，调试好后放入烤箱，然后经过一定的烘烤时间，才可能吃到香喷喷的面包。

我们赚的钱好比面粉，通货膨胀率好比发酵粉，投资人好比面包师傅，金融工具好比烤箱，我们需要将以上这些有机地结合，放入正确的管道，才能产生好的结果。

管理财富是一项长期的工作，我们每个人其实都有许多被忽略的资本没有被整合，它们在管道里没有产生作用，好比面粉如果不能与发酵粉揉在一起，就不会有面包一样。这些资本包括有形的和无形的，比如劳动换来的金钱，加上时间资本、信息资本、政策资本、科技资本、市场规律等。这些需要被整合到同一个管道中，结合如黄金、能源、资源、矿业、房地产等各种金融资产，才能产出成果。

在管理财富的过程中，我们总结了致富的四大法则：

（1）牢记金钱不等于资产；

（2）诚实面对自己的需求；

（3）正确地认识自己的财富和资源；

（4）以平常心对待投资。

同时，我们还要不断提醒自己投资的出发点是为了让自己健康、富足和自在。人生的本意是要让自己感觉幸福，扭曲自己的心灵才是最愚昧的行为。

·以不变应万变

投资的世界中隐藏着许多人为的操控，除了各种经济因素之外，还有政治、人力等因素。缺乏心力的人在利益面前，往往无法控制自己的贪婪。而智者与愚者的区别在于：智者对欲望和恐惧都确定了限度。

投资股票赔钱之后，就因恐惧而从此远离的人，好比砍柴时被刀划伤了，就从此不再用刀，宁可不起火烧饭一样愚笨。情况应该是相反的才对，有了受伤的经验，我们更应该懂得如何小心用刀，练习掌握它的使用技巧才是正确的态度。

很多人觉得投资是一件充斥着危险和陷阱的事情。因此，他们视投资为洪水猛兽，敬而远之，认为只要不去投资，就可以绕过这些未知的风险。然而，金钱游戏已经融入我们生活的每个角落，因为惧怕风险而拒绝参与投资，就好像寓言中的鸵鸟，遇到危险时把头钻进沙丘。我们所要做的，不是成为或求助于算命先生，而是花些时间去了解自身所处的位置，尽力做好防范。

每次金融市场低潮时，都会产生一大批的投资失败者。其实，并不是金融产品的问题，而是大多数的失败者对产品没有足够的了解，对风险更是一无所知。

经历过的人才知道，投资既是技术也是艺术，投资者不仅需要投资知识，也要学会在市场波动中历练自己，守住那份如如不动的心境。

与风险共舞的岁月

· 善用风险致富

一天晚上，有一艘船在茫茫大海上不幸遇到风暴，风暴无情地从背后袭来，这时所有人都明白，即使全速行驶也来不及逃离这场可怕的灾难了。就在这生死攸关的时刻，船长果断地下命令，调转船头的方向，迎着风暴全速行驶，他们奇迹般地穿过了风暴，安全地行驶在风平浪静的海面。

在投资领域，很多时候当我们遇到风险来袭时，一味逃避是没有用的，还不如积极面对风险，找出解决问题的办法。敢于直面风险并主动迎上去穿透风险才是最安全的。

谈到投资，有的人也会过度担忧风险。悲观的人甚至认为地球终会毁灭，地球上的生物也终将灭绝。按照这种逻辑去想问题，听天由命，投资就变得没有意义，理财更是没有必要了。问题是，这一切如果真的会发生，也不是我们应该去担忧的，该担忧的反而是：如果这一切没在你有生之年发生，而你又没有为未来做过什么准备，那该怎么办？人类共同离开这个世界并不是最可怕的，更可怕的是我们活着，却遭受着贫困带来的苦难。

无论乐意与否，我们都已置身于人类共同创造的游戏中，这是我们一出生就开始参与的游戏。

许多人都有赚钱的能力，但只有少数人守得住，因为大多数人都选择了与自然界进行无限的风险对抗，人的时间和体力都是有限的，而风险是无限的。终究有一天，这场有限与无限的搏斗表演会在人类体力不支倒地时谢幕，能明白这一道理的人会顺应大的趋势去做事，投资致富也是顺势而为的结果。

生命给我们最大的礼物就是悟性，我们拥有什么样的看法，决定了我们的命运。对于我们一出生就会遇到的风险，如何理解并辩证地利用它就决定了我们的未来。

·做好应付未来经济衰退的准备

我们无法准确预测未来，因为无常的因素错综复杂，世界经济已经紧密捆绑在一起了，任何一个地区的问题所引发的“多米诺骨牌”效应，波及的范围和产生的后果都是难以估测的。一直以来我们确实面临着许多潜在的风险，我们至少要对世界环境以及自己所处的环境有一些了解：

（1）美元货币的可信度；

（2）美国巨额债务的影响；

（3）美国退休潮的危机（7500万人将陆续退休）；

（4）能源价格攀升，通货膨胀严重；

（5）工作职位减少（人的生理寿命加长，工作寿命缩短）；

（6）储蓄不足；

（7）人口老龄化，社会保障和医疗保障危机；

（8）财务教育严重不足。

在投资领域，你有足够的财商去面对这个充满未知和不确定性的世界吗？

以上只是一部分显露的问题，我相信更多的风险是我们看不到的。社会已经倾向于劳动分工越来越细，流动性越来越大，一般人已经很难看到一幅完整的拼图了，隐藏在我们周围的风险是无法估算的。未来10~20年或者更长的时间内，经济波幅和风险都只会越来越大。我们要为步入严冬做好一切准备，保护好自己的劳动成果，重新检视自己的财务状况，将财富合理地配置在不同的资产组合中并加以认真管理。同时，对于我们的孩子，我们应该花时间尽早训练他们成为独立的投资者和财富管理者，提升他们的财商，让他们也有足够的知识和能力去应对未来的困难和挑战。

个人的财务和投资，需要软着陆

过去的表现不能代表未来，传统的购入并长期持有股票和债券的策略在过去20年的长期牛市十分奏效，巴菲特因此成了世界级富豪之一。然而，假如未来的经济萧条不是短期而是漫长的，那我们就有必要调整策略了。

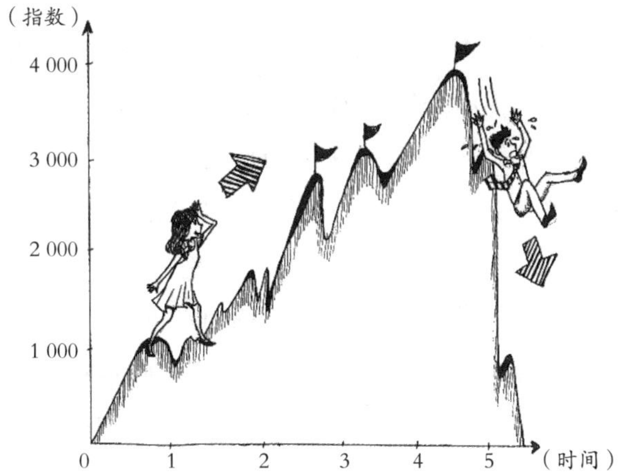

过往的回报，不代表未来的成果

经济不景气给我们带来的好处是，有很多机会可以买到很便宜的资产，理财的关键在于保存资金做长期投资的准备，确保有足够资金在市场进一步向下探底时能继续购入更多的资产。假如经济萧条没有到来，我们也应感到欣慰，因为资产价格重拾升轨时，我们也不会因为没有投资而悔恨不已。当然，只有心态平和的人才能做到。因此，调整好个人面对风险的心态是理财的基础课。

要解决投资所带来的各种烦恼，我们就必须做到以下6点：

（1）分散投资，并且要做到全球化分散；

（2）用时间分摊风险，在波浪的底部一定要分段储存资产；

（3）选择最简单易懂的概念且省心的投资方法；

（4）投资需要有足够长的时间；

（5）承受低潮时的波动，不依赖任何人给予的保证；

（6）利用自动化系统执行计划，让自己与市场保持距离。

前面提到的方法不需要投资者很有钱，它解决了很多投资过程中的麻烦，有条件的人不妨试用一下。怕麻烦的投资者也可以由成熟的管理系统协助执行投资计划。如此，金融市场的低潮便成了投资节奏的一部分，我们可以以平和的心态与风险共舞。想投资又怕赔的朋友们，应把投资当成一个支持人生发展的项目来做。试一试给自己制订一份详细的可行性计划，对投资的成本、合理的回报、风险的管理、策略的运用、工具的选择、时间的投入、安全的平台等因素进行分析并提出解决办法。

投资除了要考虑金钱成本之外，更重要的是精神成本，过度关注哪些股票会涨不一定能使我们致富，却很可能会使我们错过宝贵的生活。这个风险才是最大的。我们应该适度地做一些该做的事情，允许最好的情况发生，也做好最坏的打算。最好的办法是把投资当成养生，我们不需要暴富，但需要拥有一些资产，以对抗难以预测的通货膨胀。

当智慧提升时，无论是财富问题，还是健康问题，都会迎刃而解。阳光普照的时候，我们能看到大地和万物，却看不见星空；黑夜降临时，虽然我们看不见大地，却能看见星星和月亮。春夏秋冬，潮起潮落，投资活动也在经济繁荣和萧条的更替中继续。

每个人一辈子至少应该亲身经历一次金融危机或者经济萧条，才会明白经济也有春夏秋冬，学会尊重自然的规律，这样才能在下一次的浪潮中拥有更强的渡过危机的信心。

第 11 章

致富在冒险之外

理财切忌小聪明

世界上只有2%的人真正获得了财务独立和自由。投资过股票的人，可能对股市的变化无常深有体会。由于种种的原因而开始股民生涯的人，开始时都是满腔热血地认为自己能在低点买入，高点卖出。但当我们真正在股市中摸爬滚打一段时间后，就会发现要靠这种方法致富几乎是不可能的。因为不管有多少成功的经验，一次失败足以将我们打回原形，甚至血本无归。

在美国，曾经有人做过这样一个很特别也很有趣的研究，让动物园里的一只猩猩随机地从众多股票号码中选择一个投资组合，同时让一组专业的分析员选出他们的组合进行投资。经过一段时间的观察，研究人员发现这两组股票的投资收益竟然非常接近，可以说不分胜负。为什么专家们花了如此多心血去研究股票市场的规律，但结果竟然与猩猩无异？

我们一直以为投资是聪明人的游戏，而很多专业分析员的见解让大家对投资的认识过于复杂化，渴望财富的人们对这些专家趋之若鹜，但失败的例子还是占多数的。猩猩并不懂任何投资理论，更不能预测未来。事实上，在升跌莫测的股市中，专家们也无法做到负少胜多，否则市场上的专家就都去炒股了，谁还会在电视上喋喋不休地做股评呢？

频繁地进出股票市场不会使股民致富，只会使经纪人或者证券公司致富。在刺激的股海中，短期的波动常常使人忘记市场本身是有自己的规律的。

在做投资的圈子里，有一个普遍存在的奇怪现象：那些精明过人、头脑灵敏的人，往往不是赚钱最多的；有些人并不懂股票，更不懂分析和计算方法，头脑也不是特别聪明，但他们不费什么力气，却能累积惊人的财富。他们所做的只是坚持一个信念——定期投资优质的股票。所以说，要致富需要的是大智慧，要舍弃小聪明，抓住大走势，不理会短期的小利，这点恐怕只有不太聪明但有智慧的人才能做到。古语谓“大智若愚，聪明难，糊涂更难”，获得大智慧需要有放弃小聪明的能力。

美国财经媒体做过一项有趣的研究，用历史上某一段美国道琼斯工业指数作为参考，假设四个人都是以同样的金额、在同样的时间段，但分别以不同的价格购入股票，让我们来看看他们最终的投资结果有多大的区别，你也许会从中得到一些启发。

1982—2002年，每年投入2 000美元，不间断投资20年：

（1）A先生，每年在股市最低价的时候买进指数基金；

（2）B先生，每年不问价格，定时定额买进指数基金；

（3）C先生，每年在股市最高价的时候买进指数基金；

（4）D先生，每年以2 000美元投入债券收取固定利息。

假设每个人都按计划投资，那么他们的收益排名如何？

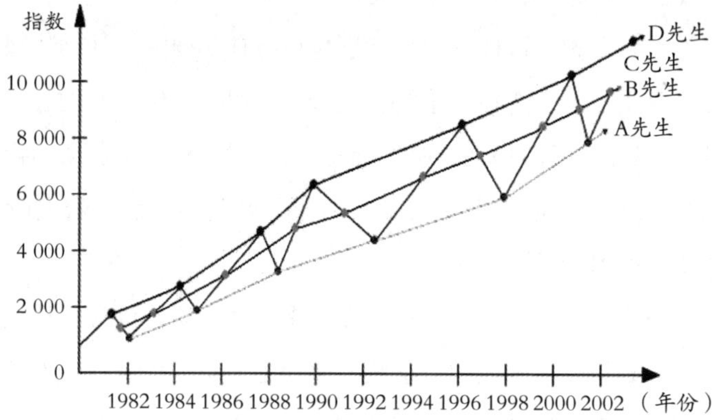

指数基金投资方法（假设过去20年的指数走势始终是向上的）

请看看研究得出的回报结果（约数），是否会让你感到惊讶？

（1）A先生：28万美元。

（2）B先生：26万美元。

（3）C先生：24万美元。

（4）D先生：8.5万美元。

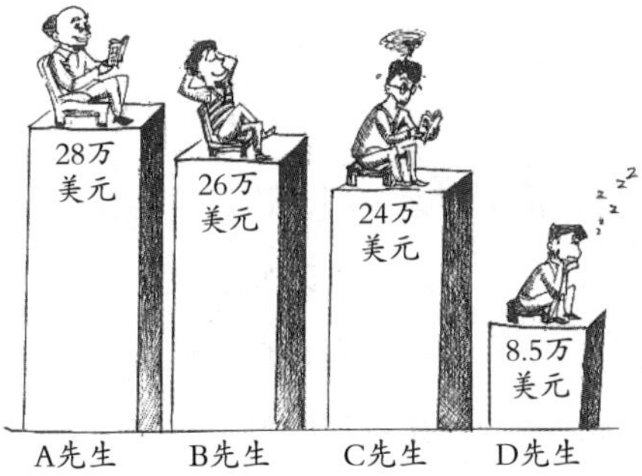

20年后的结果让人惊讶

研究显示，A先生、B先生、C先生之间的投资回报只相差10%左右，也就是说人们认为最理想的和最不理想的方法其实结果相差不是太大。

每次在最低点买入，即便是最聪明的头脑也无法做到，何况其所要投入的精力非常人可以负荷，所以根本不用考虑。但让人诧异的是，即便是能做到，结果也不过比别人多了约10%的回报。再看看运气最差的C先生虽然每次都在高位买进股票，但也只是少了不到15%的回报。所以说，要完全正确和完全错误同样不太可能。这个研究说明，人们根本没有必要恐惧投资，因为在大方向正确的情况下，最好和最坏的结果差别不大。

B先生代表的是一般人可能做的，他用最不费心的方法，不花时间去捕捉市场走势，就已经达到两者间的不错的收益水平。将投资作为一种习惯，无须考虑进入价格定时买入指数基金，不理会短期的升跌，只等待长期回报。

C先生每年的投资成本在这里是最高的，但与D先生买债券的保守做法相比还是好了许多。

D先生并没有出现在图中，因为他把资金投入了固定收息的债券，远离了市场，所以市场长期的趋势与他没有任何关系（以往的美国长期债券利息回报率大概为3%~5%）。

实际上，四种情况中只有B和D是我们可以做到的，其他都是假设。

我们的一生中会遭遇无数次的波浪和风险，而每一次都与上一次不同，处在负面事件中的人们充满恐惧，以致本来应该做的事情没有做，而做了许多不应该做的事情。当我们回过头去看历史的时候，一切似乎只是大趋势和规律中的一个小震动，只要你相信人类是会发展的，经济长期来说是会增长的，那就应该放下无谓的担忧，拿出自己部分的收入去参与投资，这样既不会过度地冒险，也不会错过分享时代进步成果的机会。

恐惧和担忧对人生只有百害而无一利，逃避只会让一个问题生出更多的问题。既然我们已身处游戏之中，个人如果无法改变游戏规则，就不如顺应规则。我们不能因害怕失败而拒绝投资，因为无论我们是否主动做决定，其实都在投资。从我们把钱存进银行的那一刻起，银行就在替我们投资；无论我们把钱存放到哪里，都会有人把我们的钱分配到各个领域。既然是这样，为什么不将部分主动权拿回来，趁早设立自己的长期投资账户，有节奏地买入优质资产呢？

忍耐就是一种投资

· 投资人必备的素质

股票投机大师安德烈·科斯托拉尼告诉我们："在股市里常常要闭上眼睛才能看得更清楚。"

要想在投资中获利，有时候投资者并不需要懂得很多经济学的理论，只需要了解一些最基本和最简单的道理。一个成功的投资者会发现，成功的投资策略不但是极其枯燥无味的，而且还常常和人性背道而驰。索罗斯说："投资的行为基本上是违背人性的。"也就是说，投资者需要拥有与众人不同的想法才有可能获胜。事实上在整个过程中，真正用在买入、卖出行动上的时间不到10%，其他时间都必须在观察和忍耐中度过，只有能够做到这一点的人才能成为赢家，能战胜自己的人才能战胜市场。

股票价格的上涨，需要有大批人的心理推动，当乐观情绪主导市场时，人们会把股价不断推高，直到价格已经无法支持人们的乐观情绪时，股价开始暴跌。这时，恐惧的情绪反过来开始主导市场，股价一再创下新低。因此，我们需要勇气和智慧，敢于站到大多数人的对立面，才有可能脱离受害的羊群的羁绊。能掌握这一规律，下苦功修炼，并能驾驭自己的恐惧和贪婪的人，就不难在股市中获利。

如果我们分析一下大多数人的行为模式，便很容易了解自己是属于哪一类的投资者，也就不难明白为什么在股市中赚到钱的总是少数人。许多人在第一次投资时因缺乏经验而失手，一旦在股市中损失金钱，就会身染“股市恐惧症”，非但没有及时总结失败的教训，反而选择远离投资市场，白白给市场交了学费。每个投资者都必须经历失败的教训才有可能成长，第一次的失败为第二次浪潮到来时的成功做好铺垫，亲身体会过风险以及人性的贪婪和恐惧在投资中造成的伤害的人，最终会明白，心态平和、耐得住性子是投资者的基本素质。

·不成熟的投资模式

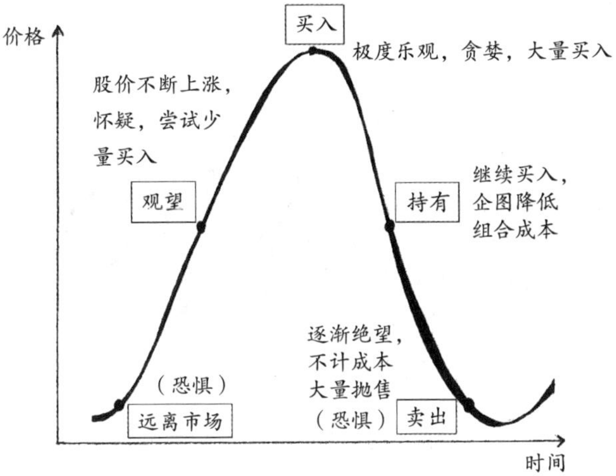

不成熟的投资模式

看看以上的图，我们很快就能知道自己是否是“羊群”中的一员。当市场不景气的时候，人们通常会回避谈论股票，所以投资者在初次接触投资的时候一般都是在股市气氛比较好的时候，这时通过媒体和亲友可以接收到很多股市获利的信息，尽管将信将疑，但会开始少量尝试。股价节节升高让投资者尝到了甜头，这时媒体的炒作便成了他们主要的信息来源，他们会开始勤奋地研究各种数据，随着市场气氛高涨，他们的胆量变得越来越大，最终会被贪念占据，把全部积蓄投入股市以博取更高回报，有的人甚至抛下自己的工作，套现房产的资金不断买入昂贵的股票。当股价被人为地推高至不合理的水平，加上市场上的资金也被吸纳得差不多了的时候，坏消息开始出现了——机构获利减仓，开始抛售手里的股票和基金，使股价不断跌落。有胆量的投资者通常在这个时候仍不会失去信心，而是用仅余的积蓄继续补仓以降低平均买入价。然而，股价却因更多坏消息出现而继续节节败退，投资者被套牢，开始了漫长的熊市岁月……

忍耐是投资中必备的一种能力，要做到忍耐就需要练习，每个人都无可避免地要交学费给市场，当然最好是只投入少量金钱购买这个经验，但大多数人会先尝到些甜头，却在大举进军时遭遇低潮。只有那些愿意总结和吸取失败教训的人，才能在下一周期来临时，有机会成为成熟的投资者。

经济的一个大周期需要6~8年，我们一生在适合投资的年龄段中，大概能经历三个周期，其实只需要做几个正确的决定就足以让自己富有。因此，我们一定要把握好规律，保持好心态，才能避免重复上面的错误。

每次金融风暴都是重新分配财富的时候

当人们对股市开始绝望，不管资产价格是否合理而抛售手里股票的时候，资产价格就将逐渐恢复至合理水平。当人们对股票避而不谈，仍沉浸在伤痛之中的时候，正是遍地黄金的时候，保存了实力的投资者可以慢慢挑选被抛售的各种优质资产，他们通常都能以超低的价格买到自己喜欢的股票，做新一轮的部署后，然后就是耐心地等待股市的复苏。

股价经过漫长的调整期逐步回升通常需要好几年的时间。当人们重建信心并累积了足够资金重新投入时，已经是成熟投资者获利减持股票的时候了。同样的故事又开始了，当媒体开始活跃，人们又开始议论纷纷、情绪高涨时，成熟投资者应该已累积了丰厚的回报且分段卖出所有资产，离场观望了。

·成熟的投资模式

美元的泛滥正造成商品价格普遍的上涨，严重的通货膨胀成了致富道路上的“拦路虎”。我们无法预测危机到底会波及甚至淘汰哪些人，但无论发生什么样的危机，有一点是肯定的：货币的购买力在不断地下降，资产的长期走势无可避免地一浪高过一浪，忍耐，势必是投资制胜的关键。

无论市场怎样乐观，牢记股市古老的真理：当市场行情不能上涨时，就只有下跌。一个成熟的投资者会及时止盈，保存资金，为下一次浪潮做好准备。

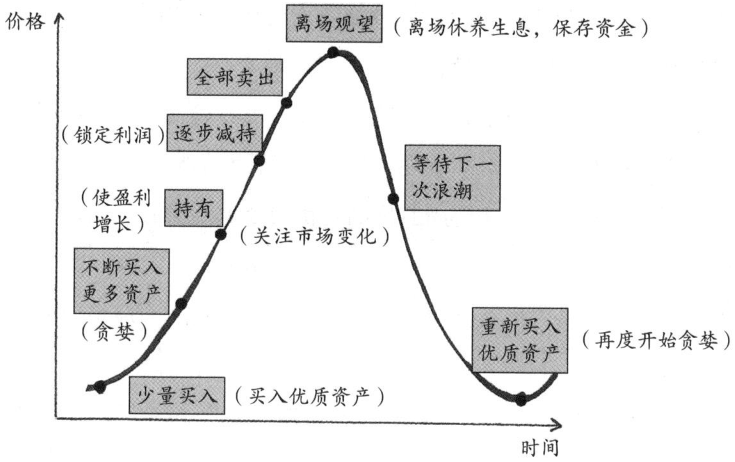

成熟的投资模式

·与股市保持适当的距离

美国曾有一位叫泰勒的经济学博士，他和他的同事在1995—1996年所做的一系列试验表明，越是近距离地观察股市，越会扭曲我们对股市的看法。

在试验中，泰勒博士先让他的每位学生做出一组股票与债券的投资组合。然后，他让学员们坐在电脑屏幕前长达1个小时，在这段时间内，他们看到了股市25年中的运行情况。他给一组学生大约200个最新的数据（每隔6周1个数据），而另一组人则获得了5个数据（大约5年1个数据）。

走得太近往往让人看不清楚真相

在接收到信息后，学生们被要求创造一个新的投资组合，这种投资组合将适用于未来40年。结果，那些频繁收到市场最近数据的学生中40%投资个股，而那些只接收到5个数据的学生中60%投资指数基金。

很明显，越近距离接触股市，就会越对它丧失信心。几乎每位对股市充满忧虑的人都会告诉你，他们不关心短期表现，只准备做长期的投资，但他们总是忍不住收看晚间股市新闻和财经报道。每周股价的起伏会令他们的心七上八下，最终被吓得退出股市。

事实上，投资并不是人们所想象得那样可怕，好比我们不应该用厘米，而是用千米来计算旅行的进程。以美国股市为例，从1926年起，每15~20年的周期里，股市是盈利的，大约90%的人每年的盈利在6%~17%。问题的关键不是在股市上能否赚钱，而是能赚多少钱。

只要我们能看清大趋势，有足够的忍耐力，股市确实能为我们带来可观的回报。然而，要做到像巴菲特和索罗斯那样在操作中采取与众人相反的行为，需要具备超出常人的心理素质和多年的投资经验。如果我们认为自己还达不到一个成熟投资者的境界，与其只是恐慌和担忧，不如为自己设计一套不用动太多脑筋的投资策略，交给时间和电脑程序去实施，定期买入，本书后面的部分对此有详细的介绍。

投资的最高境界

金融风暴每隔一段时间就会来临，一次又一次验证了经济水晶线的神奇预测。

上过我们“身心灵财富之旅”课程的伙伴们都已经不会再问我一些该如何投资的问题了，那些接受长期投资理念的朋友在经济低潮时也都能安心地继续投资，大家都做着该做的事情。然而，还是有很多投资者不知道在遇到经济低潮时应该如何应对。对于那些不安的人，我只想问一句：你打算成为长期投者，还是短期投资者？

在此我想引用《投资的要素》（*The Elements of Investing*）中的话，这本书是由两位身价不菲的老人所写，Burton G. Malkiel和Charles D. Ellis，他们是普林斯顿大学和耶鲁大学的教授。他们在经历了无数次金融风暴和市场起落后，提出了下面的问题：

未来五年如果你不断有储蓄需要投资，你是希望股票的价格不断上升呢，还是希望它不断下降呢？

如果你一辈子要经常吃羊肉而又不养羊，你是希望羊肉的价格不断上升呢，还是希望它不断下降呢？

如果你每过几年就要买一辆汽车，你是希望汽车的价格不断上升呢，还是希望它不断下降呢？

事实上，股价下跌对于短期投资者来说是坏消息，反之，对于长期投资者来说是好消息。

投资者应该很清晰，买股票的最终意义在于获取公司长期发展的好处（包括股票价格上涨和每年的分红），因此，买入成本当然越低越好。

假如我们每个月投资2000元在股票上。在股价高的时候，2000元只能买较少的股票；而在股价低的时候，2000元可以买很多的股票。这种方法本身就是一种风险控制。

两位老人反复提醒我们，一定不要以为自己有持续选择入市时机或持续选择好股票的能力，不要以为自己可以持续地跑赢大市。两位老人的总结：

（1）绝大多数基金是长期跑输大市的。

（2）常胜将军十分罕见，过去的表现不代表未来的表现。

在买卖股票的过程中必然有费用，而费用会吃掉毛收益的很大一部分。该书对基金投资者也有劝慰：别徒劳了！找一个能长期持续跑赢大市的基金或基金经理比在稻草堆里找一根针还困难，为什么不把那个稻草堆买下来呢？

这本书的另一个内容是坚持长期储蓄的重要性。这两位身价数亿美元的老人强调储蓄是投资的源泉和起点，应该买入内涵最广的指数基金（包括国内股票和海外股票），并且长期持有。他们认为中长期股市如果能够平均每年有4%~5%的真实回报（扣除通货膨胀）已经相当不错。投资者对经济前景的过度悲观也导致了股市低迷。由此可见，预测短期甚至中长期股市的变化是完全不可能的。投资的最高境界是无为。

2013年诺贝尔经济学奖得主Eugene F. Fama多年前就提出以下两个石破天惊的股市理论：

（1）醉汉走路：没有人知道一个喝醉酒的人下一步要怎么走。

（2）有效市场：你买的股价已经反映了所有的消息，一般投资人无法再有获利空间。

就像赌博一样，越贪婪越执着的人，往往最后会赔上时间和正常生活，换来一场空。

美国股市过去100年的平均回报是8%，这意味着，投资者只要挑一些稳定成长的股票，就能享有风险溢酬。

智者的忠告：一定要长期持有，避免频繁的交易。投资大师巴菲特说："在股市从事波段操作是神做的事，不是人做的事。"这告诫大家在投资中不要幻想完美主义，庄家洗盘是必然的也是不可预计的，不要因小利益耽误大行情，不要因小变动迷失大方向。看大方向赚大钱，看小方向赚小钱。在股市中鱼与熊掌是不可兼得的。

"投资的秘诀在于，看到别人贪心时要感到害怕，看到别人害怕时要变得贪心。"这告诫大家在投资中要战胜贪婪和恐惧的人性弱点，采取人弃我取、人取我弃的投资策略。

巴菲特说："格雷厄姆教我投资低价股，是查理·芒格帮助我修正路线，这是他对我最大的影响。"这告诫大家在投资时要珍惜前人的投资经验，不要自作聪明、自以为是。

巴菲特投资股市一辈子从没忘记老师的教导。关于内在价值的计算，巴菲特最主要的合伙人查理·芒格说过一句耐人寻味的话："巴菲特常常提到现金流量，但我从未看到他做过什么计算。"

巴菲特本人对于内在价值的计算最为详细的叙述出现在1996年致伯克希尔·哈撒韦公司股东的信中："内在价值是估计值，而不是精确值，而且它还是在利率变化或者对未来现金流的预测修正时必须相应改变的估计值。此外，两个人根据完全相同的事实进行估值，几乎总是不可避免地得出至少是略有不同的内在价值估计值，即使对于我和查理来说也是如此，这正是我们从不对外公布内在价值估计值的一个原因。"此外，巴菲特还坦承道："我们只是对于估计小部分股票的内在价值还有点自信，但也只限于一个价值区间，而绝非那些貌似精确实为谬误的数字。价值评估既是艺术，又是科学。"

与一些市场人士的想法不同，笔者更倾向于认为巴菲特这番话是坦诚的而非卖关子。因为我们常常看到，在证券市场上，过度追求精确量化往往不会带来好的结果。最典型的例子莫过于大名鼎鼎的LTCM（美国长期资本管理公司），其高管包括1997年诺贝尔经济学奖得主、"期权定价模型之父"罗伯特·莫顿（Robert Merton）和迈伦·斯科尔斯（Myron Scholes）、美国财政部前副部长及美联储副主席戴维·马林斯（David Mullins）等学术界及政经界要人，堪称梦幻组合。1990年诺贝尔经济学奖获得者威廉·夏普（William Sharpe）称其"也许是世界上学术水平最高的金融机构"，在华尔街与量子基金齐名。从运作方式上看，LTCM是通过运用电脑建立数量模型分析金融工具价格，再利用不同证券的市场价格差异进行操作，是投资界精确量化的"祖师"，却也难逃失败的命运。LTCM曾经是如此成功——3年盈利增长2.84倍，一度成为市场的旗舰。然而就是这样一家公司，也创造了另一项金融纪录——150天亏损超过50亿美元，亏损率超过90%。正如同中国古代的项羽，百战百胜，一败而失天下。

·为什么不能赔钱？

巴菲特一再告诫大家的是：不能赔钱。对此，他给投资者这样的忠告：

第一，本钱就像一个人的生命一样，保本就是保命，保本就是生存。赔钱就是失去生命的一个部分。

第二，如果一个人的资金亏损50%，要赚回这些资金，投资得翻倍才行。亏损50%容易，但要翻倍，那何其难啊！

第三，要保本，我们就会长期研究并耐心等待你所要投资的目标，自然就会如临深渊，如履薄冰，战战兢兢。

·怎样会赔钱？

第一，只看到赚钱的机会，而忽视了这个机会背后的风险。

第二，听信内部消息，依靠内部消息做投资决定，慢慢形成依赖内部消息的投资习惯，不会自己研究，也不相信自己的研究。由于投资决策建立在别人提供的消息上面，消息本身的模糊含混，使得投资者心神不定，在恐慌之中煎熬，虽然可能赚钱，但赚的是痛苦钱。而某一个错误的消息会让投资者赔光资金。即使投资者可能通过消息赚了十次，但一次失败就可能会使其赔光。

第三，对公司的研究一知半解，只看到了不重要的一面，忽视了影响公司发展的根本因素。

我很欣喜地发现，在我坚持自己的理念十年后，越来越多的投资高手们发表了类似的见解，投资的“无为”思想进一步得到证实。然而，要做到“无为”就需要开启心灵的力量，在关键时刻暂时放空大脑，拒绝其给我们输送各种负面信息，以免做出错误的决策。

投资是一个需要时间的项目，所有的风险都应该在开始的时候就进行评估，一旦做足了功课，投资者就不应再受市场情绪影响。通常，真正的资产价值需要至少几年的时间才能反映出来，所以说，持续买入是最好的风险管理方式，等待一个完整的周期也是获利的前提。

第 12 章

探索财富的路径

相信专家，不如依靠规律

· 神奇的水晶线图

在1997年亚洲金融危机之后，美国普林斯顿大学教授马丁·阿姆斯特朗通过对大量数据进行统计，画出经济水晶线。让我感到震撼的是，他画出来的水晶线是如此整齐和有规律。他发现美国经济的平均周期是8.6年，故美国经济于1989年见顶后，在1998年、2007年再次见顶。

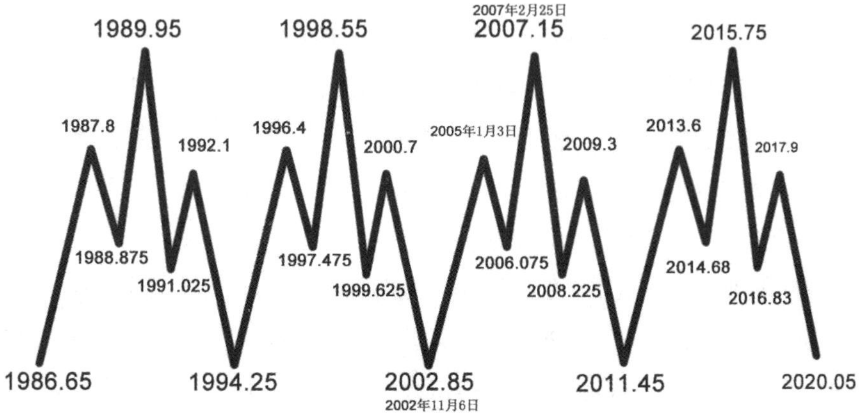

经济水晶线图

这幅图的内容似乎与许多现实情况神奇地吻合，让人不免有些震撼和惴惴不安……这是偶合吗？还是一切早有定数？

虽然经济水晶线主要反映的是美国经济的变化，但在经济全球化的当下，美国的经济问题也会影响其他国家，故这些预测对我们也是有参考价值的。

十多年来我一直在静观那幅图的准确性，目睹并亲身经历了2001年“9·11”事件和科技股泡沫破灭后的低潮，2002年年底总算有所回升，直至2007年的繁荣期，而后又开始巨幅下滑。香港市场的表现几乎也与图中的几个大波浪吻合。

·人类行为主导经济周期

水晶线图到目前为止仍然是一个无法解释的迷。记得2007年的时候，我们重新经历了一次1997年的热浪，人们每天谈的都是股市创新高的消息，分享自己的辉煌战绩，专家们也一致看好经济，市场气氛热烈，企业盈利也有支持，全中国人民沉浸在迎接奥运会的喜庆中，人们对未来充满了自信。这时，有一个声音虽然提醒着我水晶线图的预测，但另外一个声音似乎又在说：“水晶线预测的是美国经济。”几乎所有人都认为，经济至少要到北京奥运会结束后才有可能放缓。在当时，我们确实很难找到任何对经济的负面预测，以致多数人都以为这也许就是人生百年一遇的投资机会。然而，奇怪的是，进入2008年1月之后，全球经济的基本面似乎在一夜间完全逆转了，一连串的事件似乎有蓄谋地发生：美国的次级按揭贷款危机蔓延全球；商品和石油价格暴涨，通货膨胀严重；中国遭遇了50年未遇的冰雪灾害和汶川大地震，国家被迫实施宏观调控，股市从6000点的高位跌至2000点。

本书第1版最初执笔之时是2008年，美国的次级按揭贷款引发金融风暴，多家美国的大银行被拖累倒闭，拥有百年历史的投资银行雷曼兄弟在走投无路下被迫申请破产，大名鼎鼎的投资银行美林也被收购，股市出现自“9·11”以来最大的跌幅，多家金融“巨无霸”均被牵连，甚至连人们认为最安全的AIG（美国国际集团）也陷入危难……信贷市场处于停顿，全世界的人们处于恐慌之中。这一切到底是巧合还是经济规律？之后，2011年的全球债务问题让股市再次陷入低潮，水晶线图显示，历史似乎正在有规律地以不同面貌重复上演，让人不禁深感面对自然规律，人类是如此无力和渺小。

2011年修订本书之际，又是全球经济陷入危机之时，国际评级机构标准普尔史无前例地下调了美国主权信用评级，全球质疑美国的信誉和还债能力，股市连日暴跌，创下了自2008年以来最大的跌幅，欧洲经济一蹶不振，问题错综复杂。人们又陷入新一轮的恐慌之中。

经济危机总是如期而至。事实上，经济周期与人的行为和心态非常吻合，这也解释了为什么大多数人总是会在高处买入、低处卖出资产。如果我们观察一下各地股市的走势图，会发现其形态都极为吻合，每个周期中市场反复波动的时间很长，通常要在4~5年，说明人是需要足够的时间来恢复元气并重建信心的。通常冲上高峰的速度很快，时间也不长，在6个月至1年，但人们丧失信心可以发生在一夜之间，因此从顶峰回落也是很快的，悲观的情绪一旦出现，谁也无法阻挡。

在每个被推高的波浪中，人们不问价格争夺那些高价的资产，因为大家手里都有钱，而当资产价格很便宜的时候，由于之前过度扩张，资金大多被套，连带企业工厂倒闭，失业率高，需要套现手里资产的人很多，手里有钱的人很少。财富将会属于那些能够在这个时候购买资产的人，遗憾的是人们这时不是没钱，就是没有了勇气。没钱的人再有钱投资需要等经济复苏，企业进入增长期，就业岗位增加，世界太平，有积蓄并有信心时才有可能，基本上最快也要等4年以上了。

产生如此规律的图形，也许是因为人类的心理和行为并没有与科技的进步同步，贪婪和恐惧的情绪依旧主宰市场，股市最直接地反映了人类的普遍心理。现实的情况是，人们需要一定的时间去积累财富，之后又瞬间消耗。好比孩子们在玩积木游戏，总是要不断地把千辛万苦得来的成果推倒重来。当人们经过一段时间积累起信心后，会将市场的价格重新推至不合理的位置。不同的故事，同样的情景，从高位跌落至深渊，可怜的投资者再次需要一段时间修复、疗伤和重拾信心，等伤痛被逐渐忘记后，又开始酝酿形成下一个新的经济高潮。我们就是这样在波浪的起伏中走完自己的人生。

水晶线的波浪非常有规律且整齐，与目前的情况也非常吻合，聪明的朋友马上就说，那我们按照这个图形来买股票不就肯定赚钱了吗？但麻烦的是，尽管我们知道了大自然的规律，却很难知道人的头脑会制造什么情节，“兴风作浪”的频率如何，我们无法预先知道确切的细节。有些股票一旦跌下来，恐怕是十年也回不去了。

水晶线虽然可以预测未来经济的趋势，却无法告诉我们买哪些股票。预测并不是最重要的，更重要的是我们可以做什么。每一次的高和低，构成了人生的几个大波浪，只要迈错第一步，就意味着步步错。这就是为什么大部分人都没有办法富起来。

根据这个节奏设计一个配合它的行动计划，就错不到哪里去。

人类文明发展到今天，由头脑掌管的游戏竞争越来越激烈，摩擦越来越频繁，潜藏的风险也很多。要看懂投资，就需要站得高一些，先对整体有认识。首先要学的恐怕不是经济学，而是要了解人的心态如何影响行为，从而影响市场的表现。由于人类的贪婪是无止境的，风险的形式也是无法想象的。然而，过度的担忧对我们毫无益处，我们应该以一种坦然的心态来面对投资，好好生活。

要预测一个波浪不容易，但了解大规律不难，只要把心静下来，就能轻松愉快地感知每个阶段的起伏。

· 与其相信专家，不如相信规律

大自然有规律，经济有规律，金钱游戏亦然。人类内心深处充斥着恐惧和贪婪，这幅水晶线图就是人类心理所造就的。在长期规律中，人的聪明才智就会变成雕虫小技。

为什么看似聪明的人似乎在有意忽略和回避自然规律？世界上有各种分析师，他们大多企图以自己有限的认知来解释这个世界的事物。10年前，我也曾醉心于研究各种技术分析，试图从中找到预知未来的技巧和捷径。最终的结论是，简单地抓住规律已经可以为我们带来80%的正确决策，而技术工具只能在小范围内用于追逐一些蝇头小利，却有可能为我们带来100%的错误决策，出现任何一次意外都足以让我们前功尽弃。财富的积累依赖的是风险管理，一时得意对于真正的财富积累并不能起到太多的作用，长期持续性的增长才是关键所在。

经济学家总是在用他们的逻辑解读一切，他们会给经济不景气冠以许多理由，如政府干预、通货膨胀、失业率高、企业盈利下降等。然而，你是否注意到，人的生老病死、经济的循环、万物的生长都无法逃脱自然规律。有一只看不见的规律之手在主宰着世界的命运。

有常识的人能感知经济的春夏秋冬。水往低处流，投资亦然，一个地区的资产价格如果人为地被“炒”高了，也就意味着风险随之大增，钱自然会流向安全的“低处”。

金融市场是一个快速反映人们情绪的地方，技术分析要真正预知未来，就需要对自然规律有所洞悉。能了解自己的心理需求，也自然能理解别人的心理需求，这无形中等于把握了市场需求，也就等于把握了大趋势。

人类的欲望会一次又一次地吹起各种泡沫，而当人为的力量再也无力将市场推高时，泡沫就会坠入低谷，金钱自然会继续寻找去处。而且泡沫到时间自然就会破裂，无数小波浪会形成一个大浪潮，周而复始地推动着经济周期的进程。

·了解经济的喜怒哀乐

所有发生在我们生活中的事情都是一环紧扣一环的，人类世界是如此紧密相连，任何一个地方发生问题，都会影响其他地方。全球化加速了流动，任何独善其身的想法已不切实际，我们只能全然地接受现实，运用好自己的能力与工具。

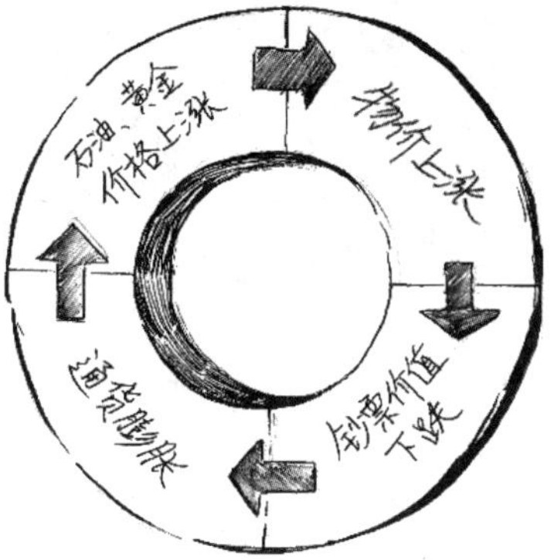

经济的规律就是圆周运动

每个人都有必要了解一些与经济有关的简单规律，它有助于我们增强防范风险的能力，在风暴来临前做好准备，让自己安然渡过每一次危机。

·管理财富靠自己

人类必须提升集体意识，唯有看清游戏真相才能共同走出困局。以我过去参与各种大额票据交易所得的经验来看，金融衍生产品层出不穷，资深的专业人士也感到无奈。如今，无论是货币、利率、商品，还是信用，几乎都已经变成金融家的对赌元素。资本市场已被推向了一个个无形的黑洞，金融风暴期间美国数家有百年以上历史的银行和“巨无霸”机构的破产倒闭，已显露了危机的严重性，那些超级精英们正带领我们向更虚无缥缈的世界进军，不断挑战极限……

经济危机发生时就是财富大转移，也是淘汰弱者、市场重新洗牌的时候。市场行情不好时，人们才会把抓在手里的优质资产放出来，这时候，有逆向思维能力的人才可能是赢家。

人不能失去方向

人一生的黄金投资时间有15~20年，我们至少可以经历三次经济危机。如果我们不尽快提高心理素质，学会基本的财富管理技能，就无法抓住这些机遇，反过来还会沦为被剪毛的羊，难以保住自己辛苦积攒的钱。

开启心灵的智慧，才能放弃小聪明。投资技术分析很复杂，但自然规律很简单。那些沉迷于频繁操作的人们最终将体会到金钱游戏的虚幻，与其每天被数字变换弄得心神不宁，不如抽出时间陪伴家人，或将精力投注在心灵的成长上。

无论发生多少次危机，财富最终都会聚集在有智慧的人身边。智者喜欢利用经济规律，等待合适的机会再行动，人的努力要在顺应趋势时才能发挥作用。所以理财致富的第一步就是了解自己，进而才能了解规律，用心去制订和执行一个简单而已经过深思熟虑的计划，就可以一劳永逸了。

钱在投资里，人在投资外

提起创业故事，每个成功的创业者都会津津乐道其复杂刺激的过程，因为没有什么比能证明自己的能力更富有吸引力。然而，在投资理财领域，却是越简单越容易成功，个人能力在其中不是主要的因素，遵循金钱游戏的规律，配合个人的把控能力才是成功的关键。

买过股票的人都应该对股市的变化无常深有体会，每个人在刚开始投资时都觉得自己应在低点买入、高点卖出，以赚取最大收益。但当我们真正在市场上摸爬滚打一段时间后，就会发现这基本上是不太可能的。因为没有人能够知道股价究竟什么时候升，什么时候跌。我们可能经历了大升市，又经历了大跌市，结果所赚的刚好抵消所赔，也有可能在上升中不断买入又未能及时卖出。总之，结果就是既投入了大量的精力又没有得到相当的收益。更严重的问题是，我们损失了个人的终极资本——时间。

时间才是我们真正的资产

其实，投资最重要的是能顺应市场的大趋势，保持良好的心态。如果我们有耐心与市场同行，就必然能得到可观的回报。

人生在世，快乐无忧的时间很短，股票市场每一天的变化为我们增添了无数烦恼和情绪波动，严重影响了我们的生活质量。事实上，我们可以进行更加轻松和高效的投资。无数的例证已说明，在短线操作中，即使是专业的投资经理也不见得能跑赢大市。如果我们自觉没有比这些专家更聪明的头脑，大可尽快打消与市场拼搏的无谓念头了，好比暴饮暴食对人的身体有害，投资讲求的也是要心态平和，稳定胜于一切。

不耗精力的理财策略

正如巴菲特所说，投资并非智商160的人能胜过智商120的人的游戏，所以我们完全可以从长计议，心平气和地根据自己的需求选取真正有效的途径。理财要消除的是人生中的不安全感，投资可以作为保障生活水平的工具，短期的目标也是围绕长期计划来制订的。我们必须选择信誉可靠的国际金融机构，尽早为自己设立一个能够长期执行的计划。因此，我们在接受任何建议之前都应该清楚自己目前所处的阶段和位置，这样才能谨慎对待那些鼓励我们做短线的投资建议。

·智者的投资策略

来看看以下投资者在A情况和B情况中如何获得更高的回报：

假设基金单位价格在1月时为5元，投资者从1月开始投资，每月投资100元。在A情况下，市场价格总体呈向上趋势，12月单位价格升至10元。在B情况下，单位价格总体略微下降，在12月回升至5元。你能猜得到哪一种情况的最终收益更高吗?

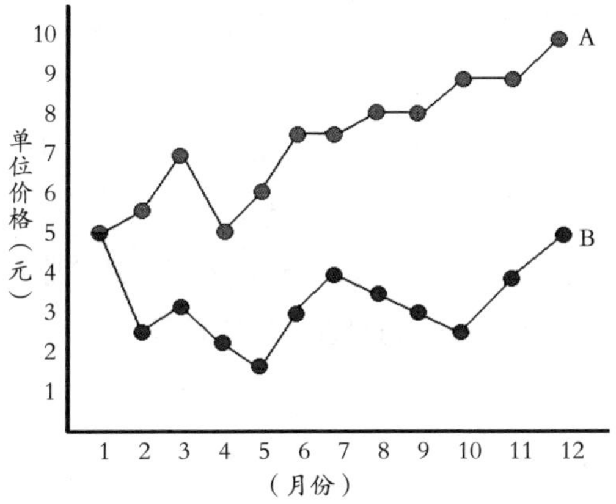

两种市场情况

投资回报情况表

	A市场	B市场
总投资额（元）	1 200	1 200
买入单位总数	175	404
平均买入价（元）	6.86	2.97
最后单位价（元）	10	5
结算价值（元）	1 750	2 020
收益率	45.83%	68.33%

答案是B情况的回报大于A情况。对于未来10年的市场走势，你认为是像A情况还是像B情况呢？

许多人都意想不到，价格升至10元的A情况竟会比价格不涨的B情况收益低。人们忽略了在B情况价格下跌时，人们可以买入更多资产；相反，A情况中价格一直上升，人们买到的资产较少。到结算时，因为B情况的平均买入成本较低，所以比A情况的收益率高22.50%。

由此可见，策略才是决定投资成败的关键。

我们可以把A情况当成经济繁荣期的表现，而B情况则是经济不景气时的表现。人们通常都会以为只有在经济繁荣期才能从股市中赚钱，而这个例子告诉我们，当价格上升的时候，投资的成本也在上升，造成可以买入的资产在不断减少。

当我们的策略符合市场规律时，经济不景气所制造的波浪反而可以成为创造财富的元素。

有了正确的方法，经济不景气的时候正是投资的良机。对于长期投资者来说，利用分段购入法进行基金投资，只要市场价格维持在低位，就可以购入更多低成本的资产，在未来经济好转的时候，自然会获得意想不到的收益，市场保持低位运行，上下波幅越大、波动越频繁，对投资者就越有利。

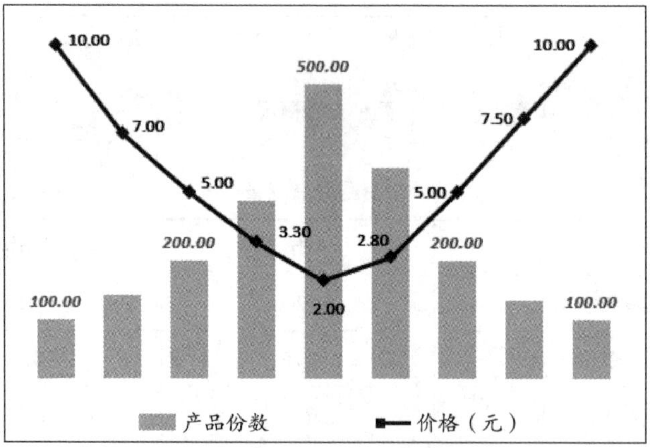

市场价格与买入产品份数

上图中实线代表价格的波动，表现的是价格从10元一路下跌至2元，随后开始反弹，又回到10元的过程。如果市场先跌后涨，从价格上看，是回到“原点”。但请注意图中的方块，这代表了在不同价格水平下，用同样的钱（假设每次投资额为1 000元）所能购买到的产品份数的差别。虽然价格看似回到了“原点”，但细心的你可能已经发现，当价格发生这样的波动时，用同样的钱购买的产品比价格持续不变或走高时购买的产品更多。用同样的钱购买更多的产品代表了什么呢？就是成本降低了！这就是成本平均法的妙处。

我们应该知道，投资市场不会一直下跌，也不会一直上涨，而是上下波动。对于一个长期投资计划来讲，下跌的市场只会让你在未来获得更高的收益。很多投资者不敢相信这个事实，因为这听起来与直觉相反，但这是金钱的基本运作模式。人们在投资的时候通常只会考虑价格是否上升，却忘了最主要的数据——投资是一个有计划的购入资产的过程。因此，能购入的股票量决定了你未来有多少数量的资产可以出售。道理很简单，本来你可以买两套房子，但因房价上涨，你只能买到一套；如果房价下跌，你就可以买到三套房子。一个奇怪的现象是，人们一旦进入了股票市场，就会连最基本的逻辑和道理都忘记了。

通过这种方法，未来获得的投资回报可以是惊人的，这对于一个有固定收入的人来说是一个喜讯，因为有规律地获得收入，就可以有规律地进行投资，这反而比一次性投资来得有效和安全。

·以不变应万变

要赢得投资这场游戏，定期定额投资毫无疑问可以为我们累积长期的财富，因为只要是在一个长期的趋势中，无论是反复向上或是在很长一段时间内反复横盘整理，这种方法都非常适用。然而，为什么那么多专家都不推荐大家采用这种投资方法呢？通过对真相的揭示，我们发现一个很奇怪的原因，那就是由于这个策略太简单，甚至接近愚笨，几乎不需要打理，只要坚持就好。也就是说，专家的知识和技巧在这里没什么用处。

一个遵循法则的人看起来可能很笨，但在大的规律中，这些人应对变幻莫测的市场的方法非常有效，只不过这对于那些聪明又有专业资格，却仍然不能致富的人来说是莫大的打击。如果致富很简单，对那些多年苦心研究投资理论的人岂不是一个极大的讽刺吗？

投资的最高境界是无为

我们知道漂流的意思，就是找到一条能汇入大海的河流，像一片树叶一样漂在河面上，顺着河水的流动，不需要有任何人为的努力就能到达大海。

对于年轻且钱不多的人来说，这是一个喜讯，它意味着我们会有足够的时间去创造惊人的财富。假如未来10年经济大萧条，从投资的角度，我更应该祝贺大家，只要10年后经济恢复增长，我们就可以以低价持续10年购买便宜的资产。在这个过程中，我们需要的就是保持自己有一份稳定的工作收入并坚持把钱放进投资账户。由于计划是长期的，我们必须非常谨慎地挑选投资平台，选择优质的资产，并聘请一位有耐心的资深财务顾问为自己长期服务。

成本平均法好比“投资漂流”，一片树叶只需要找到能够流入大海的河流，顺应河水的流动即可轻松入海，尽管途中也有翻山越岭的时候，但只要路线保持不变，最终都能到达目的地——大海，这与老子所主张的“无为”是不谋而合的。

………………

我的悟语：投资制胜的关键不是看我们卖出的时候价格有多高，而是要看我们买入的时候价格有多低。

………………………………………

第四篇
财富在游戏之中

我是谁?

解读自己就等于解读了财富的奥秘，有智慧的人会从自己的本性开始寻找。

聪明的人向外找办法，有智慧的人向内探索答案。

当我们决策人生时，首先应对“自己存在的位置”进行确认，了解自己目前所身处的环境、与时间和空间的关系，否则探索外在的一切又有什么意义?

开篇故事

神圣的游戏

话说在众多的星球中，地球是一个最有吸引力的地方，许多宇宙的小精灵们喜欢来到地球，通过生活的体验升级和进化自己。因为只有地球能提供某些特有的条件，通过各种丰富的人生游戏，让自己的意识和智慧获得快速的觉悟和进化。其实，要争取到地球旅游的机会很不容易，玩家会被要求在有限的时间内完成多项生活考验，旅程充满了风险，一不小心就会迷失在游戏中。统计数据显示，能成功完成旅程安全回家的玩家寥寥无几。如果不是悟性极高，有意识地克制自己并遵循高人指引，玩家难免会在充满诱惑的世界中迷失方向，更不用说看清目标和路径了。

在过去漫长的岁月里，充满慈悲的宇宙长老们为拯救在迷茫中挣扎的小精灵，曾派过无数的使者来到地球，以不同的智慧化身做唤醒的工作。为了让他们更容易找到回家的路，宇宙长老们留下无数经典的教诲，甚至在地球的各个角落留下各种指引的路标。然而这些小精灵，不是因为被蒙蔽在虚幻的游戏里，就是因为惶恐而错过重要的信息，加上多年来地面的许多引领标识也遭受不同程度的破坏，让他们无法辨认。

宇宙长老们从没有放弃这项拯救工作，一款极具震撼力和启发性的财富游戏横空出世，游戏模拟人生的不同场景，让玩家们在游戏中真实感受与财富有关的剧情，从中看清财富游戏的全貌，彼此唤醒，找到回家的路。

第 13 章

以始为终

不忘初心

某日，寺院要扩建殿堂，有一棵珍贵的银杏树需要移栽到别的地方。方丈命两个弟子去做这件事，办好后回来复命。

两人来到树前开始挖土移树，但刚挖了几下，一位小和尚就对另一位说：“师兄，我这把铁镐木把坏了。你等着，我去修一下再挖。”师兄劝他移完树再修不迟，他说：“那怎么行？用这样的镐要挖到什么时候呀！”

于是小和尚去找木匠借斧头，木匠说：“真是不巧，我的斧头昨天砍东西弄坏了，就让我用菜刀给你修一下吧。”小和尚听了说：“那怎么行，用刀修得又慢又不好，让我去找铁匠把你的斧头修一下吧。”

小和尚带着斧头去另一个村子找到铁匠，铁匠苦笑着对他说：“我的木炭刚用完……”小和尚放下斧头，又去山中找烧炭的人。烧炭的人对他说：“我已经好多天没有烧炭了，因为找不到牛车去把木料运到这里来。”

小和尚又去找一位专运木料的车把式，车把式说：“你看我的牛生病了……”

几天之后，当僧人们经过四处打听找到这位小和尚时，他正提着几包草药匆匆从一个集镇向车把式的村子中赶。大家问他买药干什么，他说为牛治病，又问他为牛治病干什么，他说要用牛车运木料……挖树的事，他早已忘到九霄云外了。

财富通关游戏

有一个形象的比喻：人类是宇宙的孩子，地球是被宇宙选中的一所特殊学校，一批批的精英被送到这里历练和考验，从出生那一刻开始，人就被送进了一个大考场。人生中的各种困难和磨难就是为锻炼每个人而设置的。考场提供的是统一的综合性考试，虽然人们选修和参加考试的科目各有差异，但都必须在统考中达标，无法通关就得留级再考。

话说，所有人来考场报到时，都带着不同的天赋，其中有两样最基本的配置是每个人都有的，一个是硬件：“身体”，另一个是软件：“时间”。有关金钱的科目几乎是人人必考，考场聚集的考生众多，拥堵情况最严重，以至于连那些本不是来应考这个科目的人也被吸引过来凑热闹，加入考生的行列。

·穿越财富关

通常，考生从穷人起步，首先要完成关于身体的考验，身体的健康程度决定了考试时间，时间太短就无法体验完整的游戏过程。

第一阶段，穷人变富，奋力鱼跃。这个阶段考生面临的考验相对简单，如亲情关、友情关、家庭关、事业关，以及在物质层面的丰富。这个阶段首先考验的是从零开始白手起家的能力，考生只要掌握财富的基本原理，懂得加减法就够了，只要牢记“增加收入，减少负债”，让自己保持收支平衡就可以过关了。

第二阶段，表面是考核考生对金钱的管理能力，其实是考核对内在自我贪婪和恐惧的管理能力。要想成为富人，不但要学会理财，掌握钱生钱的技术，了解时间复利的作用原理，懂乘除法、时间与次数和倍数的关系，更重要的是要承担社会责任。这项考核仅仅用脑是不够的，考生必须启动更高级的秘密武器。这是一场马拉松式的考验，过程中必须保证不迷失方向，这就需要运用我们的智慧，学会运用资源，去除私心杂念。切记有了钱后不能得意忘形，不能挥霍放纵自己或恃强凌弱。所有定力不够、功夫不深的人，都可能会被淘汰。

认清目标与路径

· 成为真正的人才

这场考试的设计和筛选程序极其严格和精细，可能需要我们用一生的时间来做准备和练习，金钱与物质诱惑的关卡是最具有挑战性的，常使人做出非理性的决定。这场考试中全部是真实的生活场景，人们在各种挫败中逐渐改掉恶习，净化身心，不断蜕变，顺利通关获得晋级。

早期，穷人要成为富人这一目标是相对明确、简单的。虽然条件和机会不足，但他们常因顾虑较少而充满斗志，要找结盟通关的伙伴也并不难，考场中江湖侠客的英雄故事比比皆是，因而有一大批人能轻松通关。即便这次考试不过关，也能为下一次赚足积分。

游戏的难度在于，一批批的穷人虽然升级成为富人，但他们多数都没能继续晋级。一个人的真挚和善良必须通过金钱关测试，一个人若没有经历过人间的世俗冷暖，如果没有长期在困境中培养同理心，也没有在挫折中练就超强的毅力和定力，当个体利益和集体利益出现冲突时很难保持没有私心杂念，由此所带来的副作用会使人堕落。

试问在我们的身边有多少人，有了钱后还能保持与原来一样的谦卑朴实呢？

对于那些拥有财富的人来说，他们要通过的考试更有难度。因为物质条件越丰富就意味着牵挂越多，所受的外在制约越多，恐惧和担忧就越多。富人在精神上容易处于空虚和纠结的状态，他们的人际关系常因为金钱上的纠葛变得扭曲，无法体验正常的施受关系。内心的种种挂碍让他们无法获得有意义的人生体验，成为金钱负向作用的受害者。

追逐金钱的财富游戏

因此，无论是穷人还是富人，要想考核过关，除了要懂得善用物质与人力资源之外，还必须懂得如何借助自然法则的力量，包括了解身体和时间的规律，掌握及运用世间的各种游戏规则，并保持意识的清醒和觉知，才能避开各种设计精密的陷阱和诱惑，最终穿越各个关卡。

找到助力，问题迎刃而解

几乎每个人在过度追求方法和技巧的过程中都曾落入旋涡，这时就看觉悟的速度和反转乾坤的意志力。财富文化沙盘游戏的出现，无疑为人们提供了一种模拟练习的方式，通过在沙盘上与不同玩家的反复推演，人们可以看清人生游戏的整体运作机制，从中找到规律及有效的方法及路径，进而采取正确的行动。

财富心法

我们可以把世界看成一个巨大的游乐园，游戏的目的是考验我们克服各种艰难困苦的能力。每个人的轨迹都无法复制，我们永远无法评判他人，因为我们并不知道其他人所为何来。

然而，人活在这个复杂的世界上难免受到干扰，以致常常偏离最初的航道。在遭遇困难险阻后人生目标的不断转换中，很多人的初心早已渐渐模糊甚至消失了。然而，每个人都有自己来这里要完成的功课，应该经常回忆一下当初为什么启程，才能坚定自己的初衷。

正如纪伯伦所说："我们已经走得太远，以至于忘记了为什么出发。"因为忘记了初心，我们走得十分茫然和犹豫，生活多了许多柴米油盐的奔波，少了许多仰望星空的浪漫；因为忘记了初心，我们已经不知道为什么来，要到哪里去；因为忘记了初心，我们经常会听到人们的忏悔："要是我有了方向，要是我有恒心和毅力，一定不会是现在的样子。"

驾车出行的人需要仪表盘，才能掌握车子的整体状况；人如果要用财富去创造美好的人生，就应该对它有全面的了解。人可以同时生活在两个不同的世界：一个是显性的物质世界，另一个是隐性的精神世界。因此，人生也有两趟旅程在同时进行，一趟向外走，连接着外在的物质世界；一趟往内走，连接着意识心灵。所以，人不但需要练好"外功"，更需要练好"内功"。有了"格物、致知、诚意、正心"的内在基因，自然就会有"修身、齐家、治国、平天下"的成果。

对物质世界的执着，常使我们忽略了精神世界，好比空气和能量，都是眼睛看不到但又无时无刻不在影响我们的。就像大自然中的土壤与树木，树的根与枝叶之间是一体的，彼此相互依存一样，外在的物质世界也是内在意识投影的结果。世界是一体的，无论是逻辑世界还是精神世界，理性思维还是感性思维，东方文化还是西方文化，都是彼此相互依存的整体。人要处理好两种关系，一个是人与社会的关系，另一个是人与大自然的关系。

我们的物质世界充满诱惑，但毕竟谁都不能脱离自然的规律独自运行。一旦能看懂人生游戏的设计，人就不会执着于某个具体的现象，更不容易被眼前的困难

显性财富（自我）

1. 创造财富
2. 管理财富
3. 运用财富
4. 超越财富

隐性财富（本我）

1. 了解自我
2. 驾驭自我
3. 实现自我
4. 超脱自我

能量 =愿×道×术

100 = 1 × 10 × 10

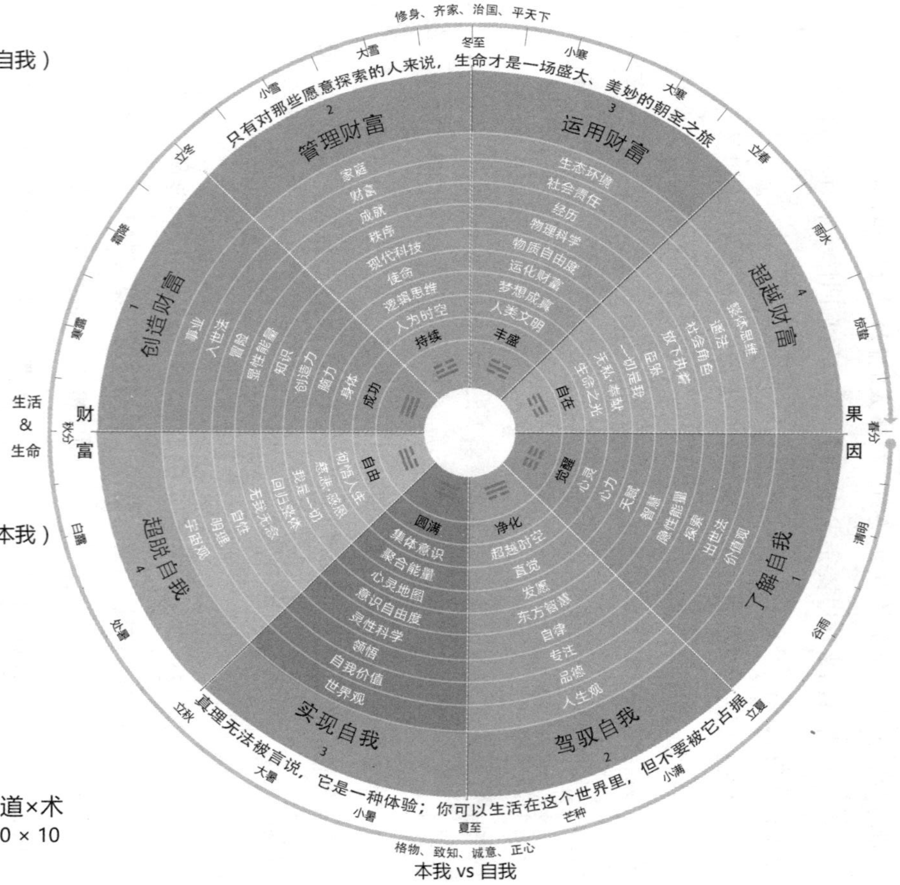

财富心轮

1. 有形有相
2. 无常游戏
3. 逻辑世界
4. 过去、未来
5. 方便为门

人为时空

&

超越时空

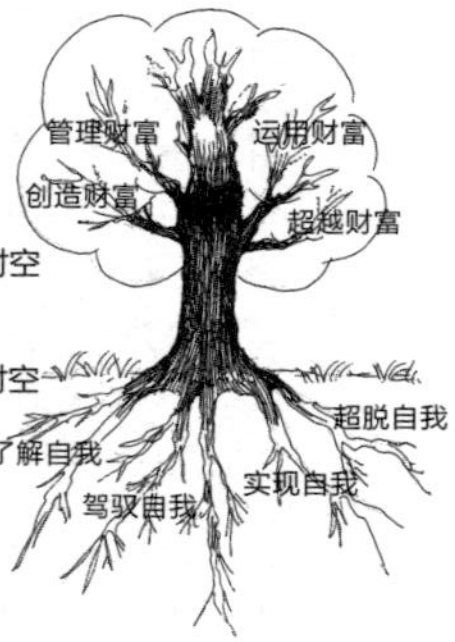

1. 无形无相
2. 宁静恒常
3. 精神世界
4. 当下、永恒
5. 慈悲为本

阻挡了道路。用自上而下的心态，自然能看清全局。人在没有恐惧的情况下才能获得智慧，保持清醒的头脑，才能以超然的心态面对外在发生的一切；只有不断地采取正确行动，才能从人生游戏的各种纠缠中解脱出来。

财富能量的流动

我们对财富的认知需要提升到一个更高的水平，贫穷是思维受限的结果，也是资产与负债不平衡的结果。财富文化是从实践中来的，每个人都必须亲身参与“知道—悟到—做到—得到”的过程。成就富足人生，需要我们持续做到内在与外在的平衡，在这个过程中不断化解问题，让自己获得终极的自由。

人生游戏的目标，是能够穿过整个过程获得更高的智慧。唯有通过勇敢地接受挑战，不断地超越自我，感谢生命中所有的“磨砺”，我们才有机会培育强大的内心，最终找到本自具足的自己，并以优异的成绩从这个通关游戏中胜出。

·开启生命之旅

如何让自己保持觉知，不受任何事物牵绊？这也是人生游戏中的一项重要能力，学会随时放空自己是一门重要的功课，而最简单的方法就是向大自然学习。比如自然界中的龙卷风，风眼看似平静，实际上看不见的能量的威力往往才是最大的。再比如车轮，有了稳定的轴心，才能够支持车轮高速转动，承载巨大的重量。事实上，虚与实、静与动、慢与快、外在与内在是一体的。

生命之旅

在财富游戏中，我们可以通过几个小时的沙盘推演，模拟几十年的人生历程，反照自己在现实中的困境，明白其发生的原因。无论上演的剧情是悲欢离合、贫贱富贵，时间用完了就必须落幕，我们应该在有限的时间内尽情体验。通过沙盘游戏模拟人生是一种最低成本的试错方式，认知的开放程度决定了思想可以被解放的程度，我们不妨多换几个角度看待人生，用整体的思维来解决问题，让人生拥有更多的可能性。

人的思维根植于某些固有的模式中，人们为此付出的代价是巨大的，因为每种认知都是一个牢笼，加上人们各有所长，总是用有限的已知去推演无限的未知世界，不但天赋得不到开发，而且自己将变得孤立无援。因此，成长就是要不断地突破、超越自我认知的障碍，做真实、努力的自己。

财富游戏需建立在财富文化之上

文化是一种无形的存在，它像空气一样无所不在，渗透在人们的思维里和生活中，从而影响着人们的行为和生活方式。文化的产生始于人类与自然的相互融合，是人与自然相互作用的结果。

人要如何才能成就自己的一生？

《黄帝内经》的开篇给了我们一个很好的启示："昔在黄帝，生而神灵，弱而能言，幼儿徇齐，长而敦敏，成而登天"，黄帝的一生已给我们做了一个很好的榜样。因为人是环境的产物，每种文化都会对应一种物质形态，文化起的是熏陶的作用，一种精神活动也会对应一种物质载体。传统的中国文化孕育了富有智慧的中华民族，让我们有了"天人合一"的思想，懂得如何能够建立合道的生活方式。传统文化包含农耕文化、民俗文化、养生文化、饮食文化、茶文化、酒文化等，而"财富文化"是一切有利于幸福人生的文化汇总，也是这个时代的新生事物。

关于文化的思考

· 文化经济时代

无形的思想推动能量的流动，而后显化为物质。思想是高频率的隐性能量，而物质是低频率的显性能量，人的难得之处就在于同时具备这两种能量。物质的思想化就是“自然物的人格化”，一切事物都是因人而异。经过人格化改造的物质就成为文化，它是人类集体意识的结果。比如高山、大河、森林、草原等，它们是原始形态的自然物质，没有附着人的作用。人也是自然界中的一分子，当人没有认识自然进而利用自然时，人与其他的自然物质一样，因为“人”那时充其量只是一种动物。自从人对自然物质进行了人格化改造的那一刻起，人其实就已开始脱离自然。再比如先民们使用的石制工具中包含着人类的想象和创造，所有这一切，都是人的思想结果。意识决定思想，思想决定行动，行动决定成果。

人是自然界中的一分子

文化须借助物质（自然）来体现。物质以某种方式反映到人的头脑中而产生了某种作用，影响人的认知水平。比如树木反映到人脑中后，人对树产生了认识，于是思想就对树进行加工改造，从而制造出了桌子、柜子。这个过程中既有树对人的影响和作用，也有人对树的改造及加工，是“物化”与“人化”相互作用的过程。

用人来比喻的话，精神世界属于相对高频率的存在，而思维的高低又决定了显化层面的形态。低频率的能量是相对固化的，显化为物质，而眼睛能够看见的是相对低频率的那部分，比如身体的各个组成部分；高频率的部分是无形的思想，人的生活一旦过度物质化以后，人的认知便会产生障碍，不利于精神世界的发展。

因此，我们要有意识地选择顺应自然规律的生活方式。所谓合道，首先是要得道。与自然同步是第一步。人如果真的能让自己保持纯净的意识状态，就自然会造就一个更灵动和健康的自己。

· 看清富足的真相

“圆”是合道的思维模式，它也是中国文化整体思维的体现。因此，圆满是人们内心的渴望，因为它给集体所带来的利益是最大化的。但现实中，我们所做的很多努力并没有导向好的结果，其根源在于我们采用了二元对立的思维模式。逻辑思维所创造的是一分为二的世界，我们的头脑早已被训练为分析和评判的高手，好与坏、黑与白、输与赢、穷与富，等等，都是以有限物质世界的标准来评判。

边界的扩展，让思想都变得五颜六色

活在头脑设计的游戏里，恐惧的心理会让人无休止地追逐物质财富，使人错过更珍贵的内在财富。一直以来，社会的贫困问题的根源在于对资源不合理的运用，资源分配不均造成了贫富差距。所谓的“资源紧缺”其实是一个假象，人们忘记了自己是具有无限可能性的，由于失去与真实自我的链接，人们得了一种“匮乏”

病，即便是家财万贯的人，依然觉得还应该拥有更多。这种匮乏感像传染病一样蔓延，在人们心中创造了莫名的担忧和恐惧，使得人们无论得到了多少，总觉得还是不够。

事实上，贫与富只是一念之差。当我们将匮乏的思想切换为充裕的思想时，就可以处于稳定的和谐状态。

我们已经迎来了一个共享经济的时代。人们开始明白，为人类共同的幸福谋福祉，最终受益的就是自己。当人们愿意改变自己，尤其是那些占有资源优势的人能够放下错误的认知和执着，从“我”变成“我们”，共同尝试走一条新路时，相信人们就能够远离贫穷，走向富足。

一个你必须看懂的游戏

人生如游戏，但几乎所有人都是在没有准备的情况下，甚至连规则都没有弄清楚，就选择了一份职业，匆匆地踏上旅途，开始了忙碌的一生。现实生活中也是一样，尽管看不清前路，但每个人都在奋力前行。

财富沙盘游戏让人生微缩在一个彩色的沙盘上，引领人们穿越各个阶段不同的关卡，透视现实生活中的自己，觉察自己认知受限的程度。

掌握一个“本领”

在财富沙盘游戏中，从外圈开始，玩家扮演某个社会角色。第一阶段，玩家需在设定的条件下，模拟从贫穷到富足的过程，体验用劳动力和时间换取金钱的忙碌生活。第二阶段，游戏规则反转，玩家晋级进入内圈成为有钱人，智慧也必须升级，否则无论拥有多少金钱依旧是穷人，无法享受金钱所带来的方便和自由。而要想从内圈晋升到核心圈，金钱已不是最重要的，时间和生活品质才是关键。

玩家参与各种活动，包括投资、进修学习、慈善事业、处理风险等，当中难免会遇到突如其来的好运或厄运，在游戏中不断成长。在时间的流逝中，有多少人依然记得为何而来？生活所提供的选择无数，但为何有那么多人会被困于贫乏的选项之中？无论独自奋战还是与他人结盟，其实都是个人的自由选择，在游戏中，选择的结果也清晰可见。

· 反转人生的智慧

苏格拉底在雅典准备接受死刑之前，还不忘告诫人们：“有一个真理我没有时间来给你们阐述。但是我必须告诉你们，没有经过反省和检查的人生是没有价值的。”

如果我们把所有的精力都放在生存层面的一些琐事上，就会忽略了一直潜藏于内心深处的力量，成为最大的遗憾。而真正的财富在于拥有智慧。

人类的许多痛苦都源自不安全感，而当我们明白并相信本自具足时，就等于储备了向这个世界奉献自己所需的智慧，那时候，我们就会从紧张中得到解脱，充满感恩地服务他人，无私奉献只是出于自然，好比一片充满雨水的云，找到了干旱的大地，一朵花的芬芳得到了释放，甚至不再需要什么具体的目标和理想，获得财富也只是跟随自然律动的结果。

人们对外在的世界感到困惑，那是因为被困在了一种固有的认知中。面对立体多元的世界，人们应该去了解陌生的事物，拓展知识和见识，放下傲慢的心，谦卑地迈入新的领域，才能创造更好的未来。

只有人们重新定义财富，重新建立自己与万物的关系，才能跳出受限的思维，才可能看到整体。想要改变命运，让生活变得更有意思，让自己可以有更好的选择，就要先调整自己的频率，将自己的心灵变得更纯净与祥和。

智者内求，愚者外求。觉悟的人做觉悟的事，迷惑的人做迷惑的事。

内求求一次，外求求一生，人生的智慧在于能够发现自己原本具足，因此，彻悟人生才是宝贵的财富。

第 14 章

由内而外

生命的立体成长

一个人获得外在世界的财富的秘诀是从改变内心开始，成就富足人生的第一步，不是去挣更多的钱，而是尽早调整对财富的看法。

大自然告诉我们，生命的成长是一个动态平衡的过程，好比一粒种子要先生根，长大后其枝叶的茂盛与否取决于根有多深。万物生长依靠的是各种能量的平衡。但人类总不能深入、客观地认识这个世界，喜欢揠苗助长，违背自然法则行事，被眼睛所看到的事物所蒙蔽，活在各种执着之中，包括对金钱、食物、爱情，对各种物质享受，甚至只是对思想中某种概念的执着。

生命是一个立体的、全方位的成长过程，内在是否能放下对自我的执着，与自然规律合一，决定了人们外在的生活是否和谐，包括身体是否健康、生活是否幸福等。

（1）宽度（Width）：以认知学习为主，开发大脑和训练逻辑思维，掌握必要的知识和常识。集体意识创造了共同遵循的游戏规则，人们围绕着这些共识管理工作，形成自己的生活方式。例如，认识时间概念，一天有24小时，一年有12个月、24个节气等。对人的寿命的预测也是根据过往的数据统计得出的。学校主要的功能是为社会培养人才，让人们具有区分并分析事物的能力，提升整体社会运行的效率。

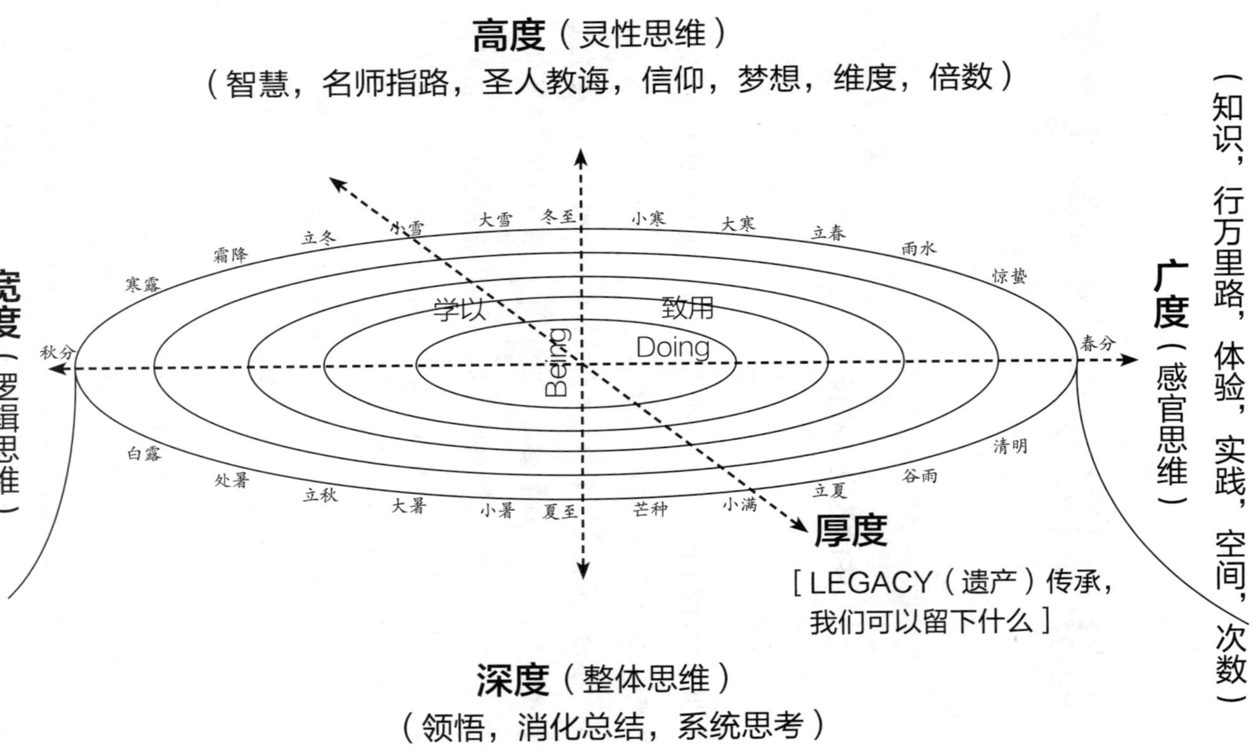

人生的多维度：高度、深度、宽度、广度、厚度、速度、温度

生命立体成长

（2）广度（Breadth）：学以致用，才能做到知行合一。有知识还得有见识，感官思维的成熟来自实践。时间对每个生命来说都至关重要，它包含了无数真实生活中的片刻。因此，一个人的广度拓展来自生活中无数次的历练。丰富的体验和见识可以突破知识的束缚，使人跳出头脑设置的各种框框，进而打破固有的思维惯性，提升对外在环境的敏感度及内在觉知。

（3）高度（Height）：开启本我天赋的无限潜能。时间在思维领域是超越空间数字概念的，好比灵感可以瞬间闪现，人的想象力也可以随时穿越不同的时空，包括过去和未来。因此，智慧决定了生命的丰盛和富足，好比24节气的周而复始，在大自然中的时间是由永恒的每个当下组成的。人的独特性在于可以用思维超越时间和空间，具有获得无穷信息的可能性。

（4）深度（Depth）：整合自己的所学所知，拥有智慧、全局观，能够领悟人生的真谛，具有从整体出发，深入、系统地思考问题的能力。能够随心所欲地运用自己的天赋及才华实现自我，随时调整自己的思维模式，通过符合自然规律的生活方式，达成天人合一的状态。

………………

我的悟语：我们一直在期盼的那份财富，其实是思想的觉悟；我们一直在等待的那个人，其实是更具有智慧的自己。

………………………………………………

·解码真正的财富

自然包罗万象，层层叠叠，有着许多不同的自然法则，当中既有简单直接的，也不乏复杂艰难的。好比地铁线路，有直达的，也有绕道需要换好几趟车的，走哪条路全看每个人的机遇和选择。财富沙盘游戏提供了一个简单的方法，启发人们对生命的意义进行思考，在人生旅程的缩影中看清金钱世界与自己的关系，把生活变成一个没有边界的课堂，使人们携手同行，最终胜出。

让真实的生命得到释放

富足意味着不缺任何东西，觉悟意味着人生不再会有困惑。所谓的合一，是身心合一、心脑合一、知行合一。人们唯有通过改变自己的内心，舍弃自我的执着，才能跳出人为设置的各种条条框框，逐渐获得自由，实现富足人生。

财富文化的中心思想是“合一”与“开悟”。人好比尘埃，无论曾经飘浮得多高、多久，终归还是要落地。这个过程中我们要经历逆境的洗礼，才有可能了解生命的真谛。如果人能够在自然规律中顺势而生，就可以避免不必要的磨难。

………………

我的悟语：财富是对人们的一种奖赏。它并非靠赚取金钱所获，而是靠思想觉悟得来。

………………………………………………

·财富文化的实践

大自然周而复始，而人不过是其中微不足道的一粒尘埃。财富文化的启迪，帮助我们发现自身的价值和恒久不变的规律，使我们不至于只依附物质世界中的有限规则；帮助我们拆除人与人及人与社会之间竖起的栅栏，让自然的能量得以流动。

当我们了解了自然法则，学会通过给予而得到，金钱就会成为彼此表达爱和奉献的媒介。领悟了生命的真谛，一切活动的动机自然就会发生改变。

金钱是一种能量，每个人在生活中都有主导它的机会。如果我们能够把每分钱用到正确的地方，就可以为这个世界带来改变。如果我们能够让商业和金融为人类的共同目标服务，实现人类最崇高的理想，那金钱就有了非凡的意义，当然，它也一定可以支持每个人拥有更美好的人生。

共享时代的来临，给了我们一次用“自然之道”去显化“丰盛”的机会。我们不妨尝试打破自己的思维惯性，放下分裂和匮乏的二元思想，以内在的“合一”意识去融合外在的“分裂”，用无私奉献的心去服务大众，通过自利利他的公益行动，用内心高频率的能量去化解外在的问题，善用自然的法则，引领金融和商业助力我们最崇高的共同理想的实现。

探索外在世界的事物固然重要，
但不要忘记，
我们同时更需要花时间探索内在的自己。
了解自我，
驾驭自我，
实现自我，
超脱自我，
是我们人生的另一趟重要旅程！

探索内在的自己是人生一趟重要的旅程

拓展对时间的认知

·线性时间

时间是提升群体共同生活效率的一项发明，也是记录历史及规划未来的有效工具。人们用它表达从这里到那里、事件发生的起点和终点等；计算所需要的时间，我们常用的度量单位包括年、月、日、时、分、秒等。这个工具的副作用就是会使人容易活在过去和未来，而常常忘记“当下”才是真实的生活。

金钱与时间的结合，效益惊人

因此，财富沙盘游戏提供了两个时间体系：一个是方便头脑理解的线性长度时间，从开始到结束是“3个小时模拟30年”的概念；另一个是二十四节气标识的时间，它代表的是循环往复、永不停息、无始无终转动的每个当下，只要人们愿意继续，游戏可以永远进行下去。真实的时间不在于概念，而在于我们真实地去经历其中的每个当下，通过每个机会领悟命运给我们的启示。

·时间的频次

我们的生命都是由每个当下的活动频次组成的。很巧合的是，在英文里，时间“time”一旦加上“s”就变为次数“times”的意思，也许我们可以将其理解为“时间+空间”。比如，生命不仅是一个长度的概念，生命也是真实内容的体验次数，以及机会和幸福片刻的累计。在游戏中所领的工资、进修学习、健康管理、品质生活、投资机会、慈善公益、生孩子等的次数，才是我们真正存在过的实证，因此，我们说生命是一门实证的科学。

时间的裂变带动财富能量的扩散与上升

·自然的时间工具

大家也许会感到奇怪，为什么财富文化与二十四节气有如此密切的关系？因为获得财富是一个时间游戏，运用线性的时间概念，只会让我们的心态变得越来越匮乏。要让生命富足，首先要学会用好每个“当下”，二十四节气的时间概念就是用于表达“当下”的，它可以帮助我们摆脱头脑中的匮乏感，让人回归“充裕”的自然轨道。

我们并非独立生活在这个世界上，而是身在大自然整体之中，获得财富只是其中的一个游戏，我们无法背离自然规律而独立运作这个游戏。所有生命都在接受大自然的影响。它不但影响着我们的健康，同时也影响着我们的未来。身体和时间是我们最重要的财富，财富是为生命服务的，唯有学会与自然和谐共生、与天地同步，我们才可能获得可持续的健康和财富。人的第一项使命，是要学会用好自己的生命，然后才能谈得上将自己奉献给这个社会。

二十四节气是古代人们通过观察太阳的周年运动，认知一年中时令、气候、物候等方面的变化规律所形成的知识体系，是根据地球在黄道（即地球绕太阳公转的轨道）上的位置变化而制定的。二十四节气把太阳周年运动轨迹划分为24等份，每一等份为一个节气，始于立春，终于大寒，周而复始。在地球上有24个时区，每隔15°（15经度）就是一个时区，每个节气分别对应地球每运动15°所到达的位置。

2016年11月30日，二十四节气被正式列入联合国教科文组织《人类非物质文化遗产代表作名录》。在国际气象界，这一时间认知体系被誉为“中国的第五大发明”，同时也成为人类共有的财富。

二十四节气千百年来早已家喻户晓，人们用它来获取自然赐予我们的各种财富，繁衍至今。自然能量周而复始地变化，却从未停止孕育和滋养万物的生长。人生的智慧在于懂得使用正确的工具，管理财富之道在于懂得借助天地之力。越来越多的人开始觉醒并走向回归自然之道，人们对养生及财富的认知也已上升到能量层面，回头看，才发现我们的祖先在不知道何谓量子理论的时候，早已懂得运用各种自然界精微的能量。

我们需要一个能用于创造和享用财富的时间工具，让我们可以脱离思想的匮乏，回到大自然的怀抱中。

逻辑思维表达的时间只能是线性的，每个日子过去了就不会再回来，时间的流逝让人总有一种“时间不够用”的感觉。它可以用于表达人从出生到死亡的概念，也可以用于记录一个活动的过去和预测未来，但它无法表达“现在”或“当下的片刻”。然而，生命的真相是关于每个“当下”的。时间其实像轮盘一样，既没有特定的起点，也不会有终点，大自然生生不息地循环，而生命只存在于每个“当下”。如果换一种方式来表达时间，生命的品质就会完全不同，例如，当我们说今天是“雨水”第几天时，我们得到的是一个多维度的信息，“雨水”代表“降雨开始，雨量渐增”，其中既有时间也有空间，使用它，人们就可以获得精确的行动指引。“雨水”前面的节气是“立春”，提示我们春天开始，大地复苏，很多小动物和微生物也都陆续苏醒，这些规律性的信息会让人回到当下的生活中，并采取正确的行动。人们不会忘记播种的季节，也不会错过自然给予的各种财富。

万物从无到有，我们可以把它描述得非常复杂，但也可以非常简单。用自然的时间工具主导生活，就能与自然的节奏同步。比如采用二十四节气的时间来主导生活，人们就可以避免落入头脑的线性思维的局限。头脑每天会要求我们在有限的时间内解决特定的问题，因而让人处在“时间不够”的恐惧中。而二十四节气反映的是孕育万物的自然能量，比如一年“七十二候”中不同动物和植物的变化都会如期而至，当人们活在当下，就自然能获得丰盛和富足。

一年有四季，可以分十二个月，也可以分为二十四节气。节气是我们用来标识“自然能量”周而复始的变化的，也可以说，节气是一个提醒我们与大自然不断同步的时间工具。

春生、夏长、秋收、冬藏，时时活在大自然的频率中就能获得生生不息的能量。人如何能做到在每个“当下”都“顺其自然”？只要我们“用心”去感知，就会发现财富无处不在。只因我们觉知力太低，世俗的诱惑又太多，才不断错过自然的馈赠。我们的祖先充满智慧，他们用节气做了标识，好让子子孙孙能顺应这个时间表去耕种和生活。于是，就有了与“二十四节气”相应的农耕文化和民俗文化。我们现在可以把它理解为指导人类如何在正确的时间和地域，顺其自然地获得生活所需的自然法则。现代科学，无论是自然科学、社会科学还是应用科学，首先要与大自然建立一个和谐的关系，在规律中行事，为整体服务，才能有所发展。

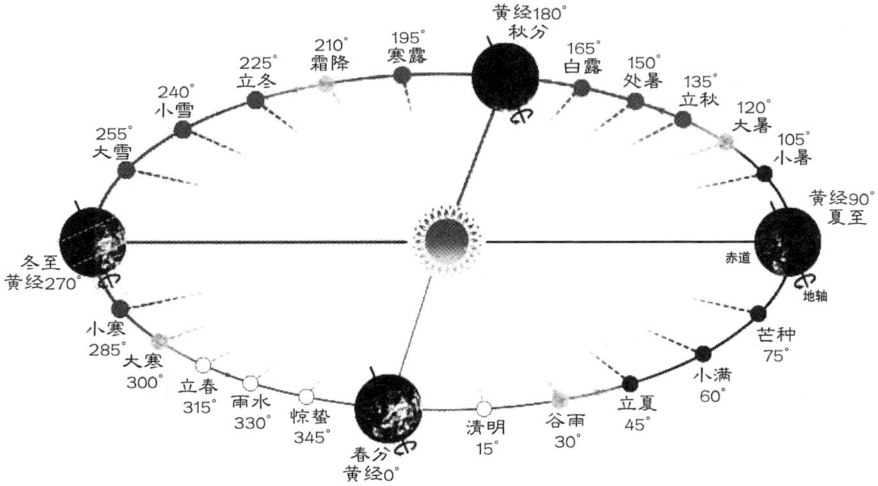

二十四节气

如果人们能依照二十四节气的自然规律生活，不但可以改变自己的不良习惯，还能够调理身体。当我们的身体时刻与自然保持同步，五脏六腑正常运行，经络畅通，我们便会处于健康的状态，健康的状态也会影响我们的能量和情绪。

因此，如果为我们的人生做正确的选择，就必须顺应自然规律，保持健康，身体是可以帮助我们检验真伪的。

·借自然之力达成富足

与自然规律一样，人的觉悟提升的过程也是螺旋式上升的，这个过程需要获得大自然能量的滋养。我们可以观察到，和谐是一切财富流动的基础。比如身体好财运自然旺，因为身体健康，就能够不断调和自己与外在事物的能量，生活就好比进入了省电模式。再比如，一年中的二十四节气和七十二侯都是指导我们获取财富的标识：春生、夏长、秋收、冬藏，春天是做计划和播种的时候；夏天农作物快速生长，也是事业造势的时候；入秋就可以收获；冬天就是储藏能量的时候，要停止不必要的消耗。

财富沙盘游戏是基于二十四节气的时间原理来设计的，二十四节气是一种需要我们去体验的时间工具，财富的秘密就隐藏在其中。

如何跳出线性时间的困局？

如何让健康和富足变成生活的常态？

如何能毫不费力地做到“天地人合一”？

觉悟的人不再有困惑。事实上，只要拥有健康的生命力，每个人都可以随时重新定义自己。规律地生活，在健康和长寿的基础上做事情，就可以毫不费力。我们不仅可以“潇洒走一回”，还可以“潇洒来回走”。

“自高而下”“以始为终”“由内而外”是财富文化的核心理念，也是祖先留给我们的传统文化。让我们时刻牢记什么是真正的财富，一起去穿越金钱关，打破受限的认知，回归自然，去迎接一个天时、地利、人和的丰盛世界。

激活财富能量

人生也可以用一张资产负债表来表达。有资产必有负债，反过来，有负债也必有资产。健康与财富要平衡，身心内外要平衡，精神财富与物质财富也要平衡。世间没有好坏的问题，只有平衡与失衡的问题。

真正的富人未必是有很多金钱的人，而是有自由度和有影响力的人。这些人精力充沛、激情澎湃，举手投足都有强大的感染力和号召力，浑身散发着喜悦与爱的能量，他们能够聚集足够的资源，他们的存在就是财富。他们专注、平和、安详、信任、合作、做事一心一意。

从金钱的世界中觉醒

而贫穷的人不仅表现在金钱方面的缺失，他们的心态也总是悲观的、消极的，他们通常懒惰、自私，让身边的人感觉莫名的压抑。缺钱其实只是一个表象，其根本是缺乏智慧，既不懂得使用正确的工具，也无法改变自己去融入环境，忽略了人力资源才是创造的源泉。

频率共振才能产生和谐，它会创造一个无形的场，让财富聚合显化。如果我们能让自己持续处在正面的能量场中，把自己的土壤培育好，自然会获得丰盛的结果。负能量会吸引坏事，而正能量会吸引好事。“祸不单行”“锦上添花”“好事成双”等说法，表达的其实都是能量的吸引性和共振性。长时间和具有某种能量的人在一起，我们就会受其影响。因此，“与谁一起干革命，比革什么命更重要”。

如果只看到风景而疏于从中发现意义，我们就可能会陷入困惑，因为没有目标就没有路径，我们也就无从做出正确的选择。

· 重新定义资产与负债

会计学里有一个基础理论，“有借必有贷，借贷必相等”。因此，要获得财富，就必须懂得平衡的道理。当企业管理者拥有超越金钱的观念，不断根据企业的发展调整对资产的管理模式，企业就不会被金钱所困。将这个理论应用到一项事业的发展上，就能有效避免亏损和风险；将它用于人生，就更易获得富足。

老子说：“有之以为利，无之以为用。”这是对平衡之道应用的指导。充裕和匮乏本身也是一个平衡概念，只要调整观念，就可以改变状况。比如，“有”除指看得见的东西以外，其实也有“有限”的意思；“无”可以被解读为“没有”，但其实也有“无限”的意思。我们可以在“有”的物质世界里创造，也可以运用“无”的能量孕育万物。

凡是存在的，必有其用处，就看我们能否把它放在合适的位置上。有危险，也就有机会，重要的是看人是否有超越的智慧。比如，一个人有负债，就必定有相对应的资产。是资产还是负债，还要看相对谁来说。储蓄存款对存户来说就是资产，但在银行的报表里就是负债。读懂彼此的关系，就读懂了财务报表；能感知时空的变化，就等于有预测未来的能力，面对工作中可能的风险就能够提前做预防的工作，采取正确的决策。

财务报表以数字的形式真实、准确地反映企业经济活动的全过程。站在一个更高的位置来看，我们也可以为某一个项目、某个企业，还可以为整个社会，甚至一个国家、民族做报表，当然也可以为自己的人生做报表，进而根据总目标分科制订行动计划，为不同的目标配置合适的资源。一切的重点在于平衡，根据发展的需要不断地调整，让资源能够为我们的目标服务。

是否有达成目标的可能性，在于是否有保持立体动态平衡的思维和能力。我们会发现平衡资产和负债是一门艺术，也是管理财富的必要手段。穷人要改变命运，应该先调整自己的资产负债表。严格来说，世界上的穷人是被定义出来的，只要懂得调整资产负债表，穷人同样可以变得相对富有。

每个人都是自己生命的财富管家，学会从更高的层面看待资产和负债，就是一种觉悟，懂得调整自己的资产负债表，就拥有了转化危机的能力。举例说，如果可以超越金钱从更高的层面来看资产，那健康就是我们的资产，疾病就是负债。当我们认为灾难是负债时，如何找到与之对应的资产？比如集体的觉悟、万众一心、各方的帮助等就是资产。如果人情债是负债，将之转换为有价值的人际关系就是资产。一个固化能量是负债，将其激活之后所产生的动力就是资产。如果一个企业的财务总监有这样看问题的角度，就能够帮助企业化险为夷。根据财务报表，我们就可以知道应该采取哪些行动去改变现状了，这才是高级财务主管应该做的工作。

各种形式的投资都是基于一个共同的时间概念的。炒股要讲究时间，对冲基金、期货、外汇投资也是讲究时间的。获利的时间周期越长，对我们致富就越不利。许多不合时宜的模式正面临被淘汰。用二十四节气作为时间工具意味着拥有更高的频率、更多的机会、更灵活的思维、更细微的管理，行事更加省时省力，也更易于被人们接受。

财富的本源

一般来说，城市里的多数经济活动都是以12个月为一个周期的，包括房租、工资、企业报表、税收等。中国企业的财务年度一般是1月1日至12月31日，一些欧美企业的财务年度是当年的4月1日至次年的3月31日。笔者认为，许多企业经营困难与每年12次的统计频率有很大关系，因为在任何事业发展的阶段，企业遇到的挑战和风险都不会少，唯有增加频率，采用更精细的管理，才能化解更多问题。如果采用每年24次的统计频率，就相当于多了一倍的自我修正的机会，无形中降低了失败的概率。员工薪水也是分24次发放，员工就能建立一个更细致的家庭财务规划，更有效地使用金钱。

农民耕种一年有大概一到两次的收成，由于交易的频次有限，在金钱游戏里，农民挣钱相对比较难；工厂的生产周期比较短，产品产出频率更高，工人赚的钱就比农民多；商业活动的交易频率更高，买卖可以随时发生，因而商人比工人更富有；银行家比商人富有，因为金钱的流动在他们那里是以分秒来计算的。

进入以精神文明为主导的信息经济和数字经济时代，人类需要重新定义财富，因为对财富的定义决定了我们是否能够回归自然的生活方式，也决定了我们是否可以从匮乏的金钱文化中升级。超越物质的能量是一种隐形的财富，通过财富文化的引领，我们可以以最简单轻松的方式回到符合自然规律的发展轨道上，实现人类可持续发展的共同愿望。

世界经济已经进入一个发展瓶颈，旧模式已无法解决各种积压的社会问题。借助二十四节气等传统文化和自然赋予我们的力量，我们可以拓展思考方式，突破财富游戏的制约，进入丰盛的世界去领略大自然的馈赠。

二十四节气歌

一月小寒接大寒，二月立春雨水连；
惊蛰春分在三月，清明谷雨四月天；
五月立夏和小满，六月芒种夏至连；
七月小暑和大暑，立秋处暑八月间；
九月白露接秋分，寒露霜降十月全；
立冬小雪十一月，大雪冬至迎新年。
抓紧季节忙生产，种收及时保丰年。

第 15 章

自高而下

随着越来越多的人觉醒，我们会发现与自然和谐共生是推动人类发展唯一的出路。过往从山脚下往山顶攀登只是逻辑思维的一种认知，我们完全可以换一种思维方式，自高而下，即从道的制高点开始往下去实证，以道法自然的智慧方式来获取我们所需的一切财富。

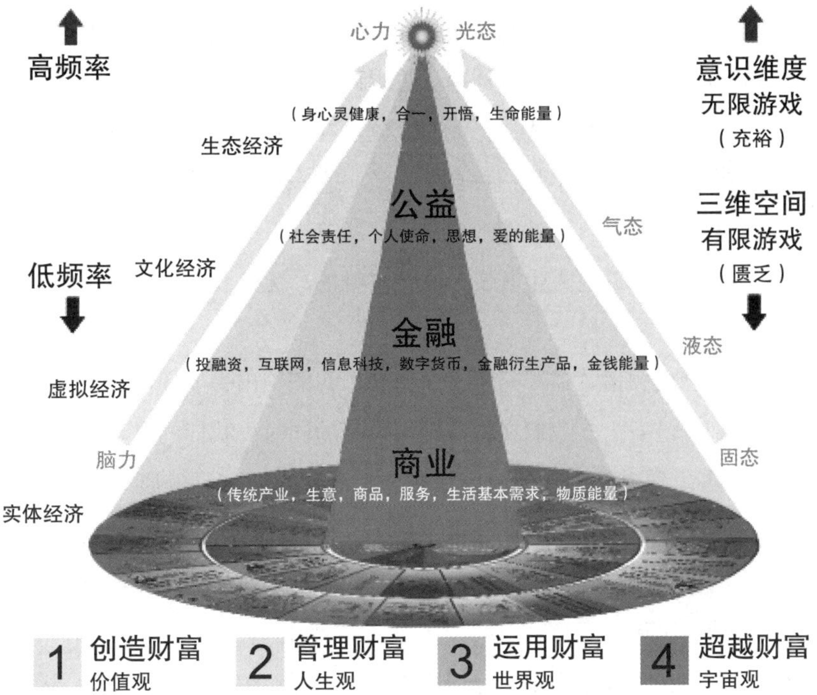

自高而下

成为金钱的行家

人类好比生活在一个立体的大型拼图游戏里，纵横交错的“碎片”，大游戏中还有小游戏，彼此有着无法分割的关系。游戏的设置包罗万象，无论是以健康还是以财富的名义，所有情节其实都是预设的。财富沙盘游戏提供了一个模拟的体验机会，其中的信息量极其丰富，需要人们细细地去领悟。财富沙盘游戏以提升智慧为目的，致力于唤醒人们对金钱游戏和生命旅程的全面思考。

生命不可重来，然而，对于在物欲横流的世界中苦苦追逐财富的人们来说，生命是一趟坎坷和充满冒险的旅程。过去的商业和金融活动，更多的是以资本和利益驱动物质能量为主导。金钱游戏调动的是群体的欲望和贪婪，辅以弱肉强食的原则，衍生出各种竞争模式，它确实推动了某一时期的经济发展，但对资源的掠夺和对生态的破坏，导致了人类集体陷入进退两难的境地。

事实上，环境与我们紧密相连，无时无刻不在影响着我们，个体离开了整体，任何发展都必将枯竭。充裕本是一种自然现象，它来自和谐能量的汇集。当每个人都成为一个和谐的中心，自然就能形成整体。所以，万事以和为贵，和气生财。分裂的能量会让人陷入匮乏。人生其实是立体多维的，无论我们是否乐意，都已身在其中。

我们必须自己去领悟“道”的含义。比如，我们给出去的任何东西，最后都会以各种形式回到自己身上。我们在提高别人价值的同时，我们的自我价值也自然提高了。当我们能让身边的人感到健康幸福，那我们也一定是健康幸福的。成就他人，最终获得最大成就的是自己。公益不是牺牲自己或者忽视自己的利益，它是让所有人共同富有。公益是经由生命的关系，激活生命能量的循环，让每个人在其中发挥更大的价值。

财富沙盘游戏让人体验的是一趟回归整体的旅程，游戏让我们见证了存在本身就是财富。现实生活中，尽管我们有不同的职业角色，但实际上内在都是一体的。

社会赋予的身份和目标被人们看得很重，每个人都有不同的执着，人们的认知被眼前的事物牵引，忘记了自己为什么出发。

财富沙盘游戏把难以驾驭的现实游戏浓缩到一个沙盘上，让人们看清财富显化的真相。人要做的功课是使与万物的关系变得和谐，开启潜藏的生命能量，才能见证从“我”到“我们”的奇迹！借助一场沙盘上的模拟游戏，人们可以从“用脑”到“用心”，冲破头脑的禁锢，抛弃落后的知识，开启心的力量。真正的富人思维是要发现更高层次的财富，换一个角度来看待不同的关系，然后借助自然法则、游戏的规则、社会的机会来化解问题，让彼此获得解脱。

财富存在的形态是随着不同的意识能量而改变的，它的形式既可以是物质的，也可以是无形的。外在世界的丰盛是内在世界的投影，精彩的人生意味着可以来去自如，可以穿梭于物质和精神两个世界。人们唯有看清人生深层次的意义，方能摆脱制约，潇洒前行。因此，彻悟人生，意味着我们拥有更高的自由度，等于开启了最大的财富。人类来自自然，终将回归自然，当人类站在一个更高的位置来看待金钱，并将金钱运用于实现自己最崇高的理想时，世界将会随之而改变。每个身在迷宫游戏中的人都需要一张导航图，因为方向正确比努力更重要，心中有定、心中有谱、心中有数，就能保持自己在迷宫里不失去方向，避免走不必要的弯路，最终找到回家的路。

用财富惠及他人

改变命运的力量一直都存在于每个人的心中，当我们将金钱看作流经我们人生世界的河流时，我们就会意识到它其实是人类共有的，我们的机遇就是允许它像水那样流经整个世界，惠泽所有的人。富人就是那些无论走到哪里都是不断做“合一”工作的人，他们以提升意识境界为人生目标，身体力行地凝聚身边每个人，创造和谐的能量场。穷人则相反，他们受限于头脑里固有的认知，缺乏意识的自由，因而常常表现出焦虑、恐惧、不安、急躁、怀疑，他们常精神恍惚，无法集中精神做好一件事，不但给身边的人造成恐慌，也导致自己前进的路途障碍重重。

当人与自然和谐相处时，我们对食物、水、能源等物质的需求就能得到满足。

当人与社会和谐相处时，财富的创造和资源的使用就会趋于公平。

当人与自我和谐相处时，人将实现健康、富足和自在。

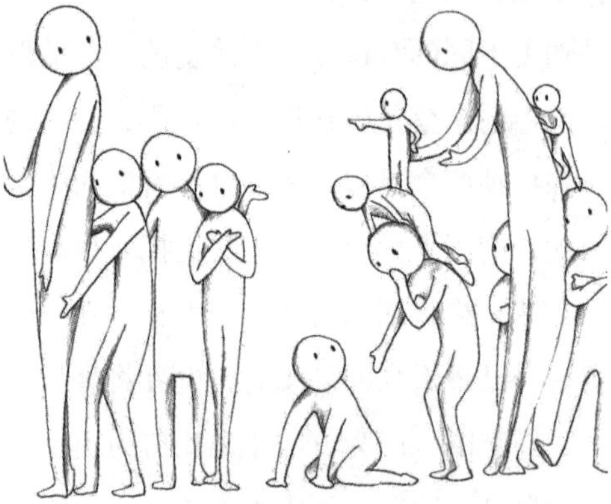

珍惜生命中的每个当下

我们从小热衷于得到东西，从玩具，到后来的知识、名誉、地位等。随着年龄的增长，我们得到的东西确实越来越多。但时间久了，人就会感觉既沉重又麻木。头脑喜欢把简单的事情复杂化。由于它只认识“有”，不认识“无”，所以它会把我们限制在某个固定的游戏里。人们的误区在于总是把拥有财富等同于幸福，将富足人生解读为“有”：有钱、有车、有房、有权；但其实富足人生是“无”，我们要的是无忧、无虑、无病、无灾。

欲望是思维里的病毒程序，一旦触发是很难管控的。所以我们需要懂得做加法，更需要懂得做减法。“名与利”可以成为工具，对于外在的世界，我们要做的就是不断地取其精华、去其糟粕。在人生旅途中，唯有一心一意向内走，我们才可以开启本自具足的力量去创造一切！那个“最初的目标”便是我们的宝贵自我——生命存在的意义和根据，丢弃了它的人，就只能像一个空壳人一样在这个世界上游荡。

只有内在的智慧能驾驭恐惧和贪婪，为自己掌管方向。
心灵发出的光可以指引我们不至于迷失。
我们要成为自己的光。

我们要活成自己的灯塔

无论遇到多少困难和曲折，也无论走了多远，我们都不能忘记为何出发，要带着觉知去做事情。如果我们目前所做的事情不能让自己变得更好，就应及时调整，否则就等于是放弃自己美好的一生。

突破游戏困局

感观、念头、思维方式、想法、观念、判断、性格、选择、决定、行为习惯、努力程度、结果，这些的和就是命运。

因此，当我们面对生活中人与事的变化时，面对顺境或逆境时，我们不能感观化、主观化、表面化地分析，做判断。相反，我们要走上学习、体会、感悟、探索、求真、唤醒他人的道路！

我们在生活中选择了什么道路并不重要，因为任何一条道路都会收获一种体验。重点在于我们能从这些经验的痛苦里学习到什么，以及如何抽离出来，让自己拥有更高的智慧。人要学习的并不只有文化知识，还有通过生命的经验，开启更大的本我智慧。

生命的状态

因此，我们应珍惜这场人生游戏。我们都是幸运者，有幸来到这里相会，我们必须呵护好自己的身体，否则就无法体验丰富的人生旅程。

我们最终会明白，我们要为创造内在的和谐负责，富足人生是内在和谐的显化，而获得内在和谐的唯一方法，就是让自己从头脑的匮乏思维中解脱，回归整体的充裕思维。

·传道，授业，解惑

现行的教育体系虽然注重人脑的智力开发，知识量丰富，但分门别类的结果是使知识变得碎片化，以致很少有人了解整体是什么。事实上，不假思索地沿用过去的知识，或根据书本的理论来认识生活，正促使我们变得机械化，我们越来越缺少独立思考，内心残缺不全，失去了真正的创造力。

财富文化的价值在于它激发了我们对生命真相的探索欲望，唤醒了人们内在最真实的渴望。作为人类命运共同体中的一员，每个人都有义务承担一份责任。因此，我们要以身作则，完善与自己、他人、社会及生态的关系，不辜负自己存在的价值。

所有复杂的游戏都是头脑发明的，所有的问题都是自我创造的，头脑天生喜好难度和挑战，喜欢坎坷和扣人心弦的剧情，因此选择了一个复杂的游戏。如果要让事情变得简单，就得有办法让思维跳出固有的模式，回到根源去看清真相，然后重新做一次选择。

财富文化将唤醒、陪伴、等待每个生命，以始为终，不忘初心，以公益之心引领金融和商业活动，将充裕替代匮乏的思想应用在实体经济、虚拟经济、文化经济，乃至生态经济等与人类有关的各项活动中，显化真正富足的人类社会。

财富文化应启发我们去搞明白什么是真正的富足，了解孕育我们的大自然及其恒久不变的规律，探索贫穷的根源并做出改变，化解人与人之间的对立。教育的目的并非制造知识分子、工人、专业人士，教育的作用在于培养有整体思维的人，使人从恐惧之中解脱出来。事实上，唯有回归健康和谐的成长轨道，真正的富足才可能出现。

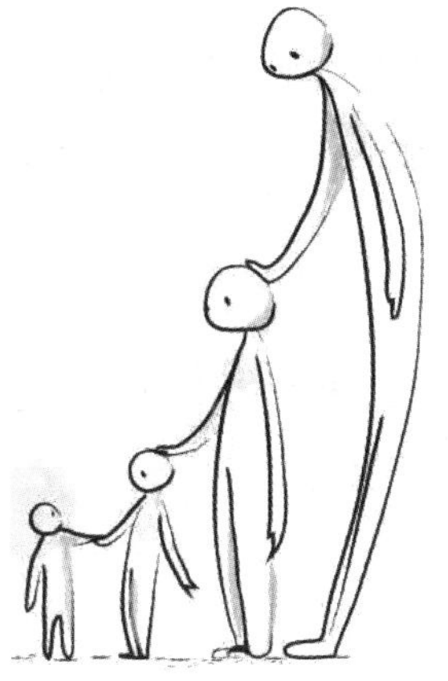
财富传承

一个没有读过书的人，很可能比一个博学的人更具有智慧，人们可能拥有高学历，具有机械化的效率但缺乏智慧。教育一旦把考试和获得学位作为目标，就容易培养出只在乎知识和技巧但迷失方向的人。智慧是对事物根本深度了解的能力；而教育的作用，应是唤醒人们的这项能力。

· 来一场财富意识的革命

人类最初创造货币时，只是单纯地为方便考虑，但随后货币逐渐演变成了划分社会阶层的工具，甚至变成有些人所谓的生命价值的体现。人类在享受货币和金融系统为生活带来高效便利的同时，也在承受着一次次“金融灾难”带来的伤痛。人类对物欲贪婪无度，以虚幻的数字游戏换来了日趋严峻的生存环境。

社会的价值取向是集体意识创造的。现有的经济社会发展模式也是参与者既有的文化价值观的体现，人类的可持续发展有赖集体意识境界的提升。规则可以约束人的行为，但其实最强的约束力来自每个人的自律。任何文化发展的背后都有不同的驱动力，集体意识的水平决定了游戏规则。匮乏恐惧思想的驱动力，会让人选择相信丛林法则，弱肉强食，因而创造各种的竞争游戏。这股力量在过往的经济发展中确实主导着人们的行为和生活，虽然人类文明在不断发展，我们已获得某种程度上的物质丰盛，但其副作用是有的——人类的精神世界趋于倒退，陷入贫瘠。事实上，只为一己私欲和享乐去掠夺，不但会使文明失去价值，也会使财富拥有者沦为财富的奴隶。

这是一个觉醒的时代，随着人类文明的进步，充裕思想终究会成为主流的文化，人们开始明白唯有合作共赢才有出路。正如一个健康的身体离不开每个细胞的健康，集体意识也是由个体意识组成的，当觉悟的人成为大多数并在各自领域内起到主导作用的时候，变革就会自动发生。因此，每个人必须肩负起唯有个体才能完成的任务，从自身做起，提升意识，人类才能从匮乏和失衡的文化中走出来。

我的悟语：人真正的慈悲是基于对生命真相的了解，最大的慈善是治理好自己内在的心理环境。

·整体思维，共享共创

生命是最大的财富，生活是我们最好的老师，如何开启人类自身独有的潜能来为整体而服务，其实是重要的经济学课题。每个人都有一份自己的功课要做，那就是如何善用一切资源，活出物质与精神双丰收的平衡状态。

对自然规律的了解有助于我们以最简单的方式收获成果。当时机不对时，好事也会变成坏事，好人也会像仇敌一样的恶语伤人，愚钝的人不知道时间的价值，被事情所困。当时机对时，坏事也会变成好事，仇敌也会像朋友般与我们拥抱。智者把握时机，超越时间的制约，不断入局做事却可以不被事情本身所困。

金钱是一种能量，每个人都有机会去主宰这股能量的流动。它可以是承载着爱的祝福，而不只是一串银行卡上的数字。当我们运用金钱来表达爱的时候，它就具有强大的影响力。人类应该坚定地朝一个共同的目标努力，为灵魂深处对和平、健康和富足的渴望而努力。

生命是最大的财富

金钱是实现我们梦想的有效工具，给予我们向世界宣告我们是谁的机会，金钱是服务于他人和成就自己的媒介，也是我们表达对亲人关爱的一种方式。人只需放下恐惧，换一个角度，就会看到地球上的资源足以满足甚至超过人类的需求，足以保证我们拥有健康、富裕的生活。因此，金钱游戏需要被人赋予使命，让这股能量成为爱的流动，为生命最崇高的理念而服务，而不是人们被它奴役和控制。

只要我们真心愿意，所有人都可以成为游戏的赢家，人类完全可以重新选择有利于整体的生活方式。显然，竞争的思维已不符合发展的需要；反之，合作会更有利于人类的可持续发展。既然人是因为选择了匮乏的思想而受苦，那么完全可以重新做一次选择。我们可以把生活作为一趟验证本自具足的旅程，相信整体是充裕的这个真相，发挥强大的心力、无私奉献的能量，再做一次创造，改变游戏的玩法，将竞争对手转化为合作伙伴。

竞争还是合作

金钱只有在流动、奉献和分享，并用于拓展人类智慧的事情上时，才有其意义与价值。正如血液必须流经身体的每个部位才能维持健康，如果血液流动的速度降低，甚至停滞或凝结，身体就会生病。积聚大量金钱对我们的人生同样会有很多的负面效应。如果我们了解商业和金融背后的驱动理念，以及无意识地使用钱所带来的负面效应，我们就会知道如何重新做选择。

放弃恐惧选择爱

人的一切行为源自内在的某种驱动力，它是实现目标所需要的一种特殊能量，能够激发潜能，让人不畏艰辛，排除万难去达成。然而，调动任何一种能量都需要带着觉知，否则就必须承担其副作用。

·恐惧的驱动力

生活在都市里，大多数的人每天的活动都是因为潜意识中有恐惧，比如怕钱不够所以逼迫自己努力工作，因为害怕生病所以去锻炼身体，怕不被认可而奋发图强，怕失败所以学习各种专业技能，怕死所以养生。在恐惧能量的驱动下，人们产生了各种欲望，而欲望反过来又创造了新的恐惧，让人们生活在匮乏的旋涡里。就是这样，人们甘愿接受各种高强度的训练，把自己打造成“铁人”，设想各种敌人并习惯性地防备外来的一切，发明各种复杂且困难的竞赛游戏。我们不否认这样的模式也可以成为社会发展的推动力，让我们不断努力精进，获得物质的极大丰盛，然而，深层次的心理副作用也随之产生，其代价是巨大的。内心的扭曲和长期的负能量，会使人们在世俗中迷失自己，习惯于索取的心态需要很漫长的时间才能改变，这就是为什么很多人尽管得到了荣华富贵，依然感觉空虚匮乏。因此，我们在出发之前要问清楚自己为什么而上路。

·爱的驱动力

人一旦有了觉悟，就自然会选择回归本自具足的丰盛，然后，一切就完全改变了。服务于他人，无私地奉献成为自己内在的一种渴望，它会让人体验到无比的幸福和喜悦，并调动巨大的财富能量。金钱将会变成一个奉献的工具，发挥其神奇的作用。内在有爱的人自然会乐于帮助他人，传递正能量；因为热爱生命，所以选择健康地生活；为了体验富足，所以不断地给予；因为心存感恩，所以愿意无条件地帮助他人。这样的人，为了体验合一，就会选择互惠共赢的游戏。

天堂不是目标，天堂是一种生活方式

·净化自己

在这个世界里，“贪嗔痴慢疑”等“病毒”无处不在，每个人都曾受到不同程度的污染，因而，人必须通过净化自己，转变思想，才能够回到本来的健康状态。生活在物化世界的时间太久了，人们的意识会受限，加上有太多被灌输的认知障碍，人们很容易陷入低落的状态，表现为负面的思想、情绪不稳、糟糕的运气、不和谐的人际关系，甚至疾病缠身等方面。

所谓的“净化”，也是“调整频率”的意思，包括转化内在的负能量，调和自身与自然不和谐的频率。依循大自然的指引可以让我们少走弯路，人们唯有全身心接收真实的信息，才能做出正确的选择。然而，如果心不能静下来的话，就会选择性接收信息，无法领悟语言背后的意思。“声音”是由“声”和“音”两部分的信息组成的，许多人听话只是听到“声”，而常常遗漏要用意会的“音”，因此，一旦接收信息不完整，就容易曲解事实。

....

我的悟语：大自然会根据每个人的频率来匹配所需的能量，因此，提升自己的频率是重要的。人体可以被看成一个接收频率的载体，同时也是一个频率释放器，人的内在环境改变了，所吸引来的人和事也会相应地改变。

....

·收复心灵主权

如果你想干扰一个人，不让他忆起一件很重要的事情，最好的办法是不断地给他事情做，不断打岔，不断让他对周围的事情有所反应，不让他有静下来的时候，这样的话，这个人就没有工夫去回忆。

这就是小我做的事情。小我就是不断地把人们的注意力完全沉浸在所谓的“事情”中。所以，我们眼中看到的都是一件事情接着一件事情，总觉得要等到没事的时候才能得到清静和觉知。但是，我们在有事情的时候，同样可以保持觉知。

我们要训练自己的内心，让自己保持觉知，当这部分内心不断扩大到完整的时候，自己眼中的烦恼少了，心就清静了。只有在这种情况下，人才可能忆起自己是天生富足的。因此，“本自具足”不是靠寻找得来的，也并非量变到质变的结果，它一直都在，好比乌云背后的太阳从未离开过，只是我们太忙了，以至于连自己是谁都忘记了。

用看电影做比喻，当我们在电影院时，由于全部注意力都在电影上，可能会忘记自己身在何处。唯有觉知可以将我们的注意力带回现实中，让自己想起是怎么进电影院的，当初为什么会选择看这部电影。这时我们也会意识到，一旦剧情让人无法忍受，自己是可以随时站起来离开的。

....

我的悟语：当一个人明白了本自具足的真相时，此生就剩下一件事可做，那就是“无私奉献”。

....

用目标去生活

成功包含许多的因素，如果我们不断选择有利于事情发展的因素，哪怕只有1%的可能性，事情也可能被引向好的发展方向；反之，如果我们只关注1%的不利因素，微小的不利因素也可能毁掉成功。一个人的失败可以与无数问题有关，但成功只需要与目标建立一个好的关系，训练头脑专注于目标，将注意力只放在探索成功的可能性上。

成就一番事业是目标，但同时也是一个成长方向。目标既是动力也是前进的方向，无论它是否能够达成，在努力实现的过程中，人们都获得了成长。因此，目标的作用不是单一的，将注意力投注在目标上，就等于为它抢占最多的时间和资源，成功只是一个自然的结果。

如果将每个问题都化为一个目标去达成，就可以避免被恐惧所包围，每个当下就会变得更有力量。当其他人看到的都是问题，而你看到的只有目标时，你就能获得无比的专注力，智慧也会不断地迸发。当达成目标已变成一种常态，人就自然有了自信。每一次的专注，极限被不断地突破，天赋的潜能就会不断地被激发，能力就会逐步提升。只要目标坚定，就会得到各方的支持，承担虽然意味着压力，但资源都是留给承担者的。从个人的小目标，扩展到全人类共同追求的大目标，承担者的智慧和能力提升了，胸怀格局也会不断地扩大。

坚持目标终将会达成目标

人生需要自己去实证，达成目标就是检验自己智慧和能力最好的方法。每个目标的达成，都意味着智慧获得提升，会激励我们更加热爱生命，珍惜每个当下！

………………

我的悟语：用自己的“痛点”作为行动的“出发点”是具有风险的，它很可能会把你带进一个怪圈永远走不出去。

………………………………………………

·将问题转化成目标

人生旅途需要的不是问题，而是目标。

人关注什么，就会吸引什么。当我们关注问题的时候，就会发现有越来越多的问题，事情没开始做就已经被吓退了，于是，我们又开始为自己的不成功找各种理由，进一步陷入问题的泥潭里。

我们抵触的东西往往会更顽固地存在，因此，在生活中遇到问题时不要总是急于解决，因为有时候这样反而会产生更多的麻烦。我们应学会把注意力放在目标上，尝试把每个问题都转换成需要达成的一个目标，让自己充满激情，心生喜悦，自然就会获得化解问题的能量。

其实，问题只存在于特定的维度和频率中，我们只要努力离开那个频率的世界，到达一定的高度，问题就不复存在了。要时时活在当下，放下人为的各种标准，脱离逻辑线性的怪圈，身心就能回归和谐的状态，这就是为什么很多人喜欢与正能量的人在一起，因为在正能量的影响下，各种问题会自动消失。要回归整体就必须放下对立及线性的逻辑，调整自己的频率，内在的革命就会自动发生。那时候，我们会发现很多旧的理念需要升级，原本的问题可能会自然消失。

………………

我的悟语：愚者关注问题，智者关注目标。成为解决问题的高手，就会吸引问题；成为实现目标的高手，就会达成目标。

………………………………………………

·将提升境界作为终极目标

怀疑或者相信，只是不同的选择，耗费的力气是一样的。我们必须觉察，这并非本我的需要，而是头脑选择的游戏，在思维里创造了各种与真实需求无关的欲望，并用各种假象来强化它的重要性。许多人的人生悲剧便是在欲望和恐惧的驱使下拉开序幕的。

智者将提升境界作为人生的终极目标，并且愿意去践行，因为生命已为我们提供了足够的资源，懂得如何使用它，比拥有它更重要。唯有提升智慧才能识破假象，获得主宰自己命运和道路的主动权，也才能让自己逃离狭隘的思维定式，回归和平。

一切新事物对我们来说都是陌生的，但若不离开此岸，又怎样可以去彼岸？唯有果断地做出决定，我们才可能走向人生更高的境界，尽管这样可能会使我们的生活暂时受到冲击，面临更多的挑战，然而，改变是我们唯一的机会。

成长比成功更重要，追求物质财富的旅程，实则是追求自我成长的过程。与其做一个有钱的人，不如做一个值钱的人。生命不应被贬为赚钱的工具，我们应该用心培育一个更好的自己，让自己的人生变得更有意思，更独立和完整。为了心中的一个愿望、一份责任去改变自己，当我们走过一段路后，就会发现，当内心强大，修养、爱心、感恩之心足够时，就能调动无数的财富能量为实现人生目标而服务，成功只是一个无法避免的结果。

我的悟语：将提升境界当成人生唯一重要的事情，用生活成就一个更有智慧的自己。

后　记

2021年我们迎来了新的开始。有的人还在沉睡，有的人逐渐苏醒；有的人已经走在实现人生目标的路上，有的人还在困惑中摸索，寻找自己的人生目标。生命有着无限的可能，人活着的目的是提升智慧，而不应是追求更多的物质。我们要珍惜人生，全身心投入这趟旅程。

越来越多的人开始了解，人的意识是可以通达无限的。因此，无论是哪种信仰，爱和奉献都将成为主旋律。只有这样，我们才能将物质能量转化为更高频率的心灵能量。

人的觉悟可能来自历经的磨难，也可能只是随缘地发生。意识频率的高低决定了能量的精微程度，也决定了穿越各种局限的可能性。只有我们不再有自私的想法，才能服务他人和社会。“无私奉献”给人带来的是无条件的爱和喜悦，它是调动外在财富的能量。

人们对金钱和物质世界的执着往往是无法自控的。然而，只要有机会参与财富沙盘游戏的模拟，就能够从中体会那种精微的能量变化，它好像连接新世界与旧世界的“船”，让人们可以体验到从此岸到彼岸的感觉。“体验”是更直接的学习方式，它可以用最少的语言，超越时间的概念，让人们回到自己的内在去探索答案，几个小时就能让人们看清自己与整体的关系，获得一份觉知，不再被自己所设置的幻想所迷惑，从而有机会脱离欲望的掌控。财富需要主人，它是为人服务的，因此，主人要懂得如何运用和驾驭财富。

世界就像一个游乐园，每个人都是玩家，也都可以成为赢家。只要我们愿意脱离固有思想的制约，就会有机会进入一个更高的境界。生命是大自然所赐的一份礼物，只要回归整体，我们就能体会到天生富有；还原一个本真的自己，我们就能够拥有爱心、耐心、信心、决心以及恒心，去唤醒和陪伴身边更多的人走向觉悟。

唤醒、陪伴和等待……

财富文化给予人们的启示是：将智慧践行于生活，让自己少走弯路，把握“至高而下”及“由内而外”的大原则去活出具有更多可能性的人生。在这个包罗万象的游乐园里，如果我们不懂得如何参与游戏，甚至还不幸把自己的人生搞砸了，实在是一件很遗憾的事情！

我们应该感恩来之不易的这次机会，感恩这趟旅程，感恩彼此的唤醒、陪伴和等待，感恩我们拥有可以创造一切奇迹的可能性。当我们愿意去探索生命的真相，愿意为自己独一无二的人生赋予意义时，富足人生就不再是一个遥远的目标，而是一种生活方式。

我们应该感恩在这条路上同行的伙伴，没有比现在更好的时候，没有比这里更好的地方，没有比身边伙伴更好的人。让我们心连心，活在祝福和感恩中，一起探索奇妙的人生！

云莉雅

2021年1月1日